Não apresse o rio
(ele corre sozinho)

CIP-BRASIL. CATALOGAÇÃO NA PUBLICAÇÃO
SINDICATO NACIONAL DOS EDITORES DE LIVROS, RJ

S867n

Stevens, Barry, 1902-1985
   Não apresse o rio (ele corre sozinho) / Barry Stevens ; tradução Carlos Silveira Mendes Rosa. - [21. ed.]. - São Paulo : Summus, 2022.
   272 p. ; 21 cm.

   Tradução de: Don't push the river (it flows by itself)
   ISBN 978-65-5549-092-3

   1. Stevens, Barry, 1902-1985. 2. Gestalt-terapia. 3. Terapeutas holísticos - Biografia - Califórnia (Estados Unidos). I. Rosa, Carlos Silveira Mendes. II. Título.

22-80306　　　　　　　　　　　　　　　　CDD: 616.89143092
　　　　　　　　　　　　　　　　CDU: 929:(615.851:159.9.019.2)

Meri Gleice Rodrigues de Souza - Bibliotecária - CRB-7/6439

www.summus.com.br

Compre em lugar de fotocopiar.
Cada real que você dá por um livro recompensa seus autores
e os convida a produzir mais sobre o tema;
incentiva seus editores a encomendar, traduzir e publicar
outras obras sobre o assunto;
e paga aos livreiros por estocar e levar até você livros
para a sua informação e o seu entretenimento.
Cada real que você dá pela fotocópia não autorizada de um livro
financia o crime
e ajuda a matar a produção intelectual de seu país.

Não apresse o rio (ele corre sozinho)

Barry Stevens

summus editorial

Do original em língua inglesa
DON'T PUSH THE RIVER (IT FLOWS BY ITSELF)
Copyright © 1970, 2022 by Real People Press
Direitos desta tradução adquiridos por Summus Editorial

Editora executiva: **Soraia Bini Cury**
Tradução: **Carlos Silveira Mendes Rosa**
Revisão técnica: **Ênio Brito Pinto**
Revisão: **Mariana Marcoantonio**
Capa: **Alberto Mateus**
Projeto gráfico e diagramação: **Crayon Editorial**

Summus Editorial
Departamento editorial
Rua Itapicuru, 613 – 7º andar
05006-000 – São Paulo – SP
Fone: (11) 3872-3322
http://www.summus.com.br
e-mail: summus@summus.com.br

Atendimento ao consumidor
Summus Editorial
Fone: (11) 3865-9890

Vendas por atacado
Fone: (11) 3873-8638
e-mail: vendas@summus.com.br

Impresso no Brasil

Sumário

Apresentação da coleção Clássicos da Gestalt-terapia 7

Lago 9
Folha 59
Miragem 105
Nevoeiro 143
  Janela para o volteado 156
  Aqui e ali 189
  Contem com os lírios do campo – Ou como jogar
  um bom jogo de cartas 203
  Três perguntas 212
  O ouvinte 218
Pedra 249

Notas 265

Apresentação da coleção
Clássicos da Gestalt-terapia

Podemos apontar o início da abordagem gestáltica no ano de 1951, ocasião em que o livro *Gestalt therapy*, escrito por Perls, Hefferline e Goodman foi lançado em Nova York, embora seja importante lembrar que suas raízes já estavam presentes em textos anteriores de Fritz e de Laura Perls e de seus colaboradores. A Gestalt-terapia aparece desde aquela época como uma das abordagens do grupo das psicologias humanistas, movimento que emergiu com o propósito de ir além da psicanálise e do behaviorismo, predominantes naquele contexto. Os psicólogos humanistas trouxeram uma nova visão de ser humano, compreendido a partir daí, entre outros aspectos, como apto a escolher com liberdade relativa e responsabilizar-se existencialmente por suas escolhas, sempre em constante interação com seu ambiente e com seu campo.

Nas décadas que se seguiram, e até hoje, tanto o movimento humanista na psicologia quanto a abordagem gestáltica evoluíram e se transformaram, acompanhando e influenciando os novos conhecimentos humanos nas mais diversas áreas.

A Gestalt-terapia, como criação dinâmica e viva, compõe-se historicamente, desenvolve-se e frutifica ao longo do tempo e em provocativa relação com seu campo. Torna-se paulatinamente mais e mais complexa, como uma árvore que aos poucos proporciona frutos cada vez mais nutritivos e sombra progressivamente cada vez mais acolhedora. Tem em suas raízes o fundamento necessário e consistente para exercer, com ampliada e ampliável potência, sua função ante o ser humano e suas coletividades.

Essas raízes, fundadoras de paradigmas, modelos de originalidade e de criatividade, bases para uma série de desenvolvimentos teóricos e práticos, compõem-se de obras que podemos, com muita propriedade, chamar de *clássicos*, pois são fundamentais e imprescindíveis para que se conheça a abordagem.

Pioneira na publicação e na divulgação da Gestalt-terapia no Brasil, com edições que remontam à década de 1970 e continuam ininterruptamente desde então, a Summus Editorial reúne nesta coleção **Clássicos da Gestalt-terapia** o que há de mais importante nas obras que enraízam a abordagem.

Cada uma das obras dessa coleção recebeu uma nova tradução para o português, atualizada de acordo com a renovação da abordagem e de seu vocabulário, feita para servir — de maneira ainda mais clara e fidedigna — como base para o conhecimento e o aprimoramento da Gestalt-terapia brasileira.

Trata-se de livros que não se voltam apenas para os profissionais da área da psicologia e das ciências afins, mas, dada sua riqueza e clareza, destinam-se também às pessoas que desejam ampliar seu autoconhecimento e sua percepção e compreensão do ser humano.

São clássicos, são um passado que se atualiza a cada leitura e fundamenta ações e olhares para a construção de novos e férteis horizontes.

Ênio Brito Pinto
Coordenador da coleção

Lago

Lake Cowichan, British Columbia, Canadá. Três meses antes de 1970. Algumas manchas de céu azul e nuvens cheias de luz, sobretudo nuvens cinzentas carregadas, prestes a desabar no lago frio e encrespado. Bordos secos farfalham nos campos. O capim serrilhado balança ao vento. Do outro lado do lago, as árvores parecem imóveis.

Uma estranheza se apodera de mim. Não sei o que quero...
Assim que escrevi isso, eu soube.

Em outubro de 1967, meu filho me enviou um formulário de inscrição e uma carta que dizia: "Inscreva-se! Não se arrependerá". Eu me inscrevi para os cinco dias úteis da semana, das 9h às 12h, em São Francisco, com um homem chamado Fritz Perls, do Instituto de Gestalt. Eu não tinha ideia de onde estava me metendo.

Na manhã da segunda-feira, eu e mais catorze pessoas estávamos com Fritz numa sala grande vazia na Oficina de Dançarinos. Outro grupo ocupava a sala do instituto, que era o sótão da casa de Janie Rhyne[1]. Na sala da Oficina de Dançarinos, um raio de sol entrava por uma porta num canto distante, que dava para outra sala com janelas. Havia uma cadeira grande bem confortável para Fritz. Nós nos sentamos em cadeiras dobráveis. Fritz disse: "Acho difícil sentir intimidade nesta sala". Formávamos um círculo pequeno num enorme vazio. Meus pés estavam frios. Devia estar usando meias de lã e botas, não apenas sandália.

Fritz pediu que cada um dissesse como nos sentíamos naquela sala. Todos sentiam frio, nos dois sentidos. Uma mulher queria que fôssemos ao apartamento dela. Fritz nos perguntou o que achávamos disso; não quisemos ir.

Agora não sinto vontade de escrever mais sobre isso. Dois anos depois — parece muito, muito distante —, estou no Instituto de Gestalt do Canadá na cidadezinha de Lake Cowichan, British Columbia.

Quando eu via Fritz formar pessoas em São Francisco, ficava cada vez mais perplexa. Sem dúvida ele conhecia bem o que fazia. Sem dúvida, muitas vezes teve bons resultados. Mas como é que ele fazia isso? Agora eu sei, e sinto falta da perplexidade. Às vezes me lembro disso ao fazer o que ele fazia, embora o resultado seja diferente, porque sou eu quem faz. Quando isso acontece, eu me sinto muito, muito bem.

Uma vez eu disse a Fritz por que eu não queria fazer o que ele disse que fizéssemos. Então, ao pensar que talvez isso tivesse um valor que eu não percebia, perguntei a ele: "Quer que eu faça mesmo assim?" Ele não disse nada. Como um indígena, ele dissera tudo. Nada nele transparecia coisa alguma. Cabia a mim decidir.

De outra vez, quando eu estava prestes a ficar na cadeira quente, notei que na cadeira em que eu me sentaria havia uma pasta contendo manuscritos dele. Perguntei: "Devo sentar nela ou tirá-la?" Ele respondeu: "Foi você que perguntou".

Nas duas vezes precisei decidir. Não faço mais tantas perguntas. Isso me devolve muito da minha energia.

Uma amiga que dá aulas no sétimo e no oitavo ano numa escola no deserto da Califórnia fez seus alunos não perguntarem mais "posso pegar meu trabalho na sua mesa?" mas sim afirmarem "vou até a mesa pegar meu trabalho". A turma toda ficou mais animada.

Quando pequena, eu costumava ter uma visão do mundo em que as pessoas surgiam de toda parte, como fios de cabelo numa cabeça, e cada uma delas se curvava para a outra. *Todas. Nenhuma* fazia o que queria. Num mundo assim, *todos* eram excluídos. Esse mundo não era para mim. Uma escuridão perfurada por faíscas doloridas e chamas me subiu à cabeça. Eu não queria viver nesse mundo, mas precisava.

Quando digo "com licença, posso?", talvez eu me *ache* gentil e superior. Ao mesmo tempo, *sinto-me* inferior, fraca, suplicante, à mercê do outro. Minha vida está nas mãos dele. Perco a noção do *eu* quando me curvo ao outro. Quando *faço* só isso (sem grosseria), sinto-me forte. Meu poder está em mim. Onde mais o *meu* poder poderia estar?

Claro, posso ser expulsa.

Fritz fazia uma demonstração no auditório de um colégio. Um sujeito se levantou e fez o anúncio de sempre sobre não fumar, o que fazer em caso de incêndio e assim por diante. Após a demonstração, uma moça perguntou

Não apresse o rio (ele corre sozinho)

a Fritz, que, como sempre, fumara sem parar: "Que direito *você* tem de ficar fumando, quando outros aqui estão loucos para fumar um cigarro?"

Fritz disse: "Eu não tenho o direito de fazê-lo, nem tenho o direito de não o fazer; simplesmente fumo".

Moça: "E se você for expulso da sala?"

Fritz: "Eu serei expulso".

Que horror! Toda aquela gente olhando para mim como se eu tivesse sido expulsa. Como nunca entendo direito o que é introjeção e projeção, posso estar errada, mas me parece que introjetei a ideia de que é ruim ser expulso e em seguida a projetei nos outros. Pois é claro que não sei quantas dessas pessoas olharam para mim daquele jeito e quantas me invejaram por eu fazer o que quisesse fazer, apesar daquilo — além de outras ideias sobre as quais não refleti. Quando estou concentrada em mim mesma, nenhuma delas importa.

Quando jovem, eu sabia disso. Minha tia Alice tinha uma casa na praia. Para mim, aquela praia tinha magia, com vento batendo, sol brilhando ou nuvens correndo, ondas quebrando... marcando seu ritmo através de tudo. Conchas branquíssimas. Conchas douradas resplandecentes. Quilômetros de areia branca. Dunas transformando-se o tempo todo. Ervas-daninhas. Graúnas-de-asa-vermelha. Surucucus pequenas. Às vezes uma garça-azul-grande se balança numa arvorezinha. Lá, tudo cantava. Eu cantava, mesmo sem emitir um som. *Agito, ergo sum.*

Verão, eu com 14 anos. Tia Alice saiu e me deixou com um jovem de 26 anos de quem eu não gostava. Ele era um dos bajuladores dela. Era também uma víbora. Disse que a "dona B." lhe contara que eu cozinharia para ele, e me pareceu provável que ela tenha dito. Eu não ia cozinhar para ele. Eu lhe disse. Toda a minha alegria acabaria se eu cozinhasse para ele, coisa que ele mesmo podia fazer. Ele continuou me importunando. Eu não faria isso. Talvez, quando voltasse, tia Alice me expulsasse — me mandaria para casa —, mas, se eu cozinhasse para Ruddy, que eu detestava, e detestava cozinhar, eu ficaria uma fera e não aproveitaria a praia *naquele agora*. Eu gostava da praia *naquele agora*, e ninguém poderia recusá-la a mim."

Agora sinto um pouco disso tudo. Adoro Lake Cowichan e, se eu não puder ficar nas *minhas* condições, não vou amá-la; então, tudo bem ser expulsa.

Voltei a me sentir estranha. Não sei quais são as minhas condições.

Na semana passada escrevi uma coisa na Califórnia que me deu vontade de transcrever aqui:

Antes de me sentar à máquina de escrever hoje de manhã, minha cabeça estava lotada de ideias. Agora, sentei-me diante da máquina de escrever e nada vem.

Estou sentada numa varanda olhando para o interior da casa através de uma janela; o jardim atrás de mim se reflete nela. Onde meu corpo interrompe o reflexo, vejo uma mesa — meia mesa. Termina onde termina o meu reflexo e se formam gramados, plantas e árvores, aqui e ali uma perna de mesa, um terraço ou um muro. Gosto dessa mistura. Nada sólida. Sem a divisão de "dentro" e "fora".

"Eu me frustro ao tentar transmitir que a Gestalt não se constitui de *regras*", disse Fritz numa manhã a um grupo em Lake Cowichan.

"Ele é novo no trabalho, mas está indo bem." Leia-o, observe o que você pode obter dele. Troque "mas" por "e": "Ele é novo no trabalho e está indo bem". Leia isso, apreenda, e não é nada. *Repito* isso algumas vezes, aqui e ali, que isso fará parte de mim. Repita isso o tempo *todo*, como regra, e isso voltará a ser nada.

Use o que estiver à mão.

Um jovem sentou-se na cadeira quente e se empenhou no problema da sua impotência muito livremente, como se não estivéssemos lá. Dois dias depois, ele voltou à cadeira quente, hesitou e disse: "Estou envergonhado. Todos estão olhando para mim". Fritz se levantou e entrou numa saleta. Voltou com uma pilha de panfletos, entregou-os à pessoa mais próxima. Cada pessoa ficou com um e passou o resto adiante. Cada uma começou a ler o folheto, que era a reimpressão de um artigo de Fritz. O jovem disse: "Agora estou bravo com todos lendo esse artigo em vez de olhar para mim!" Ele sorriu. "Que constrangimento curioso!"

Ele ficou *aware* de algo que não sabia.

"Aprender é descobrir."

"Mesmo que a minha interpretação esteja correta, se eu lhe contar terei tirado dele a oportunidade de descobrir sozinho."

No Canadá, um funcionário da Agência de Assuntos Indígenas estava numa barca com o indígena Wilfred Pelletier[2]. O servidor público saiu para o convés e, ao passar pela porta, o vento quase lhe levou o chapéu. Ele sabia que Wilfred vinha logo atrás; ia avisá-lo do vento, mas não o fez. Wilfred

Não apresse o rio (ele corre sozinho)

saiu e seu chapéu foi soprado para longe. Ele perguntou: "Por que você não me avisou?" O servidor público disse: "Eu ia avisar, mas então me lembrei de que os indígenas não alertam os outros; deixam que descubram sozinhos". Wilfred dobrou-se de gargalhar. "Você ainda será indígena!" Wilfred não era indígena quando o vento lhe levou o chapéu. Nem percebeu; ele não era autossuficiente; não estava *aware* disso.

Um pássaro avisa: "tchi-tchi-tchi, tchi-tchi". Outro pássaro trina assobios suaves. Cada um é um. Nenhum deles tenta ser o outro. O sabiá pega as músicas e os sons de muitos pássaros e os torna seus, ou seja, cada um é *seu*. Detenho-me. Percebo uma dor no peito, leve, branda e cheia de dor. O que devo fazer? Deixar acontecer, seja o que for. Minha respiração se torna mais profunda, mais forte. Em seguida, de novo mais leve. Meus olhos estão úmidos... Sem tentar entender, mas notando o que acontece, começo a compreender de certo modo que isso não é transmissível para os outros. É o meu saber.

Agora entro no autismo: pensamentos, imagens, cenas e planos do que farei e quando — o que não é obrigatoriamente o que vou fazer. Não *aware*. Sem perceber. Nenhum pássaro, nenhuma música, nenhuma árvore, nenhuma confusão dentro/fora de casa — nada além do que está acontecendo na minha cabeça, sem conexão com a realidade; nem mesmo notando a dor onde a borda da cadeira e minhas coxas se encontram. *Unware* da minha dor no peito e em outros lugares.

Esse "agora" é como todos os agoras: vai-se quando começo a notá-lo. Já se transformou em outra coisa.

Alguém conhece a história de Epaminondas? Ele era um garotinho que tentava ser bom e sempre errava. Não lembro como ele trouxe a manteiga para casa, mas estava toda derretida e imprestável. A avó lhe disse que deveria ter posto folhas frescas no chapéu e água fresca dentro dele e trazer nele a manteiga para casa. Da vez seguinte, ele levava para casa um cachorrinho. Lembrou-se dos conselhos da avó. O cachorrinho se afogou. Sua avó lhe disse como ele deveria ter trazido o cachorrinho para casa. Da vez seguinte ele seguiu a instrução, mas não era um cachorrinho e também não deu certo. E assim por diante.

Lembro-me do que aprendi com essa história há 60 anos. Pensei nisso quando uma jovem me levou a um aeroporto e insistiu em permanecer lá até ter certeza de que eu ficaria bem. Ela contou que levou ao aeroporto

duas pessoas com seus quatro filhos e foi embora, mas "eles tiveram de esperar doze horas!"
O que eu tenho com isso?
Eu estava sozinha, e às vezes, quando tudo dá errado, acontecem coisas maravilhosas; se tudo tivesse corrido bem, eu as teria perdido. Se não for assim, eu durmo.
Não gosto de ser tratada como se fosse outra pessoa. Sinto-me como se não estivesse lá.
Numa ensolarada tarde de setembro, ao conversar com uma jovem no jardim, por algum motivo passamos a falar do Natal. Ela disse que não apreciava o Natal, mas o aceitava porque gostava de coisas que aconteciam nessa época, como fazer biscoitos e dá-los aos vizinhos.
"Por que associar biscoitos ao Natal?"
"Você quer dizer fazer isso em qualquer época do ano?" Ela parecia e estava animada.
("As correntes não prendem o corpo das pessoas, mas prendem a mente delas.")
Num ano enviei cartões de Natal em junho. Muitos gostaram de recebê-los em junho, muito mais do que desfrutá-los no Natal.
Quando eu estava doente e sem um tostão, alguém me enviou um pacote com várias coisas. Havia uma caixa inteira de cartões de aniversário. Não me lembro quando é o aniversário de alguém e geralmente esqueço o meu. Eu "nunca" envio cartões de aniversário. Como já os tinha, mandava um cartão de aniversário sempre que pensava em alguém de quem gostava e de quem não ouvia fazia tempo. Algumas pessoas escreveram contando sobre a sua diversão.
Três pessoas se lembram do meu aniversário e me mandam um cartão de aniversário todo ano. Fico entediada.
Um passarinho acabou de pousar num galho atrás de mim. Agora ele está no gramado; reconheço que é um tordo. Importa qual é o nome dele? Gosto de vê-lo no reflexo, de ver algo atrás de mim em vez de sempre à minha frente. Num dos exercícios da terapia ocular de Bates-Huxley[3], deve-se fechar os olhos e visualizar um ponto na base do crânio, bem onde começa a nuca. É muito relaxante. Quando faço isso, percebo que os meus olhos avançam cada vez mais à frente. As reversões fazem parte da Gestalt. Partindo alguns grilhões.

Não apresse o rio (ele corre sozinho)

Os recursos conceituais da Gestalt certamente são úteis. Fico incomodada quando os usam sem compreendê-los ou compreendendo-os parcialmente. Mude "isso". "Isso" coloca tudo fora, em algum lugar, como se "isso" não fosse uma parte de mim. *Fico incomodada.* "Quando a pessoa errada usa os meios certos, os meios certos atuam errado."[4]

Costumam acontecer coisas boas quando os recursos são usados por pessoas bem-intencionadas que não os conhecem ou os conhecem pouco. Às vezes, alguém é esfaqueado ou espancado, o que é uma desgraça. Quando uma pessoa mal-intencionada — aquela que só pensa nos próprios objetivos — usa tais recursos, eles em geral se tornam prejudiciais. Então, tais recursos são bons? Devem estar ao alcance de qualquer um? Ou precisaremos jogar fora o bisturi, a agulha e assim por diante? Ou restringir o uso deles?

A resposta está na pessoa que responde. Gosto desse "estar". É falsidade alguém dizer que tem a resposta certa; tem apenas a resposta dele mesmo.

Minha resposta, que de certa maneira se arranca de mim... A resposta sou eu, e o que se arranca de mim sou eu mesma. Então, o que quero dizer? Existe em mim uma parte protetora que quer tudo seguro. Há em mim outra parte, que assume riscos e sabe que cabe *a mim* encontrar o meu caminho, tomar as minhas decisões; se eu tomar muitas decisões erradas, ainda assim serão decisões minhas.

Meu grande erro está em deixar que outras pessoas tomem as decisões por mim. "Respeito à autoridade" é um dos grandes autoenganos — o respeito à autoridade quando ela não está de acordo comigo, com a minha *autor-idade*. Eu não estaria percebendo, entendendo e agindo por conta própria. *Acho* eu. *Acho* que esse sujeito deve estar certo por causa da posição que ele ocupa, da formação que teve, da idade que tem etc. "Digo a mim mesma" que ele deve estar certo. Qualquer coisa que conte a mim mesma é mentira para mim, e eu sou a pessoa para quem eu minto.

Jantei com uma mulher que conheci quando jovem, e ela tinha um bom espírito de rebeldia e também muita insegurança. No jantar, ficou claro que ela abandonara esse lado rebelde e conquistara aquela espécie de segurança que conta com uma boa casa, renda estável, marido estável e assim por diante. Coisas que perturbem não deviam ser comentadas. Foi tudo muito agradável, e eu me senti triste. Eu disse a mim mesma que estava tudo bem, que ela escolhera esse caminho, e realmente tudo estava muito bem, agradável e conveniente. *Eu* também fui "agradável" a noite toda.

(Acho.) Estava muito clara no ar a ideia de "não perturbar nada". Inspirei essa ideia como se fosse éter, pondo-me para dormir.

Ela me levou de carro para casa. Quando foi embora, notei que eu cantarolava algo que não consegui identificar. Continuei cantarolando até o fim e percebi o que o meu *self* organísmico estava fazendo. Bem no final, o nome apareceu: "Pobre Borboleta"[5]. Eu conhecia a minha tristeza, que era real.

Ninguém me confunde. Eu mesma o faço.

Fritz chama de "zona intermediária" o lugar onde me confundo. Krishnamurti o chama de "mente superficial", que, por sua natureza, não se aprofunda. Por mais que ela pense, ela continua pensando — pensando em todas as coisas que *não* vêm de mim, e ainda assim penso nisso como *eu*.

Em seu livro *Freedom from the known*[6], Krishnamurti escreve sobre um carro na Índia com dois outros homens e um motorista. Os dois homens discutiam a *awareness* e faziam perguntas a Krishnamurti. O motorista não percebeu uma cabra e passou por cima dela. Os dois homens nem notaram. "E com a maioria acontece o mesmo. Não temos *awareness* das coisas externas nem das coisas internas."

Fritz nos orientava a transitar entre as coisas externas ("a zona externa") e as coisas internas ("a zona interna") e chegar à *awareness*.

Agora mesmo sinto vontade de voltar aos "recursos conceituais", ao eu protetor e ao eu que arrisca... Minha mente está vazia de novo. O que existia antes não está presente agora. Percebo que estou com vontade de fazer uma xícara de chá. Isso não é *evitação*! Se esta máquina de escrever gritasse, o meu grito ficaria no papel. Claro que evito. Muitas vezes evito. Há boas e más evitações, e às vezes dar um branco na cabeça não é evitar. Meu grito é porque Fritz enfatiza a evitação e não permite que as pessoas evitem o que não deve ser evitado (*awareness*). Muitas pessoas apegam-se à frase "evitar é ruim" e a aplicam a tudo que *pensam ser* evitação.

Às vezes prefiro o zen, mesmo que leve vinte anos.

Não tenho certeza de que a Gestalt não demore vinte anos para chegar ao mesmo lugar.

Não conheço nenhuma maneira de evitar que as pessoas usem mal qualquer coisa, inclusive o zen.

E assim... de todo modo eu me meti no problema do abuso. Será que eu estava então evitando a xícara de chá que não tomei? Ou será que o meu

Não apresse o rio (ele corre sozinho)

organismo — o meu todo não pensante — usou o que estava à mão e me levou ao que quero por outro trajeto?

Agora sei o que não estivera comigo por um tempo. Meu lado protetor quer que tudo seja seguro para todos — sem trapaceiros, sem bandidos, sem enganadores, sem deturpadores, sem exploradores, sem charlatães... Não quis dizer o que vem a seguir porque é muito bobo — sem terapia nem terapeutas imperfeitos.

Ao mesmo tempo, minha experiência — minha observação — é que tentar tornar tudo seguro, como os Estados Unidos têm feito há tanto tempo, conduz à loucura, como a guerra no Vietnã, e em todo caso, se tivéssemos um mundo à prova de bobos, só os bobos viveriam nele. Esse mundo não é o que eu quero. Eu me rebelo contra o protecionismo da minha sociedade.

O modo como os indígenas confiam nos próprios sentidos faz sentido para mim.

Aí vem uma parte da Gestalt de que eu gosto. Uma parte? É o todo: "Perca a cabeça e volte a si."

Isso pode ser mal compreendido e também mal utilizado.

Quando voltei a Lake Cowichan, quatro dias atrás, eu estava confusa, insensível, fora *daqui*. Eu não sabia o que havia de errado comigo. Tentei descobrir. Continuei procurando uma resposta, o que não me fez bem algum, e novas respostas continuaram a chegar, num sem-fim.

Minha infelicidade parecia ser com o lugar. No primeiro dia de junho, Fritz mudou-se para cá com vinte pessoas, eu inclusive. Ele não conhecia a todos. Muitos conheciam apenas uma pessoa do grupo. Não tínhamos morado juntos. Mudamos, nos arrumamos, arrumamos o lugar e a primeira oficina começou às oito horas da manhã seguinte. Às dez horas começamos a pensar em coisas como dar de comer à comunidade. Foi lindo presenciar o que estava acontecendo e participar.

Fritz disse que haveria seminários das oito às dez da manhã, seguidos de duas horas de trabalho na comunidade. O período das duas às quatro da tarde estava aberto para quem quisesse ensinar massagem, dança, arte ou outra coisa. Das quatro às seis da tarde havia um período de trabalho. À noite, das oito às dez, voltavam os seminários, seguidos de uma reunião da comunidade. À medida que avançávamos, alteramos algumas coisas e tentamos fazê-las de várias maneiras, e às vezes voltávamos atrás. Foi bem assim que as coisas continuaram até 24 de agosto, quando Fritz se ausentou por um mês, eu, por três semanas, e muitos outros também saíram. Teddy e Don fizeram uma oficina nesse período.

Há quatro dias, quando voltei, estava tudo ORGANIZADO. Listas. Quem mora onde; o que fazer e quando. Instruções para os grupos, como a troca da guarda — a organização não organísmica de que tanto não gosto, que para mim não é *comunidade*.

Eu não via como mudar isso. (Os porquês não importam, assim como se eu poderia fazer a mudança ou não.) Eu não queria participar disso. Queria ficar aqui. (Os porquês disso não importam.) Tentei decidir o que faria. Vi algumas coisas que eu poderia e queria fazer, mas mesmo essas não eram atraentes. Eu me sentia um pouco nauseada. De tentar rir disso (esquecendo que "tentar é mentir") passei a tentar (trata-se de uma tentativa diferente) me deixar levar pela náusea e depois voltar. Decidi ficar quieta até que Fritz retornasse no final da semana. Desprezo. Não gostei disso. Decidi. Decidi. Decidi. Nenhum deles empacou. Obviamente. Eu me senti estranha.

Na terceira noite, não consegui dormir, o que é incomum. O aquecedor a óleo fazia barulho. Desliguei-o. Fiquei com frio. Levantei-me e enchi uma bolsa de água quente. Não me lembro do que se passava em mim, mas me desliguei disso ou o aqueci também e me meti em outro tipo de confusão. Perto das quatro e meia, adormeci. Quando acordei, preparei uma sopa de tomate, porque me pareceu preferível ao talharim com frango. (Ainda não abasteci a minha cozinha.) Enquanto mexia a sopa, notei uma música zunindo na minha cabeça. Apurei os ouvidos para saber o que era e ouvi: "A velha égua cinza não é mais o que era, não é mais o que era"[7].

Que prazer na minha gargalhada! O meu *eu* organísmico — o meu organismo — passando diretamente de/para mim. Como um raiozinho de sol, meus sentidos voltaram, dissipando a névoa dormente em que eu estava. Então, as coisas começaram a acontecer, o que não aconteceu antes, quando eu estava insensível e não reagia. Eu e eu mesma somos uma.

Isso foi ontem. Hoje o dia está lindo. Céu nublado, chove. Vesti um poncho por cima do pijama para subir o morro e atender um telefonema interurbano. Era Neville, ligando de Nova York para saber a data das oficinas de outubro e novembro. Não era nada, mas eu estava muito contente de conversar com ele. Ainda estou, como se nada no mundo pudesse mudar

Não apresse o rio (ele corre sozinho)

isso. Claro que não é verdade, mas ao mesmo tempo *é* verdade. Nada no mundo pode mudar a minha felicidade *agora*.

O que farei aqui se perdeu. *Já estou fazendo*. Estou fora do futuro, onde não posso fazer *nada* a não ser na fantasia, e estou no presente, onde tudo acontece.

Aprendi alguma coisa.

Recuperei algo, ou o descobri e redescobri, assim como Fritz é um redescobridor da Gestalt.

1948. Junho. Fui demitida da Escola Verde Valley[8], que na época estava em construção. Na cabana do despojado escritório da diretoria, Ham me demitiu e não parava de dizer: "Odeio fazer isso. Você é muito eficiente". Insisti que estava tudo bem. Não gosto de ver as pessoas sofrerem, mesmo que seja pelas confusões que provocam. Só depois é que eu me acho ridícula.

Willie, o cozinheiro, me perguntou: "Como você está de dinheiro, querida?"

Alguns dos trabalhadores da tribo hopi me convidaram para morar com eles, junto com o meu filho (13), na aldeia da reserva.

Blackie, gerente da Hospedaria Sedona, veio me ver com uma das mãos nas costas. Depois de uns minutos, ele pôs a mão para a frente e me ofereceu um frango congelado.

Lisbeth Eubank nos convidou a ficar com ela na montanha Navajo, ao norte, nos estados de Arizona e Utah.

Fui de carro com Josephine Scheckner, enfermeira sanitarista, e Grace Watanabe, auxiliar dela. À nossa frente estava uma carreta muito alta que transportava equipamento de raios-X. Tinha suspensão elevada, para proteger o equipamento de choques. O reboque do caminhão balançou na suspensão e parecia que ia tombar. Meu filho foi com o motorista. Em Red Lake, nós não os vimos mais. O caminhão desapareceu.

Faço uma pausa... Não quero mesmo escrever sobre isso. Foi um período muito inseguro da nossa vida sempre insegura, e eu me preocupava com cuidar de nós. Não esqueci essa parte. Ainda assim, havia tanta coisa vital e vívida, bela e calorosa, no magnífico território de rocha vermelha, céu tão azul, sol tão quente...

Estávamos bem perto da montanha Navajo quando ficamos atoladas na areia. Descemos todas, cavamos e colocamos galhos de zimbro na frente das rodas. Um navajo apareceu. Ele não estava lá, e num instante estava. Era muito magro e usava a calça esfarrapada de um pijama e uma jaqueta preta esfarrapada. Os navajos eram tremendamente pobres naquela época. Ele sorriu, gesticulou, disse alguma coisa, e não tínhamos ideia do que ele dizia. Ele apontou para o céu e imitou com a mão um avião circulando. Então, perguntou: "Doutora?" Pensamos que ele se referisse à enfermeira Josephine, embora o avião não parecesse ter relação com o atolamento na areia. Então ele fez com a mão como se estivesse fumando e perguntou: "Cigarro?" Demos alguns cigarros a ele.

Josephine sentou-se no banco do motorista. Grace e eu ficamos atrás dos dois para-lamas traseiros e pusemos as mãos no carro, prontas para empurrar. Fizemos sinal para o navajo ficar entre nós, para nos ajudar a empurrar. Ele pôs as mãos no carro do mesmo modo que fizemos. Josephine engatou a marcha e, quando andou um pouco, Grace e eu nos inclinamos com toda a força para tirar o carro da areia. Avançou lentamente, depois mais rápido — para longe de nós. Nós nos erguemos e olhamos para trás — e lá estava o navajo parado, exatamente na mesma posição que pedimos que fizesse, como se o carro ainda estivesse ali. Ele não empurrou nada! Ele riu, alegre como uma criança.

Quando chegamos à montanha e contamos a Lisbeth sobre o navajo, ela disse: "Aaaah! Aquele Hosteen Yazzie!"[9] Depois, quando Josephine e Grace foram embora, fui a uma "cantoria" com Lisbeth numa oca, a cerca de dezesseis quilômetros de distância. Quando chegamos, reconheci nosso comediante. Ao me ver, ele cobriu o rosto com as mãos como se estivesse corando — e se sacudia de tanto rir. Eu estava certa de que ele gostara de ver o rosto das três mulheres brancas que tentavam sinceramente entender a maluquice dele.

Parei de escrever então, fui dar uma caminhada na neblina úmida. Eu queria voltar para lá. Senti muita tristeza ao recordar. Tudo em mim era tão triste que eu *era* a tristeza em pessoa.

À noite, depois do jantar, meu filho e Robert Tallsalt cavavam para achar artefatos dos anassazes, não navajos, mas desse povo que precedeu os navajos de quinhentos anos ou mais. Por isso Robert não teve escrúpulos para desenterrá-los. Uma noite, meu filho disse ao escavador Robert: "Há

Não apresse o rio (ele corre sozinho)

uma cascavel perto do seu pé". Robert respondeu: "Ela não está me incomodando", e continuou a cavar.

Nem todos os navajos reagiam assim às cascavéis.

Um mês antes, um curandeiro indígena canadense me disse: "Eu só sei *um pontinho* do que os meus ancestrais sabiam" — ele fez um ponto no ar com o dedo indicador. E *nós* pensamos saber muito *mais* do que os nossos ancestrais... Penso agora nos meus pais, que não frequentaram a escola depois dos 12 anos. De certo modo, eu sei muito mais do que eles sabiam. Por outro lado, não tenho tanta certeza. Eles confiavam muito mais na observação, na experiência própria, no conhecimento, e muito menos em especialistas e autoridades. Minha vida *existe* por causa disso. Eu fui um bebê de incubadora. Em Manhattan, os médicos me devolveram ao meu pai porque eu morreria na certa. (Minha mãe ficou internada bastante tempo no hospital, muito doente.) Meu pai não estudava nos livros; ele *me* estudava e descobriu uma coisa. E aqui estou eu. (A descoberta dele acabou reconhecida pela classe médica, que mudou de ideia sobre o tratamento que se deve dar aos bebês prematuros.)

Awareness. Percepção. Isso é Gestalt. Também é gestalt.[10] E indígena — à moda antiga, e pouco disso sobreviveu.

Ao escrever isso, sinto-me bem, forte e feliz. A tristeza sumiu.

Volto a 1948. Claro que não volto, *lembro-me*, entro em contato com a experiência do meu passado, que está toda incorporada em mim. Esse é o único lugar em que ela existe. Onde está o "passado"? Foi-se. A memória me dá a ilusão (delírio?) de que existe um passado.

Em 1948, na reserva navajo, as pessoas eram aos nossos olhos desesperadamente pobres, famintas, doentes e viveram tanto, desfrutaram tanto. Fui acometida de uma agonia de conflitos. Para mim, era impossível pensar que elas pudessem ser tão pobres, tão famintas e doentes e ainda assim mais felizes — aproveitando os acontecimentos — do que qualquer outra pessoa que eu conhecia. Eu não sabia como lidar com isso.

Em 1966, na reserva navajo, conversei com um comerciante que adorava Ayn Rand[11] e odiava o "coletivismo". Ele acenou com os dois braços num gesto que englobava os navajos pobres (na época, nem todos os navajos eram pobres, talvez não a maioria) sentados no chão, diante do seu posto comercial, e declarou: "Veja o que o coletivismo faz!".

Um dia, ele me disse que tem uma casa em Farmington, no Novo México: "Não posso mais morar lá. Eu enlouqueço fora da reserva". Perguntei a ele o que era diferente e ele respondeu: "É difícil dizer". Fiz outras perguntas, e ele não conseguia responder — não conseguiu mesmo. Então eu disse: "Do que você gosta nos navajos?" Ele respondeu de imediato, sem pausa: "A felicidade deles de viver!"

É estranho. Naquela época, parecia que eu me esquecera dos polinésios e da felicidade deles. Não eram tão tremendamente pobres, doentes e famintos. Na época em que morei no Havaí (1934-1945), a maioria não era nada disso. Não me recordo de ter me lembrado disso na reserva navajo em 1948.

Em 1966, uma navaja me contou sobre seu modo de vida em 1949: "Todos costumavam ser tão felizes, e era meio triste, sabe, pensar em 'o que vamos comer amanhã'. Apesar disso, nós nos sentíamos muito bem. Acho que era estar e trabalhar com os outros que fazia tudo isso, que nos fazia felizes. E, quando chegava a primavera, todos iam para o campo plantar milho, e qualquer coisa que desse fruto, e no outono eles comiam um pouco ou guardavam para o inverno... [suspiro] Às vezes eu me pergunto onde foi que erramos".

Quando me tornei tristeza, ao escrever sobre aquele verão, comparei aqui e lá. Agora não estou comparando. Voltei a gostar da ilha Vancouver. Eu me sinto bem *aqui*. As nuvens são lindas, passam correndo pelas montanhas. O que não está aqui não existe, nem mesmo o calor e a natação e o sol de três meses atrás, junho. Acho difícil me lembrar de qualquer momento antes deste, e qualquer momento depois deste se recusa a criar fantasias na minha cabeça.

Eu me perguntava quando as cartas chegariam. A correspondência parecia importante. Eu ficava louca para que algo chegasse. Agora não importa que chegue.

Eu gostaria de continuar assim. Não há como me obrigar a fazê-lo. Em todo caso, tenho de me *des*fazer. Não faço ideia de como cheguei *aqui* desta vez — não consigo nem me lembrar do que escrevi ou do que se passa comigo. Lembro-me apenas vagamente de que estava triste.

Agora não estou o que chamo de "contente". Apenas me sinto bem, e está tudo certo. Faço uma vaga ligação disso com anestesia, e depois me lembro de quando tive tantos problemas com o meu marido e comigo mesma, o que resultou na mononucleose. O médico me deu alguns remédios e eu fiquei em estado semicomatoso. Ele afirmou: "Sinto muito, muito mesmo. O erro foi meu". E eu lhe disse: "Não se desculpe, doutor. É *maravilhoso*".

Não apresse o rio (ele corre sozinho)

Meus lábios estavam esquisitos *na época*; minha fala estava grave e enrolada, e eu não podia fazer nada. Agora, falo direito — acabei de tentar. Consigo datilografar. Consigo parar de datilografar e fazer outra coisa. As minhas habilidades voltaram. *Não consigo* me fazer sorrir. Meu rosto fica muito estranho quando tento. Preciso me sentir sorrindo para que o sorriso aconteça. Como um indígena? Você já tentou *fazer* um indígena sorrir?

Quando os hopis que trabalhavam na construção da Escola Verde Valley não sorriam, Ham tentava "animá-los" cantando "Venha e dance!" Ele era "bem-humorado". Eles pareciam melancólicos — para nós. Eu os invejei por não cederem a Ham. Agora não estou melancólica. Apenas não me acho engraçada ou com vontade de rir, e acho que eu *pareceria* melancólica para os brancos daqui e, se eles tentassem me animar, eu *pareceria* mais melancólica para eles, mas continuaria sendo eu mesma. A iniciativa deles não teria dado certo. Fracasso. *Resistência*. Derrotando-os. Sorri um pouco quando escrevi isso. É tudo tão bobo. Sorrir para você para que você sorria para mim e eu me sinta bem.

"Dizem que isso é vida!" — foi o que me veio à cabeça na época, exatamente no tom que um hopi usava alguns verões atrás. Eu tinha ido a Second Mesa com Barbara Bauer, à procura de uns amigos hopis. Estavam dançando uma dança cerimonial hopi. Depois dela, houve uma espécie de hora de comédia para fazer gozação dos brancos. Um dos hopis escolheu uma hopi na plateia e, enquanto dançava com ela imitando o nosso modo de dançar, zombava do jeito dela de dançar. A mensagem era clara. Não achei que alguém não entenderia o recado, mas o hopi desfez toda e qualquer dúvida quando virou a cabeça e gritou por cima do ombro: "Eles chamam isto de dança!"

Os costumes indígenas não são para mim. A Gestalt-terapia não é para mim. O ponto em que os dois convergem são o que me interessa.

Acabei de me levantar para ir ao banheiro… e cantei. Meu canto saiu naturalmente e eu gostei — o som, as vibrações no peito, no pescoço e sobretudo na cabeça, embora também as sentisse um pouco nos dedos dos pés. *Agito, ergo sum*. Agora meus ombros se mexem para cima e para baixo, num movimento ondulante, e o tórax começa a acompanhá-los com oscilação mais ampla — um rolamento agora, como uma daquelas bonequinhas de plástico de nádegas redondas balançando.

Agora eu me sento, mas o modo de me sentar está completamente diferente — solto, livre, à vontade. Minha coluna parece crescer como quando "trabalhei" com Fritz. (Nós dois gostaríamos de achar uma palavra melhor do que "funcionou".)

Lembre-se, tenho 67 anos e não estou em boa forma para essa quilometragem. Onde estão a minha rigidez, as minhas dores reumáticas? Estas são poucas e tênues, mas agudas com chuva ou neblina, com gotas de água perolizando os fios dos postes. Sinto-me muito quente, como se pudesse aquecer tudo ao meu redor. (Não tenho tanta certeza quanto a aquecer gente!)

Apeguei-me a algo por meio da Gestalt, uma nova experiência. Antigamente, com algumas pessoas, às vezes eu não tinha ego — e elas também não... Levantei-me para fazer uma xícara de chá e me apeguei a outra coisa, como um ufa! Após *tantos* anos entendo algo sobre mim. Agora, não sei o que escrever primeiro, então vou fazer um chá e ver o que acontece.

A chuva goteja dos beirais. O duto do aquecedor faz tim... tim... tim. Gosto das pausas, e dos tins. A cortina se mexe um pouco com a janela aberta. Fumaça se desprende de um cigarro no cinzeiro e rodopia pela máquina de escrever. A escada ao lado do cais parece ter sido posta ali para que alguém/algo suba ao sair da água. Quem? O quê? Que cada um imagine o seu. O meu é amistoso. Vira antipático. Eu o mudo para o que era. Falso. Ele não é nem quem nem o quê — é mais um qual.

Um rebocador pequeno, de casco preto e superestrutura branca, deixa ondinhas atrás dele e espirra água espumosa ao longo do cabo que puxa pelo lago uma balsa cheia de toras. Imagine que a balsa comece a puxar o rebocador para trás, contra o seu movimento para a frente. Eu imagino e parece engraçado o rebocador lutar para ir para a frente e ser puxado para trás. A meu ver, é assim que a maioria vive. É o modo como *eu* vivi por muito tempo. Projeção? Introjeção? Retroflexão? A situação atual? Às vezes me parece que introjeto, projeto a introjeção e faço a retroflexão da introjeção e da projeção. Não me importo se faz sentido. Gosto do som disso. De todo modo, nada disso é real. É apenas uma maneira de olhar para algo, e esses conceitos não me servem para nada porque não gosto deles. Outras pessoas fazem coisas muito boas com eles porque gostam deles, e *outras* aumentam o absurdo do mundo humano por não saberem o que fazem com eles e fazerem mesmo assim.

Não apresse o rio (ele corre sozinho)

Nos seminários de Harry Rand, uma assistente social falou longamente (disfarçando ser uma pergunta) sobre relações objetais e muitas outras coisas que não entendo. Para mim, não passava de um monte de palavras. Quando ela terminou, Harry tirou o charuto da boca e disse: "Para mim são só palavras. Explique o que você quer dizer". Ela não conseguiu.

Harry é (era?) psiquiatra em Boston, psicanalista, mas fazia muito sentido, e às vezes era muito como Fritz. Usando jargões e mais jargões, um pós-graduando relatou o caso de um paciente que ele atendia no hospital. Harry ouviu até o final (ao contrário de Fritz) e disse: "Você quer dizer que o cara está *assustado*".

Harry tinha um paciente que compareceu à sessão e não disse nada, e o psiquiatra não conseguia fazê-lo falar. De repente, veio a Harry a imagem dele mesmo menino obrigado a falar com o diretor, que parecia ter três metros de altura, e não conseguia dizer nada. (Isso se parece um pouco com Fritz.) Harry contou o que estava acontecendo com ele (isso lembra Fritz, mas ainda não é bem Fritz), que estava vendo o paciente olhar para ele, Harry, como se tivesse três metros de altura — e o homem começou a falar.

Não me lembro do que havia comigo antes. Não corra atrás de nada: deixe aparecer. E aparece.

Uma noite, Fritz pediu a dois dos homens que atuassem como coterapeutas. Ele não fez um pedido específico nem contou nada a eles. É como se fosse uma mistura de ambos, ou algo na metade do caminho. Ele disse (essa palavra dá conta do recado) a eles que escolhessem um de nós para ser paciente. Os dois estavam em cantos adjacentes da sala, e eu sentada no meio da parede oposta a eles. Vi os olhos deles mexerem quando notavam uma pessoa, ela passava, notavam outra e assim por diante. Ambos chegaram a mim no mesmo momento, e cada um deles ficou com os olhos brilhando. Eu me ofereci, sentindo-me como se alguns monstros que eu não temia tivessem me atacado, e me mudei para a cadeira quente. Don e David vieram e se sentaram no sofá perto de mim, a pouca distância um do outro. Eles não eram muito amistosos naquela época.

Resisto a prosseguir. Não quero prosseguir. O motivo de não querer prosseguir é que estou *pensando* nisso, tentando lembrar, me lembrar do que veio antes do quê, separar o que é importante e o que pode ser ignorado. Dessa forma, meto-me numa encrenca (em mim — e depois com outras pessoas também, e às vezes com uma caçarola ou uma panela, ou deixo cair coisas ou queimo os dedos ou outra coisa, ou acontece algo impossível, como jogar fora uma carta que eu queria muito guardar, ou rasgar páginas de um manuscrito quando nem sequer as li e não sei o que dizem). Então, vou passear na chuva e esquecer e ver o que aparece depois.

A ordem não importa! Esta introdução ao que aconteceu é apenas um rascunho, e qualquer uma das partes servirá. (Eu não tinha chegado à porta quando isso aconteceu.)

Antes eu pensava que deveria dar explicações para que as pessoas não dissessem: "Então é *isso* que se passa no Instituto de Gestalt do Canadá". "Então isso é a Gestalt-terapia."

Dessa vez foi assim, com *essas* três pessoas mais Fritz.

Don e David conversaram a meu respeito. Fritz soltava palavras aqui e acolá — ou talvez fosse só acolá. A Gestalt enfatiza falar *com* as pessoas, em vez de falar a respeito delas. Repreendi Don e David por fofocar. Eu estava gostando. Então notei que eu estava tremendo mais do que o normal. Na verdade, tenho tremores, mas eu estava tremendo mais do que o normal. Eu disse isso e depois "não estou com medo". Não estava com medo. Eu tinha começado a notar que ordens e contraordens (em mim) pareciam se encontrar, se chocar e causar os tremores. Olhei para dentro de mim e notei que meu corpo queria se erguer da cadeira e eu o mantinha embaixo. Levantei e dei alguns passos, depois me virei. David disse: "Sinto você se afastando de mim", como se dar uns passos fosse justificativa para eu me afastar. Percebi meu corpo e notei que hesitava ir na direção de David, embora não fosse nada que eu não pudesse superar com facilidade. Superei mesmo, facilmente. Então percebi a hesitação — eu não era *nada mais* do que a hesitação. Não "estou hesitando", mas "sou a hesitação". Até mesmo "sou" não estava nisso. Então notei Don, as pernas encolhidas, as costas apoiadas contra a parede, como se estivesse com medo de mim. Eu disse algo assim a Don. Fritz acrescentou: "É. Como um macaco na entrada da caverna".

Don disse: "Há pouco tive um lampejo (expressão comum dele) de que queria dar uma volta com você".

Eu: "Gostaria de dar uma volta comigo agora?"

Não apresse o rio (ele corre sozinho)

Don disse que sim, e saiu do sofá. Andamos lado a lado pela sala, cada um com um braço sobre o outro.

Não me lembro do ponto em que todo o ego me deixou. Havia apenas *awareness*.

Quando circulamos pela sala, Don disse que se sentiu puxado para o meu lado. Eu disse: "Depois dos três primeiros passos". Don concordou: "Começamos caminhando juntos". Ele disse outra coisa de que não me lembro. Eu disse: "Explicação". Ele disse: "Você quer uma explicação minha?" Eu: "Não. Você me deu uma explicação. Você disse a mesma coisa antes" (apontando para o outro lado da sala).

Estávamos frente a frente. A mão direita dele e a minha mão esquerda estavam juntas. Levantei a mão direita, oferecendo-a, e disse: "Você se importa de segurar esta mão também?" Ele pôs a mão esquerda na minha mão direita.

Durante esse tempo todo, não houve pensamento algum na minha cabeça — nenhuma fantasia, instrução, nada. Eu estava pura e simplesmente *lá*. Tudo que eu notava era apenas notado, sem nenhum tipo de objetivo ou orientação, e sem opinião. Nesse ponto, notei o meu corpo e expressei isto: "Cheguei até aqui. Não vou mais longe". Nenhum pensamento, apenas a expressão do que eu percebera o meu corpo fazer. Percebi-me ali como se estivesse enraizada, como se fosse ficar onde estava.

Don disse: "É assim que eu quero que seja".

Como a Gestalt, não há uma maneira de dizer isso. Existem só muitas maneiras. O que me veio à mente quando me sentei foi a série de fotos do boi e do homem num dos livros de zen-budismo de Suzuki. A última é um círculo sem nada dentro e a legenda: "O boi e o homem partiram".

Paciente e *terapeuta* partiram. Nenhum dos dois estava lá. Homem e mulher partiram. Eu estava *aware* de Don e de mim mesma — muito mais agudamente — e, ao mesmo tempo, Don e eu também tínhamos "partido". Eu e eu mesma partimos. Havia apenas acontecimentos, eventos, cada acontecimento como se cada momento estivesse lá — e em seguida não estava. Eu não estava em lugar algum. Só o momento *agora*. E, no entanto, estava tudo gravado e ao meu dispor.

Facilidade total e sem erros. Isso é perfeição. "Lutar pela perfeição" não faz sentido para mim, a menos que signifique lutar tanto e ficar em tal enrascada que acontece uma explosão. Eu (ego-eu) explodi em pedacinhos, e o organismo que sou eu assume o controle. É uma maneira muito extenuante de fazer isso.

Eu estava fazendo o jantar enquanto escrevia isso. Batata-doce no forno, depois cenouras numa panela. Daqui a pouco vai ser bife na frigideira, e aí eu fico com ele, deixando a escrita para lá. Alternando entre um e outro com facilidade, sem me esquecer do que não estou "fazendo" — e também não lembrando dele.

Quando Kay foi embora e ninguém se ofereceu para preparar o café da manhã para Fritz, ele disse: "Vou aprender a preparar o meu café da manhã". Um dia, ele me disse com alegria — e humildade e um pouco de admiração — que de manhã cozinhara os ovos no ponto perfeito sem marcar o tempo.

Quando jovem, eu sempre cozinhava sem marcar o tempo. Mesmo que estivesse concentrada num livro, notava os *cheiros* e a "hora" de fazer uma coisa... De repente, minha cabeça ficou cheia de todos os relógios e cronômetros e outros aparelhos que *não* necessitamos. Que loucura — todo o empenho de quem trabalha para fazê-los, todo o empenho de quem ganha dinheiro para comprá-los; todo o desperdício de recursos naturais; toda a *dependência*. Mantendo a economia ativa, as pessoas ativas para manter a economia ativa, manter as pessoas ativas...

Quando falou de garantia de renda para todos (e nada dessa maluquice de imposto de renda negativo, no qual se deve declarar + ou -), Alan Watts[12] disse que a população quer saber de onde virá o dinheiro. "Não vem de lugar nenhum. Nunca veio." Ele explicou que o dinheiro é apenas uma medida, como centímetros. Na Depressão de 1929, muitas pessoas ficaram sem trabalho de repente. Existiam cérebros, aptidões, materiais, mas nada de dinheiro. Ele explicou que isso era o mesmo que um indivíduo chegar para trabalhar no emprego, como de costume, e o chefe mandá-lo embora, dizendo: "Desculpe. Não há trabalho. Ficamos sem centímetros". Existiam cérebros, aptidões, materiais, mas nada de centímetros.

É assim que me sinto em relação à nossa "economia", sem mencionar que é uma "economia" construída sobre lixo.

Eu gosto da escassez — não da privação, mas escassez faz bem.

A iluminação que me veio algumas páginas atrás foi esta: durante toda a minha vida, me disseram que eu poderia (e portanto deveria) assumir trabalhos melhores do que eu tinha. Eu não queria. Preferia pegar um trabalho administrativo em que eu não precisasse ser tão falsa. Uma vez aceitei um trabalho desses, que em três anos se tornou importante, num escritório com cortinas chiques e vista para um jardim interno pela minha janela. Eu estava atada a ele e poderia muito bem ir em frente. Então, trouxe um abajur meu, lindo e bem a calhar, e uma xilogravura de Droege[13]. Mas ainda havia aqueles momentos em que o presidente do lugar entrava e não tirava os olhos dos próprios sapatos, porque eu estava com uma bata empoeirada e o cabelo todo despenteado, já que eu estivera garimpando alguma coisa.

Contudo, havia um motivo para eu não aceitar empregos mais importantes dos quais eu não entendia. Eu só sabia que não os queria. Não queria ser chefe. Agora está claro para mim. Wilfred Pelletier chama isso de "organização vertical" — o sistema do homem branco, de que eu também não gosto. Ele escreve sobre isso no artigo "Some thoughts about organization and leadership" [Algumas reflexões sobre organização e liderança], lido em 1969 na Irmandade Indígena Manitoba.

Há cerca de um mês, fui a uma conferência intercultural de uma semana em Saskatchewan, "dirigida" por Wilfred, que a deixou dirigir-se sozinha, com ele próprio participando. Não havia um programa, nem horários, e apenas um homem deu as palestras. Não tenho certeza de que ele deveria fazer isso mesmo, mas ele falou e falou e falou e falou e falou. Saí e peguei umas frutas, voltei e as fiz circular numa sacola de papel. Como sempre, não entendi como os indígenas conseguem ficar sentados com cara de quem está gostando enquanto recebem um sermão de um branco. Descobri depois: usando a imaginação, eles ficam pescando ou caçando. Wilfred me contou que "o urso caiu na água com uma chuá enorme, e a água espirrou para todo lado". Ele lançava os braços compridos para cima e para os lados. Nossa, como ele gostou!

Fritz diz: "Quando estiver entediado, retire-se para um lugar mais à vontade".

Fiz isso numa oficina de fim de semana com Jim Simkin[14]. Não sei se era tédio, mas fiquei com dor de cabeça (rara) e tanta dor na nuca que não consegui me concentrar em nada além dela. Eu disse a mim mesma (Barry mentindo para Barry, como ela costuma fazer) que era *porque* eu não dormira bem na noite anterior. Poderia ter deitado no chão e dormido. Em vez disso, "fui embora": primeiro para Salmon Creek, e senti o vento e a areia sob os pés, e ouvi o barulho das ondas quebrando e se enrolando, e senti o cheiro de ar salgado, e vi as cores no céu, espuma, areia e dunas cobertas de capim, e senti a elasticidade do meu passo ao caminhar pela praia. Então voltei para a sala de gente, e então voltei a Salmon Creek. Depois disso, fui no pôr do sol a um braço remoto do lago Mead, onde as falésias douradas na margem oposta se refletiam na água e os peixes saltavam para fora e mergulhavam de novo. Os arbustos ao longo da beira do lago farfalhavam, os pássaros cantavam e minhas mãos sentiram as pedras lisas da praia. (Quando contei isso a uma amiga, ela disse que provavelmente alguém que me conhecia estava na praia e disse: "Eu poderia jurar que vi Barry e em seguida ela não estava lá".)

Duvido que a coisa toda tenha levado mais de cinco minutos. Esse tipo de passeio é maravilhosamente rápido. Nada de dor de cabeça durante ou depois.

O congresso transcultural foi conduzido (sem ser conduzido) naquilo que Wilfred chama de modo "horizontal". "Ao observá-la, parece-me que se recorre à organização vertical em razão de uma diminuição ou ausência de comunicação. Se, de uma maneira ou de outra, não há um movimento comunitário, que é uma ânsia espontânea que faz algo acontecer, então a única alternativa que se tem é construir algum tipo de pirâmide e colocar o sujeito mais durão no topo, ou talvez não o ponham lá: ele apenas chega lá automaticamente. Vocês têm uma organização na qual não existe comunicação; existe só uma transmissão de ordens do topo para os vários níveis, e isso não é mais sociedade; é máquina."

A organização horizontal, que vivenciei com os havaianos (tempos atrás; não sei agora), é o que Wilfred descreve como modelo indígena. Uma pessoa desponta como líder de algo específico em determinado momento e se retira quando esse tempo termina. A comunicação está presente. Eu vivenciei isso também entre os brancos, em lugares ocasionais. A confiança está presente. Aqui em Lake Cowichan, trabalhávamos por uma organização horizontal. Assim que algo saía um pouco do controle, algumas pessoas pressionavam para adotar a verticalização. Mas voltamos a adotar a horizontalidade. Agora, com a ausência de Fritz, tornou-se vertical. Organização. Organização intelectual em vez de organização organísmica. Os brancos não percebem que o seu fardo é aquele que eles põem nas próprias costas. Então, ensinam a todos, e estes põem o fardo nas contas também.

"É máquina." Eu vejo a enorme máquina triturando todas as pessoas que a ergueram e a colocaram nas próprias costas.

Não apresse o rio (ele corre sozinho)

No congresso transcultural, o homem que dava a palestra parou de falar (por alguns minutos) e uma garota indígena que estava sentada no chão de repente se deitou e passou a se contorcer com gemidos e lamentos. O branco perguntou a um nativo: "O que ela tem?" O indígena disse com toda a naturalidade: "O avô dela morreu ontem à noite".

"Oh!", reagiu o conferencista. "E ela também tem alguma doença?"

"Acho que não", respondeu o indígena.

Nem todos os brancos passaram pela Gestalt (ou coisa parecida) e sabem o valor de liberar a angústia organismicamente por todo o corpo. Mas *esse* homem, o palestrante, era chefe de um centro indígena nos Estados Unidos, e seu conhecimento dos indígenas parava por aí! Via de mão única. Nós iniciamos as pessoas na nossa sociedade. Não nos preocupamos em conhecer outras.

Uma mulher que trabalhava na assistência social da Agência de Assuntos Indígenas fazia o trabalho com toda a dedicação, escalando montanhas e se esgueirando por desfiladeiros, à procura de pessoas para ajudar. Quando estava perto da aposentadoria, sentou-se à mesa da cozinha, pôs a cabeça entre as mãos e disse com tristeza, desalento e perplexidade: "E, depois de tudo, eu ainda não consigo entendê-los".

No meu modo de falar, observando bem, ela quis dizer o seguinte: "Não importa como eu faça, eles *não* farão o que eu mandar. Não encontrei nenhuma maneira de torná-los como eu".

Alguns meses antes, eu a ouvi mostrando-se indignada com a garota navajo que trabalhava no seu escritório. "Ela disse que não gostava do nosso jeito de fazer as coisas. Eu lhe disse: 'Isso NÃO é da sua conta'. Ela retrucou: 'Mas esse é o meu povo'. Eu respondi: 'Isso não tem NADA que ver com o assunto'".

A organização vertical é uma máquina, e as pessoas que estão nela tornam-se maquininhas dentro da maquinona e não entendem as pessoas que resistem a virar máquinas.

Eu sei. A assistente social também não me entendeu.

Nem o professor dos hopis, que se divertiu muito — ambos se divertiram muito solidarizando-se, o professor e o assistente social. Lavei os pratos, tentando ao máximo não ouvir a conversa. "Os indígenas são tão idiotas." (Como se pode ajudar pessoas consideradas idiotas?) "Os indígenas são tão ingratos." E assim por diante. Então chegou ao auge: "Eles são tão rudes!"

"Eu sei. Nem dizem obrigado!" Aí eu não consegui mais ficar de fora. "Não é verdade" — comecei a perguntar, sabendo perfeitamente bem que era verdade e que o pessoal da Agência de Assuntos Indígenas acha que só o pessoal da própria agência entende de indígenas (e por isso intervim com uma pergunta) — "que eles não dizem obrigado entre si?" (Adoro isso de não dizer obrigado e gostaria que fizéssemos igual.)

O professor dos hopis virou-se para mim e declarou: "Não, não dizem! Eles são muito rudes."

("E, afinal de contas, eu ainda não os entendo.")

Depois disso não tive palavras. Agora sinto como se o poço tivesse secado — nada mais para escrever. Eu poderia reler o que escrevi para pegar alguns tópicos. Não tenho vontade de fazer isso, nem preocupação. Estou curiosa para saber qual será o meu plano amanhã quando acordar. Neste instante, sinto que a manhã não dará em nada, porque não há nada para fazer. Sempre é possível ir e voltar para ver o que acontece. Sempre acontece alguma coisa.

Os prismas no peitoril da minha janela estão vivos com as cores refletidas na vidraça. De onde elas vêm? Uma cidadezinha de luzes, reflexos, cores. Seria maravilhoso morar nesse mundo! Acho que me cansaria dele rapidamente.

Manhã seguinte. Sonhei à noite que recebi uma carta de Bertrand Russell[15]. Ele disse ter lido as primeiras seis páginas de *Person to person*[16] [*De pessoa para pessoa*] e queria muito me conhecer. Fiquei magoada porque ele não se lembrava de que fomos muito próximos por três anos. Russell revelou que estava vindo aos Estados Unidos pela primeira vez. Então não me senti tão magoada, porque ele também não se lembrava de já ter estado nos Estados Unidos. Ainda me sentia um pouco magoada, porque a nossa vida juntos, na época, me parecia mais memorável do que os Estados Unidos. Ele disse que estava receoso de vir, que isso era muito assustador. Sempre teve um pouco de receio dos Estados Unidos. Naquela época, eu não tinha.

Estou adorando a chuva. Parada aqui e adorando-a, sem perceber por um tempo que era isso que estava acontecendo. Hoje é visível a primeira fileira de morros do outro lado do lago, repleta de árvores de bordo e enci-

Não apresse o rio (ele corre sozinho)

mada por pinheiros. As montanhas depois deles não estão lá. Claro que eu *sei* que estão lá, mas para mim agora elas não estão lá. A paisagem mudou. Estou vivendo num mundo menor. Eu me sinto aconchegada nele.

Acho que não posso trabalhar esse fragmento de sonho de modo gestáltico. O que eu "acho" geralmente é mentira. Então digo a mim mesma (outra mentira) que não vejo como *eu* consigo fazer isso, então terei de esperar até a volta de Fritz para ver o que ele pode fazer comigo e com isso. E, quem sabe, provar que ele está (um pouco) errado sobre a Gestalt? Essa minha maldade de provar que Fritz está errado é pequena, ocasional e não muito intensa, porque sei que Fritz também não gosta da arrogância dele e, além disso, tem uma bela humildade. Esse é o "manso" de que Jesus falou, com o qual muitos nos incomodamos porque mesmo no dicionário significa piamente humilde e submisso, que se submete a injúrias etc. Nós nos incomodamos com o *sentido* da palavra, e com razão. Mas chegue mais perto de Jesus e da tradução da Bíblia, e a palavra passa a significar apenas "meigo e gentil".

Aqui nós cuidamos do nosso café da manhã, cada um por si. A exceção, no início, foi Fritz. Kay, que era paga para fazer isso e outras coisas, como o café da manhã dele — embora Fritz quisesse que esta fosse uma comunidade em que ninguém era contratado para fazer algo. Quando Kay foi embora, preparei o café da manhã de Fritz em duas manhãs, enquanto foi fácil. Na manhã seguinte, não. Eu disse a ele que nas duas manhãs anteriores era para nós dois. Se eu tivesse feito isso na terceira manhã, teria sido para ele. Ele mostrou compreensão e aceitação, sem usar uma palavra. (Se eu não ficasse cinco horas por dia em grupos, além de noutras coisas, eu gostaria de preparar o café da manhã para nós dois com prazer e raramente sem vontade.)

Fritz dissera às vezes que não sabia nada de culinária, que nunca aprendera a cozinhar. Mais adiante no mesmo dia, quando eu não tinha preparado o café da manhã dele, Fritz disse com suavidade e delicadeza: "Vou aprender a fazer o meu café da manhã". Suave, delicada e *imparcialmente*. Sem martírio, sem apelo, sem orgulho. Dei-lhe uma cafeteira elétrica, que se desligava sozinha, e abasteci a geladeira dele com comidas que ele aprecia no café da manhã, mais algumas que achei que ele gostaria. A partir de então ele cuidou do próprio café da manhã. Este lugar é dele. Ele o comprou. Ele assumiu o risco. O que todos nós ganhamos por estar aqui

— cerca de noventa pessoas, até agora — foi possível por causa dele. Ele é o fundador da Gestalt-terapia. Sem a costumeira publicidade — apenas um folheto e recomendação boca a boca — seu novo livro, *Gestalt therapy verbatim*[17] [*Gestalt-terapia explicada*], vendeu 20 mil exemplares em seis meses. Ele foi homenageado na convenção deste ano da Associação de Psicologia Americana (da qual não é membro). Fritz tem 76 anos; é conhecido pela arrogância. Ele prepara o próprio café da manhã e fica feliz porque os ovos foram cozidos no ponto certo sem marcar o tempo.

Como fazer a Gestalt de um fragmento de sonho no qual uma carta de Bertrand Russell aparece enevoada, como se estivesse num nevoeiro? Como, se na verdade não a vejo, e a caligrafia dele, que conheço tão bem, não está nela, embora parte da mensagem me chegue com clareza? Isso me parece impossível. É mentira. Eu *acho* (diz o mentiroso) que é impossível. Eu *sei* que é possível. Se não houvesse *nada* nela, Fritz diria: "Seja o que não está nela".

Já trabalhei um pouco nesse sonho do meu jeito. Dei uma olhada nas primeiras seis páginas de *De pessoa para pessoa*, que Bertie [Russell] disse ter lido e quis me conhecer. Nessas páginas estavam o prefácio de Carl Rogers e a minha introdução. Ah, vai! O que eu poderia concluir disso? Essa não era a essência do livro, nem a minha. Se ele tivesse lido "Quem abre as cortinas"[18] seria outra coisa.

Eu estava prestes a deixar o livro de lado — deixar o meu pensamento colocá-lo de lado —, mas confio nos meus sonhos. Li essas seis páginas e descobri algumas coisas que esquecera, com as quais preciso sintonizar agora. Li rapidamente, mas vou voltar e reler essas passagens. Elas são bastante significativas para minha vida aqui neste momento.

Quero dar continuidade a isso... Receio que o meu ego a ache fascinante, pois meu sentimento organísmico é que estou com fome, e "continuar agora" é o contrário. Intelecto/ego/eu não são tão fortes para resistir a mim. Deixo a máquina de escrever e vou até a geladeira e o fogão.

Minha fome deve ter sido ignorada por um bom tempo. Eu estava agitada cuidando de coisas simples como ovos e torrada. Uma sensação de pressa quando não havia pressa. Senti-me fraca. Não tinha parado a tempo.

Se aparecesse uma emergência, eu teria ficado atônita. Felizmente, isso não aconteceu — e em geral não acontece, é claro —, mas viver em prontidão para uma emergência (sem expectativa) é viver. O jantar de ontem à noite correu bem. Hoje de manhã os ovos passaram do ponto.

Como eu gosto de suco de laranja fresco! Eu o saboreio nos lábios e na boca, descendo por qual seja o tubo por onde a comida passa, e no estômago. Aí eu perco o contato com ele. Prefiro tomar suco de laranja fresco vez ou outra do que a lastimável coisa congelada e reconstituída todos os dias. Só existe uma coisa a fazer com a maior parte da nossa comida hoje: engoli--la e se esquecer dela, que é o que a maioria faz. O Canadá ainda não está tão ruim quanto os Estados Unidos, mas está seguindo o mesmo caminho. Não sei o que veio primeiro, se engolir e esquecer ou a péssima comida, mas precisamos conter essa espiral e tomar outra direção. Não acho que leis e programas e planejamento tenham sucesso nisso. Cada pessoa tem de fazê--lo sozinha. Então, vai acontecer. Não preciso forçar ninguém a fazer isso — eu mesma faço por mim. Então terei feito a minha parte, e a minha parte é tudo que preciso fazer. Ir além disso é fantasia e provoca exaustão.

Bertie não gostava muito da "América". Um dia, disse que gostara mais dessa vez que da anterior. Toda vez que vinha, ele entrava numa espécie de turbilhão interior por vários dias, uma espécie de confusão.

Ele gostava mesmo era do litoral irlandês de Connemara, onde experimentou uma coisa que chamamos de nomes variados, todos tão bobos que nem merecem um rótulo. Na verdade, estão bem além da rotulagem. De qualquer modo, naquela costa acidentada e tempestuosa (como Bertie a descreveu; eu nunca estive lá) ele ficava em tal contato com o universo que tudo que fazia na sua vida normal parecia bobo — nem valia a pena fazer. Como arrancar uma formiga de um planeta.

Ou como eu quando editava livros da editora da Universidade do Novo México. Os professores e autores (que levavam anos para escrever cem páginas) começavam a me pressionar assim que seu manuscrito era recebido. Se eu já trabalhava nele. Se eu já o tinha levado para a gráfica. Quando estaria à venda. Pressão pressão pressão. Na maior parte do tempo, resisti, embora em geral não fosse suficiente. Mas às vezes eu perdia terreno, e então me pressionava com mais insistência do que eles. De repente, explosão. Eu estava tanto dentro de mim quanto fora ao mesmo tempo. Lá na editora estava a eu-formiguinha, sem ligar para nada senão o manuscrito que eu editava, levando tudo muito a sério. E aqui estava a eu-grande, desfrutando de todo o maldito planeta glorioso onde nasci. O absurdo da eu-formiguinha! Ri. Continuei rindo. Eu estava tão ridícula, sentadinha e levando a sério um punhado de palavras e levando a sério a vaidade (ou o ego) dos homens para quem se tornara tão importante publicar. Eu queria sacudir com alegria a todos na editora e gritar "ACORDEM!" Se eu pudesse ter GRITADO isso do alto de uma montanha, teria sido ainda melhor. Investi em tantas fantasiazinhas escabrosas na vida pensando que fossem *reais*. O universo era eu — e eu, o universo. (Por que [em inglês] usamos letra maiúscula em *I* [eu] e *m* minúsculo em *me* [mim]? Não é para responder a essa pergunta, mas é bom perguntar, como abrir algo que estava fechado, e não haver nenhum professor para dizer: "É isso mesmo, então aprenda e pare de atrapalhar a aula".)

Na mesa, a luz do abajur brilha na minha máquina de escrever — a cor azulada resplandece e vai sumindo à medida que se afasta do abajur. A sombra da maçaneta do carro move-se ao longo desse embaciamento e depois se desvanece. A luzinha quadrada e quadriculada que mostra que o motor está funcionando (como se eu não pudesse ouvi-lo e, mesmo que eu não tivesse olhos, sentir as vibrações) é de um laranja constante, mais forte que a da própria máquina. Dedos tocando as teclas. Quando percebo esse toque, minhas mãos ficam mais macias do que eram, mais suaves, usando apenas a pressão suficiente para mover as teclas, nada mais, e então não há represália contra mim. Mais parece música. Sinto-me harmonizada. Até as batidas das teclas no rolo parecem mais suaves à medida que eu as suavizo, sem resistência. Algo que parece uma risada, não gargalhada, ondula-se pelo meu corpo e pelo meu rosto — uma risada que faz cócegas leves, como uma pena. Eu sou o que faço.

Caminhando pelos charcos da Cornualha, cada vez que chegávamos a um portão, Bertie fazia menção de abri-lo e, enquanto o abria, eu pulava por cima do portão. No quarto portão ele disse: "Você não acha que estou abrindo esses portões para mim mesmo, acha?"

Eu ficava aborrecida.

Todavia, se ele não estava abrindo os portões para si mesmo, por que não pulava o portão comigo?

Na época, ele já era idoso. Tinha 55 anos. Agora é um velho na casa dos 90 e não sei mais como ele se sente diante de qualquer coisa.

Parecia tão importante para mim saber com qual dos dois homens que eu amava eu deveria me casar. Trinta anos depois, pareceu que não faria diferença alguma. Não consigo explicar isso. Ainda parece ser assim... Tendo escrito que eu não poderia explicar, comecei a pensar numa explicação e esperava chegar a ela. Que diferença faria se eu obtivesse uma resposta? Mesmo uma resposta verdadeira. O que eu faria com ela? O ego ficaria um pouco inflado com a própria esperteza, mas é só... Curioso. Na época me pareceu assim. Eu me diverti tanto decidindo que pensei que *seria* capaz de escolher. Então eu escolhi, e arquitetei razões para a minha escolha.

Meu primeiro marido era diferente. Ele foi um equívoco do qual me livrei. A melhor decisão que já desfiz. Não quero dizer que ele fosse "ruim"; simplesmente não era bom para mim.

Meu sonho. Hum... Ainda resisto a trabalhá-lo à maneira gestáltica. Não sei o porquê dessa resistência. Não me sinto ameaçada. Eu acho "ah, muito complicado". "Para quê?" Percebo que agora chove mais forte. Meus olhos estão se fechando, como se eu estivesse sonolenta. Eu bocejo — um bocejo grande e gostoso, agora que sei que é bom e não o prendo mais por ser "vulgar".

Não é mais fácil datilografar do que analisar um sonho. Quando estou com sono ou cansada, *é* mais fácil continuar o que estou fazendo do que interromper e passar para outra coisa. Essas palavras saíram meio adormecidas, mais sonolentas, mais sonolentas. Estou me hipnotizando? Ou estou apenas com sono, e o barulho da chuva me ajuda nisso? Quando me rendo a isso, é bom, e não me importo. As perguntas estão desaparecendo. Eu bocejo, e com ele vem o som "aaaaaaaah", o que é bom também. Às vezes me parece que os sentimentos são sempre bons e apenas os pensamentos sobre os sentimentos é que me causam problema. Quando os pensamentos param, os sentimentos ficam bem, mesmo os dolorosos, assim que me volto para eles, em vez de rejeitá-los. Agora os meus olhos lacrimejam junto com os bocejos — meus bocejos estão cada vez mais longos e mais fortes, e as pálpebras se juntam. Meu corpo oscila na direção da máquina de escrever e volta. É bom deixar as coisas acontecerem. Meu bocejo agora soou como um ruído de zoológico. Meus pés estavam embaixo da cadeira. Agora estão embaixo da mesa, com as pernas esticadas e os calcanhares no chão, em lugar dos dedos dos pés. Agora vão para a frente e para trás. Tudo em mim se movimenta para trás e para a frente, para trás e para a frente, mesmo enquanto datilografo. Eu me sinto como naquele jogo antigo, "Eu fui à Lua"[19]... Como era divertido! Eu gostaria de jogá-lo aqui. Por algum motivo, parece um bom jogo de Gestalt. Receio que aqui não provocasse nenhum entusiasmo — nem mesmo aceitação —, a menos que fosse feito em grupo e se chamasse Gestalt-terapia.

Continuo oscilando.

Agora não consigo mais datilografar enquanto oscilo, porque ao mesmo tempo meus braços se arremessam para fora e depois para dentro. O

Não apresse o rio (ele corre sozinho)

ritmo é como o de um autômato. A cadeira range. Meus calcanhares percutem o chão. Agora meu pescoço se joga para trás nos movimentos nesse sentido. Agora, tudo em mim está incluído.

Abruptamente, o autômato para. Eu me afundo na cadeira, com os braços dependurados ao lado do corpo, sentindo o descanso, como se fosse o de um bom exercício. Expiro profundamente. Para fora, para dentro, para fora, para dentro. Ocorrendo por si só.

Sinto que tudo se exercitou; não estou mais sonolenta.

Tudo bem. O sonho.

Sou a névoa. Fico entre mim e tudo mais. Ao mesmo tempo, amoleço tudo, e essa maciez é gostosa. (Volto a ser a névoa. Descontraída e descansada como estou, fica bem mais fácil fazer isso.) Sou uma névoa engraçada — morna. Flutuo. Fico à deriva. As palavras na carta seriam muito mais duras se não tivessem passado por mim. Eu as suavizo; não as embaço. Você as leu através de mim — bem, você não poderia *ver* as palavras através de mim, mas você as *ouviu* através de mim. Sendo a névoa, embacei a sua visão, mas não os seus ouvidos.

"O quê? Qual é o sentido disso?"

Não importa o *sentido*; continue apenas sentindo.

Sou a névoa entre a carta e Barry; entre a mensagem e Barry. Sou suave. Gosto da minha suavidade. Gosto de mim. A carta é dura num lado de mim. Barry é suave do outro lado de mim. A dor que provém da carta não dói tanto quando me atravessa.

Barry: Dor? Que dor? Claro, um pouco de dor, mas não tanta que você precise amenizá-la. Não me facilite as coisas! Caia fora!... Melhor assim. Agora a carta está mais próxima de mim e fomos feitas para estar juntas.

Sendo a Carta, eu não poderia datilografar. Ser/sentir a Carta. Precisei trocar de cadeira. Não sabia por quê. Agora parece que a Suavidade estava nela. Quando mudei de lugar e fui a Carta, fiquei muito mais forte e firme. Minhas mãos desceram pelas coxas até os joelhos, então se ergueram, voltaram e repetiram o movimento, vezes seguidas. Minha expiração/inspiração tornou-se muito mais pronunciada, como se passasse por um tubo, em vez de por todo o espaço aberto da minha boca. Oito vezes, dez vezes? Por aí. Então tudo parou.

Como me sinto agora?

Com certeza não me sinto mais com 67. Ainda me acho gorda, mas não me acho idosa.

De novo como Carta (um pouco grosseira): Eu lhe disse. Li essas seis páginas e quero conhecê-la.

Barry (também grosseiramente): Você me *conheceu*! Você me conhece! Você se esqueceu daqueles tempos.

Carta: *Você* se esqueceu.

Barry: Eu não! Eu me lembro; você é que não. Você fala de me *conhecer*, como se fosse a primeira vez.

Carta (em voz baixa): Toda vez é a primeira vez. (mais alto) Eu disse *conhecer*. Realmente não nos *conhecemos* antes.

(A vitalidade volta a subir pela minha medula.)

(Uma leve umidade aflora nos meus olhos. Começo a rebater a frase "realmente não nos *conhecemos* antes", e a umidade nos olhos é uma negação da minha negação.)

Barry (com humildade): Você tem razão. Realmente não nos conhecemos antes. Pensávamos que sim. (com um pouco de raiva) Eu já conheci *alguém*?

Carta: Passado. Olhar para o passado é como olhar para o futuro.

Barry: Você quer dizer que o passado é como uma bola de cristal? Você pode ver qualquer coisa nela. Todas as ilusões.

A Carta está em silêncio, e silêncio é concordância.

Barry: Mas isso *aconteceu* com Bertie, nos portões. E aconteceu que, quando ele veio almoçar no meu apartamento em Nova York e perguntou se eu tinha um clipe de papel, enrolei o colchão e peguei um na mola da cama, e ele me perguntou: "Sempre guarda clipes de papel aí?"

Carta: Então, o que isso faz para você?

Barry (depois de uma pausa): Me faz saber que uma vez eu *estive* viva.

A Carta está em silêncio.

Barry: Eu *estive*! EU ESTIVE.

A Carta está em silêncio.

"Estive" ressoa nos meus ouvidos. *Estive*.

As seis letrinhas de e s t i v e englobam todo o meu passado.

Ufa!

Todas as coisas que eu fui estão nele também. Isso me faz bem! Aquelas coisas horríveis também são coisinhas. Todas embaladas na palavrinha "estive". Eu as ponho no meu punho, sacudo-o e as JOGO fora.

Curioso é que isso funciona. E *tudo* saiu de *mim*.

A mensagem existencial desse sonho não é nova, e não é nova nem mesmo para mim. Mas a minha forma de saber mudou. Neste momento, sinto como se cada célula minha estivesse ciente disso, e a minha presença será um pouco mais presente de agora em diante.

Estou pronta para o próximo passo — sobre o receio de "Bertie" de vir para os Estados Unidos. Cada coisa e cada não coisa no meu sonho sou eu. O sonho é *meu*, não de outra pessoa. *Minha* experiência e vivência estão em todas as partes dele. Há luz em algumas nuvens agora. As montanhas para lá dos morros são visíveis, e as nuvens são como montanhas além das montanhas, ao mesmo tempo impressionantes e majestosas. Fortes. É tanta a força nessa matéria que eu poderia enfiar a mão nela se estivesse lá!

Eu sinto essa força em mim e ela *está* em mim. Não receio isso agora.

Se você tentar copiar a minha jornada, não a seguirá, porque não foi aí que a minha jornada começou. Prossiga na sua jornada, onde quer que ela leve.

Agora vou comer. Minha alimentação não vai encher o seu estômago. O lago cintila.

Ainda me sinto bem por ter jogado fora toda aquela sacolinha do passado. Espero que fique onde quer que esteja.

Estou vazia novamente. Sobre o que escreverei amanhã?
Sem resposta.
Saberei quando for amanhã.

Odeio exercícios.
Experimentação, exploração, experimentação, alegria. Nunca sei o que vem a seguir.

Antigamente, às vezes, fazer experiências comigo mesma me deixava em apuros. Eu sabia o que acontecera. Eu tinha um objetivo. Forcei. Nunca tive problema por experimentar sem um objetivo e sem tentar me apegar àquilo a que cheguei. Mesmo que aconteça em algum momento no futuro, ainda assim as probabilidades contrárias são muito grandes.

Quando um terapeuta tem um objetivo para o seu paciente, acho que o paciente está enrascado. É claro que o terapeuta também terá um problema, mas esse é um dos problemas "normais" e triviais. O problema que o paciente tem quando o terapeuta lhe reserva um objetivo é o agravamento do problema inicial, o que o fez procurar um terapeuta.

"Tanto quanto possível, tento não pensar" — Fritz, a respeito de si mesmo como terapeuta. Quando estou em forma, não existe terapeuta. Não sei de nada e não sei o que estou fazendo. Nessas horas, sou "incrível" para os outros, "tenho um estilo só meu" e me encanto com tudo que acontece.

"Atribuir uma norma fixa a uma espécie em mudança é atirar de perto num pássaro voando."[20]

Hoje de manhã, cometi muitos erros de datilografia, fiquei empacada, não gostei do que estou fazendo. Qual é o meu objetivo?

Quero terminar este livro. O que veio primeiro, não sei. Quanto mais não goste de fazer o livro, tanto mais quero acabá-lo. Quanto mais eu queira terminar o livro, mais não gosto de fazê-lo.

O que acontece no meu corpo? Agora faço essa divisão de propósito. Ou simplesmente percebo o que é? De qualquer forma, quando *eu* percebo o *meu* corpo, é claro que não estou inteira. Porém, dei um passo para sair da divisão em que ignoro o meu corpo, como se fosse uma coisa que me pertence. *Eu o* levo a fazer coisas, do mesmo jeito que tanta gente anda a cavalo ou dirige um carro ou, aliás, passa uma vassoura.

Quando percebi o meu corpo ontem e deixei que "ele" fizesse o que quisesse, que "ele" prevalecesse — contra todas as proibições sociais — na submissão do "meu-*self*" (*self* falso) a "ele", eu me tornei "eu mesma". Hoje de manhã, estou dividida de novo. *Sei* que os meus ombros doem, mas não noto as dores, não estou reagindo a elas. Como se eu pudesse *saber* que outra pessoa está comigo e não responder a ela. Quando sei que alguém está comigo e o excluo, não estou *aware* dele. Quando o deixo entrar, fico *aware* dele.

Não estou dizendo que se fechar é "ruim". Fechar o meu corpo é outra coisa.

"Aceitar o meu corpo", no sentido de nudez ou sexo, não é aceitar o *meu corpo*. É aceitar uma *ideia*, uma abstração.

O Arquidiabo em seu universo pode ser resumido
à palavra abstração, no sentido de qualquer ideia

que o indivíduo endosse como se fosse
mais viva do que ele mesmo...

[...]
(deixando um não ele perfeitamente definido;
um fantasma cadenciado concebido pelo mero cérebro
do tempo pródigo: uma assombração intermitente)
[...]

e. e. cummings

Num mundo em que tudo deve ser "instantâneo", rápido, indolor, sem esforço, sem observação e sem investimento de si próprios no que fazem, os indivíduos recolhem (ou abstraem) alguns trechos da teoria de alguém, alguns dos seus recursos conceituais e os transmitem a outros como "salvação". Isso é charlatanismo.

Levamos bastante tempo para desmascarar todo o logro freudiano, e agora estamos entrando numa fase nova e perigosa. Estamos entrando na fase das terapias "estimulantes": "ligando-nos" em cura instantânea, em consciência sensorial instantânea. Estamos entrando na fase dos homens charlatães e de pouca confiança, que pensam que, se vocês obtiverem alguma quebra de resistência, estarão curados, sem considerar qualquer necessidade de crescimento, sem considerar o potencial real, sem considerar o gênio inato em todos vocês.

Fritz, em Gestalt-terapia explicada[21]

Entendemos que o terapeuta é semelhante ao que o químico chama de catalisador, um substância que precipita uma reação que de outro modo talvez não ocorresse. Não prescreve a forma da reação, que depende das propriedades reativas intrínsecas dos elementos presentes, nem faz parte do composto que ajuda a formar. O que o catalisador faz é iniciar um processo, e existem processos que, depois de iniciados, mantêm-se sozinhos, ou seja, são autocatalíticos. Acreditamos que seja isso que ocorre na terapia. Aquilo que o médico inicia cabe ao paciente prosseguir por conta própria. O "caso bem-sucedido" na alta não é uma "cura", no sentido de produto final, mas uma pessoa que agora tem recursos e material para lidar com os problemas que aparecerem. Ele ganha um pouco mais de espaço para trabalhar, desincumbido dos pormenores de interações iniciadas mas inacabadas.

Nos casos tratados segundo essa formulação, os critérios de progresso terapêutico deixam de ser objeto de debate. Não é uma questão de "aceitação social" aumentada ou "relações interpessoais" aprimoradas, vistas pelos olhos de alguma autoridade externa e autoconstituída, mas a *awareness* do próprio paciente da vitalidade aumentada e da atividade mais eficiente. Embora outros, com certeza, possam notar a mudança, a opinião *deles* favorável ao que aconteceu *não* é a avaliação da terapia.

("Libertar-se da opinião *deles*." Há alguns anos, quando eu estava aprendendo a pintar, meu filho zombou de mim por causa das minhas pinturas. Continuei pintando. Quando uma artista quis emoldurar várias dessas pinturas, eu lhe disse: "Sei que *ficariam* melhores, mas os erros que identifico nelas permanecerão lá". Continuei pintando, sem me desviar da *minha* trajetória, do meu desenvolvimento, da minha observação, do meu conhecimento, fosse por deboche ou por elogio. Não sou assim com tudo, mas estou ficando mais forte.)

Essa terapia é flexível e em si uma aventura no viver. O trabalho não está de acordo com o equívoco generalizado de o médico "descobrir" o que há de errado com o paciente e depois "contar a ele". As pessoas têm "contado a ele" o tempo todo e, quando ele aceita o que dizem, ele "conta" para si mesmo. Repetir isso, mesmo que seja com a autoridade do médico, não vai resolver o problema. O fundamental não é o terapeuta descobrir algo no paciente e depois lhe ensinar, mas sim o terapeuta ensinar o paciente *como* aprender sobre si mesmo. Isso significa ele ter consciência direta de como ele de fato funciona, já que é um organismo vivo. Isso advém de experiências que em si são não verbais.

Fritz, em *Gestalt therapy*[22].

Uma xícara de chá[23]

Nan-In, mestre japonês, recebeu um professor universitário que foi perguntar a ele sobre o zen.

Nan-In serviu chá. Encheu a xícara do visitante e continuou servindo.

O professor observou o transbordamento até não conseguir mais se conter. "Está cheio demais. Não cabe mais nada!"

"Como esta xícara", disse Nan-In, "você está cheio... de opiniões e especulações. Como lhe mostrar o zen se você não esvaziou a sua xícara antes?"

Eu sou e faço e ajo o melhor possível, tanto nas habilidades práticas quanto nas relações com os outros, quando não tenho pensamentos *a respeito*.

Rompa com a memória psicológica, diz Krishnamurti. Livre-se de convicções e interpretações — tudo auto-hipnose. Eu me atrapalho com a gramática na tentativa de encontrar um modo de expressar o que acontece quando faço isso. Desisto da luta impossível.

Claro. Você sabe o que é *claro*? Eu não. Agora só me lembro disso.

Fritz: "Se você quer ser útil, está condenada".

"Você está tentando ser útil" é uma das maiores críticas de Fritz a nosso respeito como terapeutas. Quando uma pessoa que está na cadeira quente diz a Fritz "sei que você quer me ajudar", Fritz diz "não". Às vezes ele acrescenta algo do que está acontecendo nele, que não tem relação alguma com ser útil.

Quando tento ser útil, tenho uma ideia do que é ajudar. Começo com um conceito, tenho uma opinião, uma convicção, alguma noção do que é "útil" e tenho um objetivo. Tudo isso está no meu "pensamento". O fluxo livre que sou eu não tem objetivos e não funciona quando tenho objetivos — ou quando estou pensando.

Às vezes, Krishnamurti é bastante duro com aqueles que circulam por aí para ajudar os outros. Uma pessoa perguntou a ele: "E você?"

Krishnamurti: "Mas não faço isso de propósito, entende? Essa é a diferença".

Krishnamurti: "Um religioso é aquele que está sozinho — não solitário —, sem dogmas, sem opinião, sem antecedentes; sem condicionamentos e sozinho, e gostando disso".

"Observação, compreensão, ação!", disse ele em Berkeley, no ano passado, sem deixar espaço entre as palavras para pensar.

Nos últimos cinco anos, mais ou menos, eu o ouvi dizer várias vezes que o gradualismo não é bom, que nós (eu) devemos fazer uma mudança radical, a qual deve ser feita *agora, agora mesmo*. A cada vez eu pensava: "Tudo bem. Ótimo. Estou disposta. Eu quero. Mas *como* fazer isso *agora*?" Parecia uma impossibilidade total.

Porém, eu sei que só *agora* é o momento de fazer isso.

Então vem a quietude. Completamente imóvel. Ao mesmo tempo, tudo está dançando.

Sem a quietude que não tem centro, a dança é *minha* e é fictícia.

Às vezes me incomodo com algo que Fritz disse ou escreveu e não consigo esclarecer qual foi o meu incômodo. Uma vez, tentei conversar com ele sobre algumas dessas coisas em sua autobiografia, *In and out the garbage pail*[24], que na época ainda era um manuscrito. Não cheguei a lugar algum. Eu me senti bloqueada por ele. Mas então percebi que, como eu não era clara, não poderia ser clara com ele. Fritz disse que eu queria pegar o cérebro dele. Eu? Bem, eu sabia mais do que ele precisamente sobre essas coisas. Por isso eu queria que ele as mudasse. Ele deveria escolher as minhas! Então percebi que queria usá-lo para eu mesma ter clareza, e ele se recusava a ser usado desse modo. Ora, eu só deixo os outros me usarem da maneira que eu quero ser usada.

Agora tenho clareza de que, na minha opinião, Fritz não cometeu o erro de impor o zen como tábua de salvação rápida; ele cometeu o erro de descartar o zendô sem tê-lo experimentado. Acho que o zen sobreviverá.

Durante três meses aqui, pensei que eu não estivesse pegando o jeito com alguns aspectos da Gestalt-terapia — talvez falta de inteligência minha. Não me incomodei com isso; só pensei que fosse assim. Eu realmente aprendi os aspectos da Gestalt que me atraíam e me ocupavam. O resto viria

Não apresse o rio (ele corre sozinho)

depois. Fiquei fora três semanas e pensei que voltaria e pegaria o jeito com o resto. No caminho de volta, percebi que esses outros aspectos não me atraíam. Não *quero* aprendê-los, portanto não vou aprendê-los, assim como nunca aprendi o que são adjetivos, advérbios e predicado nominal. Não me atraíram. Mas posso usá-los.

Foi curioso vir para este centro de formação porque pela primeira vez na vida tive uma formação. Vim para o Canadá em busca de um sítio ou uma fazenda, para criar uma comunidade, um *kibutz*. Não desisto dessa ideia, embora o preço da terra e a escassez de lugares bons até agora tenham tornado a compra impossível. Vim para Vancouver sem planejamento, a não ser reservar uma passagem de avião e entrar no avião. Eu queria descobrir se ainda poderia chegar sozinha a uma cidade desconhecida e me localizar. Eu podia ligar para duas pessoas — uma delas era Fritz —, mas não ligaria enquanto estivesse segura de que seria capaz de prescindir delas.

Até hoje não tinha pensado que essa é uma maneira de fazer as coisas por meio da *awareness*. Admiti que conheceria os canadenses e o Canadá de um modo diferente do que se fosse apresentada, cortejada, orientada, levada aos lugares mais agradáveis, apoiada por amigos.

Só liguei para o Fritz depois de chegar ao desespero, estar num congestionamento, não encontrar uma saída. Entrei em pânico, saí do pânico e encontrei a saída. Então percebi que ainda conseguia fazer isso e liguei para o Fritz. Um dia, no apartamento dele em Vancouver, conheci algumas das pessoas que viriam para cá em algumas semanas. Eu queria ver esse lugar e descobrir o que era, mas não me senti integrada a ele.

Voltei da procura de um sítio duas noites antes de todos virem para cá. Não conseguia avançar na procura de um sítio no Canadá e pensei em ir com eles, ver o lugar e voltar para a Califórnia por Victoria e Seattle.

Fui a uma lanchonete para jantar tarde e me sentia antipática. E desastrada também. O único lugar para sentar era uma banqueta. Sentei numa não ocupada de um lado, mas queria uma banqueta vazia do outro lado. Então veio um homem que se sentou na vazia. Por que ele não foi para outro lugar?

Eu também estava um pouco paranoica. Gordon tinha trazido a minha mala para o hotel — cabelos compridos, mangas da camisa rasgadas acima dos cotovelos. Não era esse tipo de hotel que eu queria. Achei que não me aceitariam. Eu também tinha um saco plástico de pão com escova e pasta de dentes, escova e pente, que coloquei sobre a mesa enquanto preenchia o formulário. Também não era esse tipo de hotel. Quando saí da recepção para ir ao meu quarto com o homenzinho elegante que carregava minha mala, ele disse "oh!", voltou ao balcão e trouxe o saco plástico que eu deixara lá. No elevador, havia umas seis pessoas, todas muito empertigadas e vestindo o que uma pessoa bem-vestida veste. O homenzinho elegante segurava meu saco plástico como se fosse uma caixa de joias — ele o *transformou* numa caixa de joias. De relance, eu mesma vi. Fiquei impressionada. Gente inteligente, os chineses.

    Ignorei o homem que veio sentar-se na banqueta ao meu lado. Ele me disse algo sobre a minha beleza. Isso acontece muitas vezes, e fico intrigada quando descubro o que eles querem dizer com isso. Não achei que esse tivesse feito igual. Respondi de um modo que eu esperava que fosse frio, mas achei que foi como se a minha mãe estivesse brava com o gato e lhe desse um tapa. Os tapas foram tão suaves que o gato ronronou. Ele começou o jantar por meia toranja. Cada vez que ele cutucava a fruta, um pouco do suco me atingia na testa ou na bochecha. Percebi que ele esperou terminar tudo para me perguntar: "Respinguei suco em você?"

    Olhei para ele então, e sua pele era tão limpa que parecia polida, os cabelos cacheados bem grisalhos no lugar certo, de camisa tão branca e jaqueta preta, sem manchas, intocadas por mãos humanas, como se tivesse acabado de rasgar a embalagem plástica que o envolvia, que fiquei ainda mais paranoica. Ele conhecia todas as garçonetes. Será que a gerência do hotel estava me espionando com ele? Eu só tinha passado um pano molhado no rosto, escovado o cabelo para trás sem fazer um penteado e trocado de vestido antes de descer para jantar, porque estava com fome. Na viagem, que saiu do lago Kootenay e durou um dia inteiro, paramos apenas uma vez, em Keremeos, onde comi um sanduíche minúsculo e tomei uma xícara de chá numa lojinha simpática. Em Keremeos, conheci um corretor de imóveis cego. Quando entrei no escritório, ele se levantou, estendeu a mão e disse tranquilamente: "Você precisa vir até mim. Sou cego". Ele descreveu os imóveis melhor do que qualquer outro corretor que conheci. E disse: "Os preços atuais não fazem sentido!" Logo ficou evidente para nós dois que ele não tinha um imóvel que eu pudesse querer, e ele não tentou me vender outra coisa.

Não apresse o rio (ele corre sozinho)

O cavalheiro lustroso ao meu lado me perguntou o que eu fazia lá, e não tive vontade de lhe contar. Ele manteve o cavalheirismo. Eu disse algumas coisas, não me lembro do quê. O assunto passou para a Gestalt-terapia e ele me perguntou o que era isso. Respondi: "Faz as pessoas serem responsáveis por si mesmas". Ele fez que entendeu. "Livre iniciativa", disse ele.

Ele comeu muito mais rápido do que eu — praticamente todo mundo faz isso —, terminou o bife, mostrou a bochecha para mim e disse: "Me dê um beijo". Eu estava comendo um sanduíche quente de rosbife e sentia o molho nos lábios. Encostá-los naquela bochecha polida? Perguntei: "Com lábios de molho?"

"Com lábios de molho", disse ele, com a bochecha ainda oferecida para mim. Beijei-lhe a bochecha. Ele foi embora.

Talvez aquilo tivesse alguma relação com isto. Tudo sempre tem alguma relação com o resto. Quando subi para o meu quarto, não demorou muito para que eu me comprometesse a vir aqui. Eu me inscrevi no dia seguinte e vim para cá um dia depois. Só para mim. Eu não seria terapeuta.

Quando fui entrevistada por uma senhora do jornal da cidade, publicaram o seguinte.

Pedimos a ela alguns comentários sobre as Oficinas de Gestalt sob a direção do dr. F. Perls, psiquiatra. Ela respondeu:

"Eu gostaria de chamar Fritz Perls de gênio, mas ele diz que as pessoas o chamaram assim a vida toda; durante alguns meses ele acreditou e depois descobriu que não conseguiria estar à altura do elogio. Então, vou apenas dizer que em oficinas com ele eu vivenciei mais maneiras de abordar e tratar do problema de ser humano do que eu acreditava ser possível."

"É a *minha* humanidade que mais me preocupa. É bom dizer isso, depois de tantos anos ouvindo que eu deveria "pensar nos outros". A alternativa parecia ser "pensar em mim", e eu não gostava disso. Foi num momento sublime que descobri que quando *não* penso sou mais receptiva aos outros, mais atenta ao que acontece ao meu redor, e funciono melhor. Isso soa a idiotice. Mas acho que cada um deve ter tido a experiência de fazer algo muito bem quando não pensa nisso — e a experiência de perder o equilíbrio ou a capacidade quando começa a pensar naquilo. Também existem momentos em que escorregamos ou cometemos erros e dizemos: 'Eu estava pensando em outra coisa'. Já ouvi Fritz Perls dizer de si mesmo como terapeuta: 'Na medida do possível, tento não pensar'. Ao me voltar para mim mesma a fim de me livrar do que me impede de ser humana, deixo muito mais humanidade no mundo, onde sem dúvida precisamos dela."

"Dizem que é 'ruim' cometer erros. Mas cometer erros e percebê-los faz parte do aprendizado. Então, se não lutamos contra eles, eles se corrigem. De que outra forma um bebê aprende a andar?"

Agora entendo o "gênio" um pouco melhor. Sou uma gênia quando o meu gênio está presente, assim como sou cozinheira quando cozinho, escritora quando escrevo. De outras vezes, não sou.

Na quarta semana aqui, Fritz pediu que formássemos duplas de paciente-terapeuta. Se a gargalhada dentro de mim tivesse sido para fora, todos teriam gostado. Eu a segurei dentro, e só eu gostei.

No final da semana, quando anunciaram quem fora aprovado para o curso de formação, meu nome estava lá. Fiquei feliz com a aceitação e melancólica com o meu futuro. Se eu continuasse, teria de levar a sério a formação, teria de me tornar terapeuta.

Faz um bom tempo que as minhas dores me abandonaram. Notei quando se foram. Tenho aproveitado, sem pensar em "livro" ou "terminá-lo". Quando gosto do que estou fazendo, é bobagem receber dinheiro por isso — agora ou mais adiante. Quando não gosto do que estou fazendo, o salário nunca é suficiente. A única maneira de ser suficiente é que era *tanto* que eu poderia me demitir.

Não apresse o rio (ele corre sozinho)

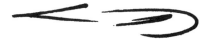

Estou com fome. Não muita, mas na medida. Parei o que estava fazendo, e me vem o pensamento (ou *awareness*, que se tornam palavras quando me exprimo na máquina de escrever) de ir a Lake Cowichan hoje para comprar algumas coisas para mim e fazer um bolo de chocolate que eu prometera a Deke em junho, e ao mesmo tempo comprar coisas para comer e deixá-las para o café da manhã na cabana do Fritz quando ele voltar, depois de amanhã, que é domingo e as lojas fecham. E também fecham às segundas-feiras.

Quando me afastei da máquina de escrever, percebi que eu precisava trocar de roupa. Eu "não posso" ir à cidade com uma camisola de flanela. Digo a mim mesma (a mentirosa aparecendo de novo) que não poderia ir a Lake Cowichan vestindo só uma camisola de flanela, porque (e quantas vezes *essa* palavra é mentirosa) isso diria mal do instituto. Mas, se não houvesse instituto, eu iria de camisola? Não sou idiota (*blessée*, em francês) para fazer isso.

"Porque" é grosseria em Gestalt. Investigando isso (não é uma *regra*), notei que o "porquê" me afasta cada vez mais de mim e do que quer que eu tenha feito (de bom ou de ruim), e sem esse "porquê" digo simplesmente que fiz. Recupero a minha força. (Na nossa sociedade, ouvimos logo cedo e com muita frequência "por que você fez isso?!" — é uma acusação, não um pedido de informação.) Sem o "porquê", eu me torno mais indígena, vivendo de fatos, sem elogio nem culpa — aquela gangorra da vida que nos tira do centro, do ponto de equilíbrio.

Em *Escarafunchando Fritz*, ele fala de se tornar idiota por algum tempo, espontaneamente. Não me admira que ele tenha tido uma experiência incomum. Nos grupos, às vezes, Fritz faz alguém bancar o idiota da aldeia na terapia. Até agora, ninguém representou a *minha* idiota.

Então troquei de roupa, e enquanto eu tirava isso e vestia aquilo, me lembrei de quando eu era jovem e dos dias de chuva que me davam tanta felicidade. Não só era bom brincar na lama e fazer riachos como também

51

usar roupas mais velhas para ir à escola. Usávamos quaisquer roupas *velhas* — desbotadas, às vezes remendadas —, a não ser em ocasiões escolares especiais, quando vestíamos as nossas roupas de sair. As pessoas usavam roupas velhas para trabalhar nos dias de chuva, até mesmo quem trabalhava em escritórios da Wall Street. Era "prático" no tempo anterior à riqueza, às lavagens a seco e à pavimentação por todo lado. Minha tia Alice, que era uma alegria para mim e em outros momentos desprezível, adorava ir trabalhar em dias de chuva pisando forte nas poças a caminho do ônibus e se divertindo. Além disso, não se importava de trabalhar quando chovia.

Uma das alegrias de uma emergência verdadeira é mergulhar nela. Outra é que se joga fora tudo que não é essencial.

Quanto é essencial? Essencial de *verdade*. Nossas necessidades biológicas são poucas.

Marcia me perguntou se podia se refugiar na minha casa. Eu estava guardando os alimentos que comprei e lavando a louça. Eu disse que tudo bem. Na época, eu não sabia que gostaria de voltar a escrever. Quando retornei de Cowichan e vi a máquina de escrever, não senti atração alguma. Quando a comida estava guardada, senti. Bem, acho que estou mais lenta, indolente, paro com muita frequência, sem a sensação de que está indo bem. Sinto Marcia nos meus ombros, embora ela esteja deitada no sofá. Ela não está me incomodando, nem disse nada. *Eu* estou me incomodando. Quero trabalhar isso... Bem, está fora de cogitação. Marcia acaba de sair. Duas vezes, antes de sair, ela se levantou e fez uma ou outra coisa, foi ao banheiro, abriu a porta do armário da cozinha, e eu me irritei. O que ela estava fazendo? O que ela queria? Será que o idiota da aldeia *se importaria*?

"Não conheço muito bem a Marcia."

Isso é um porquê, uma mentira.

Agora não estou gostando muito de mim. Sinto-me zangada e irritada e cansada, e pensar nisso não ajuda. Se eu passar para "bons pensamentos", talvez me sinta melhor, ou ache que me sinto melhor, mas ainda estou no mesmo buraco — a separação minha de mim mesma.

Mexa-se. Veja o que acontece.

Não apresse o rio (ele corre sozinho)

Um rebocador pequeno está descendo o lago sem toras atrás dele. Uma lanchinha corta a água, indo para o lado contrário. O lago tem ondulações por toda parte, numa espécie de *moiré*. Na lagoa, a água está quase parada. Pingos de chuva perfuram o lago. Minha cabeça balança como que dizendo não, não, não. Vou fechar os olhos e sentir isso, enquanto continuo balançando a cabeça. Não, não, não, não, não, não. Oh não. Oooh não, digo em voz alta. Minha voz está um tanto profunda, firme, segura e ao mesmo tempo suave. Ela parece condizente com o movimento da minha cabeça, no mesmo ritmo, sincronizada. Abro os olhos e à primeira vista o lago parece estar de cabeça para baixo, mais como um céu agitado. Começo a me interessar. Minha cabeça para de dizer não. No meio do lago há uma divisão nítida. A parte para o meu lado parece enegrecida; a parte distante é como geada forte. Na lagoa mais próxima de mim, os morros do outro lado refletem na água. Desligo a máquina de escrever e, de repente, silêncio... Vejo meus dedos percutindo e saltitando no reflexo da vidraça. Para lá da janela, as ondas ficam mais fortes. Arfando, tornando-se céu de novo. Eu me sinto ofegante com as mesmas ondas lentas, como respirar. A parte que parecia enegrecida agora tem um padrão de preto e prata, como linhas pretas e prateadas — linhas finas — alternando-se, movendo-se. Mudança não tem fim.

Agora o meu *não* parece ser um não à estagnação, ficar presa no passado de ene minutos atrás, onde nada acontece, a não ser dar voltas.

Tudo fantasia. Tudo ilusão. Acorde! Acorde!

"O Criador fez o mundo. Venha vê-lo."
— Oração dos indígena pimas

Aprume-se!

Agora funciono. Minha datilografia está muito melhor — e não é do trabalho, ou não parece ser. Afinal, o que é "trabalho"? Estamos tão confusos a esse respeito que deixo passar a pergunta.

Na reserva navajo, Beulah, a cozinheira do dormitório, deu de manhã ovos fritos às crianças, colocando-os nas mãos delas. Elas os levaram para a sala de jantar, sentaram-se a uma mesa e comeram os ovos na mão.

HORROR!

Durante duas semanas, esse fato foi comentado a mais de 160 quilômetros da reserva — pelos brancos.

Quando fui trabalhar na Escola Verde Valley, morávamos em barracas. A escola estava sendo construída. Uns doze hopis trabalhavam lá, e eu não fazia ideia do que eles pensavam de mim. Ficaram à distância. A cozinha e sala de refeições era numa casinha de arenito vermelho com um cômodo, que já existia quando a terra foi comprada. Foram instaladas novas tábuas no assoalho e uma mesa de madeira sem acabamento. Uma noite, quando o chão e a mesa haviam sido esfregados com força e estavam bem limpos, um menininho hopi derrubou um copo de leite. (Eu "me afundei" demais na escrita. Minha *awareness* tropeçou. Agora mesmo, notei fumaça e desliguei o que não podia estar ligado. Eu deveria ter sentido o cheiro antes de a fumaça aparecer. Não fiz o vaivém espontâneo que é *awareness*.)

O leite derramado na mesa se espalhava rápido para a beirada, de onde se derramaria no chão. Empurrei a cabeça do menino na direção do leite na mesa, dizendo: "Rápido! Lamba!" Ele lambeu com vontade, virando a cabeça um pouco, de modo que um olho olhou para mim.

A mãe dele, Mona Lee, recostou-se confortavelmente na cadeira e disse: "Você não é como outras mulheres brancas. Elas dizem que se deve pegar o esfregão. Quando você traz o esfregão, o leite já está no chão".

Mais tarde naquela noite, fui à cozinha. Mona Lee estava sentada, de costas para mim, conversando com um hopi adulto que acabara de chegar. Quando me aproximei da porta, ele parou de falar. Mona Lee virou a cabeça na minha direção e disse: "Ela é legal". Eles continuaram conversando.

Dentro da minha sociedade...

Minha vida *lá* parecia muito mais vital, e eu muito mais espontânea e animada.

Estamos matando os indígenas.

Os Estados Unidos precisam dos indígenas.

Estamos matando a nós mesmos.

Os indígenas pensam que também precisamos deles.

"Indígena" não é cor da pele. É um modo de vida que não vai ao Vietnã.

Não apresse o rio (ele corre sozinho)

"Índia" é uma mulher navajo que me contou que, quando estava na escola, a professora de educação física, branca, ensinou-lhe a trapacear, a ganhar, a tropeçar para derrubar outro jogador e simular um acidente. "E agora", disse ela, "tenho de me esforçar *demais* para tirar isso de mim".

Alguns entre nós aqui também estão se esforçando muito para isso. Outros estão descobrindo agora os jogos que jogamos, e o que queremos é vencer. Mesmo maridos e mulheres e pais e filhos e filhos e pais e crianças e filhos.

Na conferência intercultural em Saskatchewan, um branco sugeriu que uma maneira de ajudar os indígenas seria ensinar a eles o nosso sistema e os procedimentos jurídicos. Todos concordaram que os indígenas estão em desvantagem diante da nossa polícia e dos nossos tribunais porque dizem a verdade. Quem deve mudar, os indígenas ou nós?

Em que mundo você prefere viver?

Recebi hoje um conjunto de colheres de medida. Eu queria demais um daqueles com colheres de cabo curto unidas por uma argola. Tive de me contentar com uns medidores de concha quadrada e cabos longos para pendurar num suporte de barra aparafusado na parede. Lembrei-me da história de sucesso de Donald Stewart e de como ele chegou ao topo. "Quando um homem queria um selo de *dois* centavos, eu lhe vendia um selo de *dez* centavos. Quando um homem queria ir para o sexto andar, eu o levava para o décimo segundo!"

Essas colheres de medida não são presas por uma argola e os cabos são tão longos que decidi pendurá-las na parede ao lado de um armário. Não consegui nivelar o suporte. Num instante pensei: "Deu errado". Então notei que as colheres não eram de tamanho igual — a graduação está tanto nos cabos quanto na concha da colher. Foi legal olhar para a barra do suporte inclinada para baixo na esquerda e para o fundo das colheres inclinado para cima na esquerda. Só então percebi em mim uma coisa que incomodava meu marido e eu não entendera antes. Ele ficava doido quando as coisas não estavam *retas* e *uniformes* e como *deveriam estar*. Compreendo agora, porque eu mesma fiquei do mesmo jeito — não tanto para satisfazer o meu marido, mas suficientemente para me angustiar. Estou aborrecida

55

por me incomodar, por usar qualquer parte da minha vida me chateando com coisas que não estão do jeito que deveriam estar. Por isso eu estava mais viva nos tempos do improviso. Eu também fui mais assim quando estive em Deep Springs, vinte anos depois. Eu usava uma roupa de lã britânica que comprei no Canadá. Era linda a lã, e a roupa muito bonita. Eu não esperava ter outro conjunto assim. Na cozinha, sentei-me numa banqueta alta. O enorme e triste marido evangélico da cozinheira disse: "Essa banqueta está molhada". Eu notara isso quando já estava sentada. O marido da cozinheira fez uma avaliação pesarosa: "Nada parece incomodá-la muito". Fiquei superfeliz por ele se incomodar com isso. Crueldade com gente, sufocamento de gente — coisas assim me incomodavam muito, mas outras nem tanto.

Não estou *tão* feliz agora; não tão viva. Meus óculos caem do nariz com muita frequência. Não tenho mais aquele ambiente que me agradava. Por meio da Gestalt tenho trabalhado para ter felicidade *onde estou*. Não fingindo, nem procurando o lado bom. Estando sintonizada, do meu jeito natural, num ambiente que me liberte. Tenho trabalhado para me soltar. Aqui é um bom lugar para tanto. As pessoas em geral não são muito espontâneas, nem eu em geral. Ao mesmo tempo, Gestalt e Fritz trabalham para me liberar e ser espontânea. Sinto que nesta comunidade vivo com as pressões concentradas da minha sociedade e, ao mesmo tempo, este lugar trabalha para me libertar. Ainda não consegui, mas sinto a espontaneidade mais perto da superfície. Isso é emocionante.

No mercado da cooperativa havia couve-flor hoje. Algumas tinham o tamanho ideal para eu comer em dois dias. As outras eram imensas. Olhei para o cartaz do preço e elas custavam 39 centavos cada uma. Todas pelo mesmo preço. Ridículo! Foi o que pensei.

Então notei que as pequenas eram novas, muito brancas e macias, e as folhas estavam no ponto daquelas que são as mais deliciosas. *Então* me lembrei de que no Havaí eu me esforcei para que os agricultores japoneses colhessem para mim feijões ou cenouras ainda bem jovens, embora eu garantisse que pagaria o preço dos mais desenvolvidos para que eles não fossem prejudicados.

Comprei uma pequena. Fazia tanto tempo que eu não comia couve-flor com gosto de couve-flor que esquecera como é bom. Achei que não gostasse mais de couve-flor. Meu estômago também ficou tranquilo — sem indigestão. Preciso comer bem menos quando é gostoso. Eu me sinto saciada, como se tivesse comido uma sobremesa. Algumas pessoas estavam tomando sorvete na Casa do morro enquanto assistiam à TV. (É sexta à noite e não há grupos até a noite de domingo.) Gosto muito de sorvete. Mas não queria.

Aconteceu muita coisa em mim ontem à noite enquanto eu dormia. Desde agosto, isso tem sido frequente. Como se a linguagem dos sonhos não fosse mais necessária e estivessem falando direto comigo. Não. É como uma terapia em curso dentro de mim no período em que estou dormindo. Fritz disse que é o fim da terapia — o organismo é que comanda agora.

Estou preocupada. Este livro ia dizer muita coisa sobre a Gestalt. Quanto mais conheço a Gestalt, menos posso dizer.

Quando fui ao Havaí, fiquei encantada e queria escrever um livro. Três anos depois eu ainda queria escrever um livro e percebi que seria um livro muito diferente, por ter conhecido o Havaí em profundidade. Isso continuou acontecendo, e quando fiquei lá dez anos, percebi que não poderia mais escrever um livro sobre o Havaí.

"Quer que eu carregue a sua mala?"
A mudança da Gestalt é: "Eu gostaria de carregar a sua mala".
O próximo passo não tem palavras.

O EX-POETA[25]
Malcolm Lowry

A madeira flutua na água. As árvores
Arqueiam-se, é verde lá, a sombra.
Uma criança anda pelo campo.
Há uma serraria pela janela.

Barry Stevens

Conheci um poeta que se saiu assim:
O amor não se foi, mas sim as palavras de amor,
Disse. Foram-se as palavras
Que teriam pintado aquele navio
Cores vermelha chumbo nunca demais
Nos pores do sol furiosos no Cabo.
Eu disse que era bom também.
Ele sorriu e disse: Um dia
Deixarei este lugar como as palavras me deixaram.

Folha

"Dois" me veio à cabeça convencionalmente para identificar esta seção. Notei a convenção. Isso é tudo. Então, "Folha" entrou. Fica. Não será substituída por nada.

Não entendo o que ocorre comigo. Está acontecendo uma espécie de alternância. Sou tomada por dor e fraqueza, oprimida. Não há parte de mim que não seja desse modo. Depois vêm quietude e força. A duração nunca é a mesma... Neste instante, sinto dor, e como se eu não tivesse força alguma...

Não tenho seguido ideia alguma. Surge o problema da responsabilidade. Vejo de duas maneiras ao mesmo tempo e estou confusa. Deixo passar... A dor me percorre de novo. Lembra-me de várias maneiras de quando eu estive doente. Agora mesmo, foi o médico me perguntando no hospital: "Bem, *onde* você se sente *normal*?" No momento, não me sinto normal em lugar nenhum. Nem sei o que é normal. Não fiz a pergunta, mas veio uma resposta: "Normal é como o tempo, em que chove ou faz sol, venta, não venta, e é como o dia, que é seguido de noite, que é seguida de dia; é crescer e morrer".

Hoje de manhã, Fritz disse: "Você não veio para cá por causa da oficina de três semanas". Uma afirmação. Respondi: "Não, eu não estava aqui". Foi tudo que se disse. Não era um programa. Não "me fiz" parar por aí. A coisa da "explicação" simplesmente não foi em frente. Os pais exigem explicações. Os professores exigem explicações. Pais e professores formam boa parte da minha vida quando pequena. Depois, "amigos" e chefes, cônjuges...

Ontem à noite, em Esalen, Fritz disse de si mesmo no grupo do qual acabara de voltar: "Pela primeira vez na vida fui perfeito". Ele disse ter visto maia, ou ilusão, com clareza. Vi essa ilusão claramente por um instante. Qual é a importância do que acontece comigo ou com qualquer pessoa quando tudo é ilusão, como o homem que cai morto numa peça?

Então, isso se subverteu um pouco. A "responsabilidade" chegou rasgando, rompendo, despedaçando. Algumas coisas *são* ruins, e os terapeutas *"não deveriam"*...

Fritz deixa acontecer coisas que "não deveriam" acontecer. Não faz nada a respeito.

Fritz também me deixa continuar de um jeito que eu "não deveria". Ele não faz nada a respeito.

Tudo faz parte da mesma peça teatral.

Começo a prosseguir com essa ideia e descubro que não consigo. Minha mente não está em branco. O que "eu" queria seguir, ou achava que "deveria", simplesmente não está aí. Nem é outra coisa. E ainda não estou "em branco".

Não escrevi nada em dois dias, até hoje de manhã. (A perfeição de estar aqui neste momento me domina. É preciso ver todas as partes para conhecer a perfeição. Não consigo descrevê-la. Por favor, você pode descrever o mundo?) Fiz um bolo de chocolate para Deke, que eu prometera a ele em junho. Eu não fazia bolo havia mais de uma década, e isso aconteceu antes de eu ter tremores. Medir quantidades, sobretudo as pequenas, era tão difícil que se tornou absurdo. Cometi muitos erros e os corrigi na medida do possível. O bolo estava no forno quando reparei que esquecera a baunilha. Coloquei um pouco no topo de cada camada e espalhei com um garfo.

Fiquei um pouco triste. Não era o bolo que eu tinha prometido ao Deke. Todos os que gostam de bolo de chocolate, Deke inclusive, acharam ótimo. Não esperavam outra coisa.

Quando estava pronto, eu me senti sonolenta/cansada e fui para a cama. (Outra maneira de evitar aquele deitar ou me deitar, que nunca aprendi. É hora de superar isso.) Deitei. Se for a palavra errada, ainda assim está perfeitamente claro para todos o que eu fiz. Não dormi. O tempo passou. Deve passar. É sempre assim. Então notei que estava gostando — um verdadeiro deleite — de perceber o movimento das folhas do lado de fora da minha janela, os finos ramos marrons, as várias formas das folhas, as sutis diferenças de cor. Não *pensando* nelas. Sem palavras. Nenhuma análise. Nenhuma opinião. Apenas desfrutando.

Continuei desfrutando, sabendo que eu costumava fazê-lo com frequência. Quando eu era criança, um adulto ou minha irmã se intrometia com alguma pergunta ou exigência boba, e, quando eu ficava enfadada com as interrupções, me diziam: "Mas você não estava *fazendo* nada".

Na conferência transcultural, acontecia muita coisa entre nós. Um funcionário dos Assuntos Indígenas entrou. Gostei dele *e* ele parecia uma tempestade, soprando e destruindo qualquer coisa que acontecesse. Lançava perguntas com base nas respostas dele mesmo. A maioria se sentiu muito infeliz. Talvez todos nós, mas de alguns não sei.

No dia seguinte, quando esse homem tinha ido embora, um padre branco perguntou a um indígena: "É isso que acontece quando nós (brancos) entramos numa comunidade (indígena)?" O indígena respondeu numa explosão de alegria: "Se você aprendeu isso, toda a conferência terá valido a pena!"

Náusea. Foi o que senti então. Deitei na cama e comecei a estremecer. Calafrios; depois soluços; olhos levemente úmidos; um quase silêncio. Um soluço enorme percorreu todo o meu corpo: quadris soluçando, peito soluçando, braços soluçando, até mesmo uma leve sensação de soluço nos pés. Vinha em ondas, como vômito — quando "acabou", começa de novo.

Mais adiante, um suspirozinho. Em seguida, grandes suspiros, rápidos, agudos, profundos.

Agora me sinto relaxada em vez de trêmula, com alguma força no relaxamento. Deixei acontecer. Por quantas décadas eu me recompus?

A percepção das folhas. Tão cheias. Completas. Nada para acrescentar, nada para tirar. Nenhum desejo de mudar nada. Prazer. Alegria. Não para sempre deitada na cama, uma vida assim, mas é bom mergulhar nela de novo. Um dos buracos na minha experiência não é mais um vazio.

Ontem à noite fui ao grupo do David. Tudo parecia muito brilhante. As cores me encantaram. Cada pessoa era completa e exclusivamente ela mesma. O brilho era "lá fora" e no meu ser.

"Pela primeira vez na vida fui perfeita." Penso que sabemos dessa possibilidade de perfeição e lutamos por ela de todas as maneiras que não nos levarão a ela, que nos afastam dela, como remar para a frente e chegar a um lugar atrás de nós.

Depois de soluçar há pouco, "vi" algo que se formou em palavras: "O problema do bem e do mal é que instituímos o bem e o mal, e isso cria o problema".

Lembro-me de quando percebi muito vagamente que impomos todos os tipos de dificuldade para nós mesmos, como uma barricada, engatinhamos por cima delas e depois nos damos tapinhas nas costas por nossa realização. Vi isso ao perceber eu mesma e os outros fazendo isso.

"Pensar é ensaiar."

Isso é óbvio. Posso notar o meu pensamento, a qualquer momento, e aí está ele. Até eu notar, não é óbvio.

Em um dos experimentos gestálticos, os participantes formam pares e se revezam dizendo "é óbvio para mim que…", com o cuidado de não interpretar. Não parece esclarecedor ouvir as pessoas dizerem "é óbvio para mim que você está sorrindo", "é óbvio para mim que você está com a mão no joelho" e assim por diante. Mas, quando se junta "é óbvio para mim que você está sorrindo" e "é óbvio para mim que sua voz está trêmula", outra coisa se torna óbvia. Apegando-me ao óbvio elimino o confuso e me torno menos confusa, mais direta no contato. Depois de notar o óbvio no outro e me voltar para mim, "é óbvio para mim que eu sou…", passo a notar tudo em mim que eu não percebia antes, e estou muito mais *aware* de mim e do que estou fazendo. Definitivamente, *não* se trata de uma alegria instantânea. Uma espécie de trabalho vem primeiro.

É *realmente* uma loucura chamarmos a ilusão de "realidade" e a realidade de "ilusão".

Fritz disse: "Você não estava aqui durante a oficina de três semanas."

Eu disse: "Não, eu não estava aqui."
Nós dois fomos indígenas.

"Fantasia!" diz o homem que lê Fatos para o homem que lê Ficção, sem saber que os fatos são fantasia ou, mesmo que não fossem quando escritos, são fantasia quando lidos.

Este lugar é bom. Com tanta chuva, não há nada para a equipe de jardinagem fazer. A maioria deles agora passou a ser uma equipe de panificação, que não tínhamos antes. A cozinha parece funcionar agora, pela primeira vez, com uma organização horizontal. Com a vertical, todos os que não trabalhavam na cozinha tinham de ficar de fora. Com a organização horizontal, podemos entrar e tomar chá ou café, divertir-nos e conhecer-nos melhor.

Estou experimentando assar no meu chalé. Primeiro, o bolo de chocolate com todos os seus percalços e correções. No fim deu certo. Deve haver alguma relação com farinha de milho, mas ainda não descobri qual é. Comprei um "pão de milhete" em Victoria. Deke e eu o comemos no caminho de volta e o dividimos com algumas pessoas a quem demos carona. Fiquei arrependida de ter comprado só um pão. Na cooperativa vi farinha de milhete e comprei um pacote. Na bolsa havia uma receita de mingau. Fiz, mas tinha um gosto muito estranho. Mesmo com açúcar e creme de leite, dava para sentir aquele gosto. Então eu pensei em assar com ele. Eu lembrava que aquele pão de milhete tinha gosto de bolo, então fiz uma receita de bolo, substituindo a farinha branca pela farinha de milhete e açúcar branco por açúcar mascavo. A massa tinha um gosto horrível. Continuo tentando pensar em algo que tire o gosto da minha boca. Talvez, se eu comesse outra coisa com o mesmo gosto ruim, eu o neutralizasse. Dei uma olhada no forno. A coisa não está subindo muito. Até agora só aprendi a não cozinhar farinha de milhete.

Céus, são lindos! Fiz em forminhas de bolinho. Saíram com aparência *perfeita*. Leves, de consistência macia e de uma cor dourada que não sei que nome dar... Também tinham um gosto bom. Um pouco arenosos, que suponho ser da farinha de milhete. Estou deixando o gosto assentar para ver qual é o sabor antes de oferecê-los a alguém.

O que eu não disse é que *primeiro* li receitas em dois livros, para experimentar, antes de decidir qual usar com o milhete... Agora estou de novo com aquele gosto de milhete na boca, apesar do açúcar mascavo e da baunilha.

Hoje, comecei a abordar "projeção". Acho que comecei ontem. Em vez de só fazer aqui o que eu quero, tenho pensado (*sic*) no fato de que outras pessoas acham que eu deveria fazer mais. Ninguém me disse que é assim, então, mesmo que seja verdade, é projeção. Parece que na verdade eu *quero* fazer mais, ou participar mais. Então, é a velha mistura de ter de/ querer, na qual trabalhei tão bem há um ano. Parece que chegou a hora de limpar a casa novamente. Quando confiro os "tenho de", encontro vários *não* tenho de. Então, todos os outros se tornam "querer". Quando assumo muitos "deverias", sinto-me tão sobrecarregada, tão biliosa, que nem quero fazer o que gosto de fazer, e *todos* parecem ser "tenho de". Sou "nada além" de escrava, coagida e atormentada, e a vida não vale a pena. É essa "não vida" que não vale a pena viver.

Fritz sugeriu à comunidade fundar uma indústria para distribuir biscoitos da *in*felicidade com o lema: "Todas as suas expectativas catastróficas serão realidade".

Hoje de manhã, quando despertei, ouvi a chuva...

Estou empacada. Presa na linguagem. Eu estava prestes a escrever "abri os olhos", o que pareceu ridículo. Como fiz isso a mim mesma? Com os dedos? Mudei para "meus olhos se abriram", o que também pareceu bobo. *Meus* olhos. Eles pertencem a mim?

Estou descobrindo algo no haicai que não notei antes. Gosto da sensação de frescor que me vem com o haicai, a franqueza e a organização. Percebi que muitas tentativas americanas de haicai eram sentimentais, não haicais. Não percebi o que percebo agora na memória. Minha memória está certa? Não sei. Não importa. Estou pronta para algo.

Não apresse o rio (ele corre sozinho)

Suponha que eu... Lá vou eu de novo. Palavras desnecessárias.
Ouvidos abertos
Chuva.
Olhos abertos
Sol.
Essa foi a minha experiência de manhã.

Na tarde em que cheguei à conferência transcultural em Regina, ao entrar na sala, Wilfred dizia que os indígenas dizem simplesmente "chuva". Eles não entendem a nossa língua. Wilfred: "*Está* chovendo. Onde está o verbo?"

Há dois anos recebi uma carta de um professor da Universidade de Chicago. Guardo poucas cartas. Guardei essa para me lembrar de coisas que já sei.

> Na maior parte, você parecia estar dizendo exatamente o que eu me peguei dizendo nos últimos anos — não que dizer isso signifique que eu não preciso aprender. Acho que preciso ser lembrado de coisas que já sei mais do que preciso que me digam coisas que não sei.
>
> Em qualquer autobiografia sincera, a expressão mais comum seria "fiquei confuso". Digo isso e sei que é verdade no meu caso, mas os elogios que recebo pelo meu ensino, minha escrita e conversas diversas sempre usam palavras como "lúcido" ou frases como "você esclarece as coisas muito bem". Fico contente, mas não sei se entendi. Qualquer clareza a que eu chegue é uma filtragem de uma confusão tão grande que muitas vezes sei mais da confusão que de outra coisa.
>
> Não tenho certeza de para onde estou indo. Cada vez mais quero interromper os alunos e os colegas dizendo: "Essas perguntas estão erradas, têm palavras erradas, categorias erradas, suposições erradas. Não se consegue nem pensar com um vocabulário desses. Isso só vai levá-los a uma confusão ainda maior e irrelevante". E às vezes faço isso mesmo. Mas nem quero interrompê-los, porque aí sou levado a uma discussão que usa o mesmo vocabulário maldito. E eu quero fugir disso e adotar uma língua em que eu consiga raciocinar.
>
> Se as respostas dos alunos significam alguma coisa, pareço ser um bom professor. Porém, comecei a me entediar. Estou cansado de repetir coisas que me parecem truísmos. E, quando descubro que são novos *insights* radicais para os alunos, não sei se fico feliz ou deprimido. Por exemplo: uma

aluna brilhante do último ano estava escrevendo um artigo sobre honra, e eu a fiz entender que ela estava fugindo da questão fundamental. Ela concordou e disse que teve de evitar o fundamental porque não tinha uma resposta para ele. Eu lhe disse que não é preciso ter uma resposta porque não existe resposta alguma, e os problemas que ela não consegue responder são exatamente os problemas que ela deveria explorar e, se conseguir esclarecer uma ou duas questões reais, terá feito algo bastante útil e raro. Uma semana depois, ela afirmou que o que eu disse foi uma revelação enorme para ela, que pela primeira vez ela percebeu que não é preciso ter respostas. E me disse: "Como eu cheguei tão longe sem perceber?" Bem, todos nós sabemos essa resposta.

Acho útil continuar dizendo essas coisas, mas cansei. Quero trocar por outras que ainda não conheço. Em Deep Springs, descobri que eu realmente *era* o que *fingia* ser, e ainda estou tentando juntar as implicações disso.

Meu livro (ex-dissertação) será publicado em um ou dois meses; enviarei um exemplar para você. Em parte por causa do tema, o livro tem um tom sobretudo pessimista ou satírico, mas acho que trata de coisas que você acharia relevantes. Também estou cansado desse livro. Essas malditas coisas passam por tantas leituras de prova que é preciso ser um narcisista insensato para não se cansar delas. Quero trocar por outra coisa.

Não sou tão melancólico quanto pareço. No entanto, tenho todo esse lixo grudado em mim, pedaços e mais pedaços de eus desgastados, e quase sempre parece que o mundo insiste em remendá-los de novo, em vez de me encorajar a jogá-los fora. E o fato de eu ser professor me expõe a uma parcela maior de problemas.

Prossigo com o que se chama de linguagem coloquial.

Acordei hoje de manhã me sentindo exasperada. O que significa "exasperado"? Todos sabemos, e ninguém sabe. Mudo para "irritada". Eu me senti irritada. Eu me senti *nonononono*. Mexi no que não deveria mexer. (Então devo ter tomado uma decisão que eu desconhecia até agora.)

Ontem à noite, falei demais e muito alto — uma conversa bem idiota. Sinto como se tivesse vomitado horas a fio. Não pode ser verdade. Saí do meu chalé às onze e quinze e voltei às onze e meia, e não falei o tempo *todo*.

Não apresse o rio (ele corre sozinho)

Ainda me parecem horas, como uma noite inteira, como que envolta numa nuvem de vômito tão longa quanto a noite.

Não quero isso. É uma das minhas dificuldades na minha sociedade.

Minha sociedade está aqui, e estou lutando para encontrar um jeito de viver nela aqui, onde também existe um apoio que não tenho na maioria dos lugares.

Nem *tudo* é desperdício. Houve um desperdício de 95%.

Respondi a perguntas, perguntas totalmente sem sentido, como as que o meu filho faz, as que a minha filha faz. A mulher com quem conversei sabe que não quer fazer isso. Não sou responsável por ela. Não cooperei com nós duas por não ter sido receptiva a mim mesma. *Uma vez*, notei o que estava fazendo e deixei para lá. Mais que tudo, gostei do rosto dessa mulher — uma mistura de devastação e sorrisos que iam e vinham, como cores que mudam e se sobrepõem. Aprendi a reagir assim quando estava entediada e não sabia o que fazer. Esse tempo de desconhecimento passou. Continuo fazendo o mesmo — um padrão de comportamento obsoleto.

Há pouco pensei: "Bem, aqui vai outra hipótese: o que eu noto cuida de si mesmo". Noto essa minha tolice há muito tempo, e ela não desapareceu.

Contudo, o fato de eu notar é *posterior*, e então tomo a *decisão* de não voltar a fazer aquilo. Dessa forma, estou fadada a perder.

E, antes de mais nada, subi até a Casa ontem à noite porque pensei (*sic*) que "deveria", não porque queria. Dessa forma, estou fadada a perder.

No início da noite, quando eu não estava cansada, a situação com aquela mulher estava muito melhor, embora não fosse perfeita.

Eu gosto dela. Se eu não prestar mais atenção em *mim*, vou começar a não gostar *dela*, talvez até odiá-*la* e evitá-*la*. Vou sentir que saio ilesa, e sairei, incluindo aí a minha evasão de mim mesma. Essa evasão não é deliberada. Agora que sei mais de mim, desse processo, *quero* estar "com ele" ainda mais. Qualquer outro "com ele" é ilusão.

Tenho escrito como me vem à cabeça. Só agora escapei disso. Escrevi um parágrafo três vezes antes de perceber que não me sinto disposta a continuar, agora que estou *tentando* dizer algo. Então, isso se torna "trabalho". Estive *pensando o que é...* Bem, é como *pensar o que é.*

Nos grupos de Gestalt (aqui estou eu me sentindo novamente interessada, alerta, curiosa com o que vem a seguir), às vezes se pede à pessoa que está na berlinda que não "fofoque". Fale diretamente *à* pessoa. Não importa se o que se diz é "bom" ou "ruim", "negativo" ou "positivo". Não diga "ele..." à outra pessoa, mas volte-se para a pessoa de quem está falando e diga "você...". Se a pessoa de quem se vai falar não estiver presente, coloque-a na banqueta vazia à sua frente e dirija-se a ela.

O pedido de não fofocar é feito numa situação concreta. A pessoa se transforma. Ao fazê-lo, percebe muito além do que poderia ter dito, e tudo se torna parte dela por tê-lo vivenciado.

Como membro do grupo, não tive a experiência da outra pessoa, mas sim a minha experiência do que aconteceu, e posso fazê-lo em outros momentos, seja no grupo ou fora dele: falar diretamente à pessoa ou para uma cadeira vazia, ou alguma outra coisa.

Se usar isso, que *não é Gestalt*, como regra, terei um problema.

Na cozinha, um homem contou que se sentia enganado por um terapeuta que não era bom. Uma garota (tinha idade para ser mulher, mas ainda não havia amadurecido) disse: "Ele está passando por um momento difícil" — e acrescentou detalhes da vida pessoal (o "porquê" que apaga *o que está acontecendo*). Então ela estremeceu e se mostrou incomodada. "Sinto que há alguém atrás de mim. Estou fofocando." "Não fofocar" tornou-se uma regra, uma proibição, um peso nas costas, quando outros pesos já haviam atrapalhado a maturação dela.

Isso não é gestalt nem Gestalt.

Omissão não faz parte de *nenhuma* terapia.

"Sinto-me frustrada ao dizer que a Gestalt *não é* um conjunto de *regras*."

Este é o perigo: procurar regras e encontrá-las. Quem encontra *regras* não compreendeu a Gestalt. Também não compreendeu terapia centrada no cliente. Ou Jesus ou Buda ou John Dewey ou Maria Montessori ou A. S. Neill[26]. Você pode aprender com o Mestre, mas depois precisará livrar-se dele e seguir sozinho. É mais ou menos como o que Szent-Györgyi[27] escreveu para um jovem de Londres que lhe perguntou: "Como se faz pesquisa?" A resposta de Szent-Györgyi: "Faz-se de acordo com a sua personalidade, se houver".

Fritz: "Michelangelo teria sido escultor mesmo que não tivesse cinzel".

"Só perguntei se você está *aware* do que faz. Não disse que não deveria fazer."

Não apresse o rio (ele corre sozinho)

Livro é uma coisa estranha. Entre esses dois parágrafos, fiz um molho. A vida também é estranha, mais ou menos do mesmo jeito.

Toda manhã, Teddy, Don e David organizam as pessoas em grupos pequenos, com cerca de dez pessoas em cada um. À noite, Fritz se reúne com todos nós por duas horas ou mais. Parece que ele pensa em dar algumas palestras. A primeira não durou muito. A segunda foi ainda mais curta. Ele disse que tinha dificuldade para escolher o que dizer, que não gosta de se repetir e, é claro, já disse tudo antes. Depois disso, algumas pessoas ficaram na cadeira quente e ele "trabalhou" com elas. Ele é mais suave e gentil, embora com o mesmo entusiasmo e firmeza. Não detectei nenhuma amargura ou rancor, e houve mais compaixão. Ele parece mais tranquilo em tudo. "Deve haver algo com o meu método. Ainda estou aprendendo."

Não completei a parte do "sem fofoca". Ao *notar* que não há fofoca — que acontece — percebi muitas outras coisas também. Como é simples quando fico com o que *sei*, que é *tudo* que sei. Como sou organizada quando elimino o que ouvi e desconheço e apenas acredito ou não acredito no que disseram.

Muitas vezes um indígena diz "não sei" e os brancos têm certeza de que ele está mentindo porque *deve* saber. Isso aconteceu em Chilchinbito ontem à noite; o irmão dele estava lá.

Wilfred Pelletier diz do indígena, incluindo-se: "Ele só responde a uma pergunta de cada vez". Gosto disso. Quantas vezes me deram muitas "respostas" que não eram respostas para a minha *única pergunta*. "Você viu Hal recentemente?" "Não", seria uma resposta a essa pergunta. Ou "dois meses atrás" poderia ser uma resposta. Nesse caso, eles não poderiam saber o que eu quero saber do Hal. Toda a "informação" que obtenho é a respeito de onde e quando viram Hal, o que aconteceu antes e o que aconteceu depois e onde ele estivera antes de o encontrarem no lugar onde estava. Tudo isso pode ser fascinante para *eles*. Não tenho interesse algum nisso. Não tem relação alguma com a minha pergunta.

Eu faço isso? Tenho certeza de que agora perceberei quando fizer.

Como eu amava Alex, um garotinho que visitava seu amigo na casa onde eu morava. Uma mulher lhe perguntou: "Você tem irmãos ou irmãs?" "Um", respondeu Alex.[28]

Fritz chegou hoje e disse: "Sobre a carta do John..." Eu não sabia nada de uma carta do John. Fritz mencionou "a introdução", "brochura" e "folheto". Tudo ficou claro para mim à medida que conversávamos, e quando ele foi embora escrevi a carta que ele queria que eu escrevesse, embora não tivesse dito isso.

Gosto desse sistema. É lento, dando-se apenas a informação necessária, com espaços no meio para os meus pensamentos-imagens se juntarem e completarem o quadro. Quando Fritz foi embora, meu quadro estava completo. Eu não tinha perguntas.

Will Pelletier escreve:

A língua indígena não pinta uma imagem da mesma forma que a língua inglesa. Ou seja, em inglês a maioria das pessoas tende a falar de detalhes, também das obviedades. Na língua indígena, isto é, naquelas que conheço, não se fala do óbvio. Não se diz "bom dia" se é óbvio que é um bom dia, nem se fala das condições da estrada se for óbvio para quem está falando que o outro também sabe. Talvez eu esteja enfatizando demais isso, mas é apenas para que entendam a minha questão. Quando falo de uma linguagem imagética, quero dizer que você forma suas imagens do que poderia ter ocorrido, e a maioria dos indígenas lhe conta apenas o começo, depois o fim. Você então forma as suas imagens sobre o que aconteceu à medida que se interessa pelo relato, e não como se pode dizer em inglês a você, com todas as palavras inseridas... Essas diferenças significativas têm relação com a organização em vários aspectos. Quando um grupo de indígenas se reúne para formar uma empresa, eles não falam de organizá-la ou formá-la. Em vez disso, falam da própria relação com

Não apresse o rio (ele corre sozinho)

ela. Não há necessidade de falar sobre a empresa, pois é por isso que eles se reuniram em primeiro lugar.[29]

Isso lembra a minha experiência no Grupo de Desenvolvimento de Koolaupoko, em Oahu, que se formou porque muitos havaianos estavam interessados em *rejeitar* as melhorias indesejadas em Koolaupoko. Tornei-me membro do conselho. Não fui eleita nem nomeada; apareceu a oportunidade e vi que era um bom lugar para mim. Foi só mais adiante que percebi como a nossa organização não organizada era poderosa. Foi quando um membro das Cinco Grandes (as cinco corporações que mandavam nas ilhas naquela época) veio para nos dividir e usou para tanto um artifício desonesto — e não teve sucesso. Eles nos separaram apenas na aparência. Foram necessários o ataque japonês a Pearl Harbor, os desdobramentos da ação sindical e Henry Kaiser[30] para conseguir encerrar a organização de fato. Esse trio acabou com todo o modo de vida do Havaí.

Os costumes indígenas estiveram prestes a desaparecer também — não inteiramente, mas quase o eliminamos, e em que confusão *nós* estamos metidos agora. Não ouço ninguém negar isso, a não ser no governo e na diplomacia.

Quando concluí *De pessoa para pessoa*, eu tinha feito tanto que não me importava se seria publicado ou não. Agora, Kolman me diz que foi para Nova York antes de vir para cá, e um amigo o presenteou com *De pessoa para pessoa*. Ele fala da força que o livro lhe deu para continuar no *seu* caminho, que escolheu há pouco tempo. Sinto-me bem com o fato de o meu filho ter-se arriscado a entrar no ramo editorial — um novo esforço, sem experiência anterior, e com todos dizendo que ele fracassaria porque não conseguiria distribuição para levar o livro ao público. Por esse motivo, manteve os custos o mais baixos possível, comprometendo também os seus lucros. Esse não é o jeito americano. Gosto disso. Poucas pessoas reconhecem que a minha falta de dinheiro é o caminho que escolhi — não que isso faça muita diferença para aqueles que não fazem essa escolha. Eu seria louca em vez de néscia por *escolher* esse caminho. Gosto de dinheiro tanto quanto qualquer pessoa. Eu gostaria de ter um montão de dinheiro. Simplesmente não posso pôr o dinheiro em *primeiro lugar*, exceto numa emergência. São poucas as emergências reais. Eu me senti mal com as poucas até que li no *Panchatantra*: "Não se entregue à ganância (um pouco ajuda em tempo de necessidade)". Outros trechos de que gostei são:

Ao seguir as profissões, fazem-se
demasiadas concessões cansativas
aos professores.
Erudição é menos que o sentido
Portanto, busque a inteligência.

É curioso que há três mil anos já existisse o mesmo problema e só há pouco tenhamos começado a lidar com ele.

Desejo que todos os que creem na importância da sofisticação procurem em bons dicionários os sentidos da palavra sofisticação. O significado não se alterou. Ou procure a derivação dessa palavra em outras fontes. Preste atenção a você quando se sentir sofisticado e você fará a descoberta sem recorrer a um dicionário.

No início, quando jovens, sabemos disso em nós mesmos. Nós "vestimos isso". Não percebemos que é o que todos fazem; se são mais velhos, é provável que tenham esquecido.

Um dos meus amigos tem uma filha que é cega desde os primeiros dias de vida. Ela era prematura e recebeu muito oxigênio. Os olhos dela murcharam como uva-passa. Ela não é apenas cega: não tem olhos. Na adolescência, ela diz: "Ai! Não gosto dele. Ele é feio". "Odeio a cor desse vestido!" São frases que as irmãs dizem. Quantas coisas *eu* digo sem ter experiência, só "conhecimento"?

Existe *Walden*[31] e existe *Walden II*[32]. Aqui me parece ser um *Walden V*, pelo potencial. Kolman está encantado com o fato de que, no sítio que encontrou para nós — embora ainda não saibamos se será nosso —, uma parte da paisagem chama-se Skinner's Bluff [Penhasco de Skinner], e Walden fica nas proximidades.

Ontem à noite, ele nos mostrou mapas e ressaltou que esse sítio se localiza numa "área muito estratégica, com terras indígenas de ambos os lados". Seremos protegidos pelos indígenas contra a invasão de outros brancos.

Não apresse o rio (ele corre sozinho)

A cada nova oficina penso a mesma coisa: "Parece que desta vez os judeus não virão". Então as pessoas começam a se referir ao próprio judaísmo de uma maneira ou de outra, ou eu digo algo como: "Para mim, Ilana parece e é irlandesa", e alguém diz, depois de ficar surpreso: "Só digo que essa é a visão de um gói[33]". Passadas quatro semanas, sei que muitos de nós são judeus. Então temos um novo grupo de góis.

Fritz... Eu estava quase escrevendo algo sobre Fritz. Descartei a primeira palavra que me veio à mente, depois a seguinte, depois a seguinte. Todas foram usadas de um modo tão inconsequente que pareceram menosprezo. Recomeço.

Hoje à noite contei a Fritz o que notei no seu trabalho desde que voltou. Ou melhor, eu disse a ele *o que* eu tinha notado e tive o prazer de notar. Ele disse, sem orgulho nem arrogância, só como fato: "Afinal sou perfeito. Triunfei. Não posso fazer melhor". Tenho essa mesma sensação do que ele faz agora, ou de como ele é. Agora que ele é perfeito à sua maneira, por quanto tempo ele continuará interessado em prosseguir?

Fora dos grupos, ele não corteja as pessoas nem exige aprovação. Permitiu que as pessoas cuidem da comunidade cada vez mais, deixando-as administrá-la, confiando nelas. Aí se incluem as questões financeiras da Pousada Cowichan. É uma demonstração de confiança, porque as pessoas mudam e a pousada permanece.

Perguntei a ele se escreveria uma continuação da sua autobiografia, por sentir que Fritz atual não está muito na *Lata de lixo*. Ele respondeu que não tem mais ambições. Quanto à autobiografia, sem dúvida ele foi sincero. Continua ansioso para ver a *Lata de lixo* na forma de livro. Para mim, isso faz parte da ambição. Sua ânsia não tinha urgência como antes, de modo que talvez ele esteja diminuindo também isso.

Não tenho ambição nesse sentido. É o que *eu* colho desta escrita que me interessa. Se ninguém ler, tudo bem.

Então, qual é a minha ambição? Muitas vezes reclamavam que eu não tinha ambição. Van Dusen[34] disse que isso não era verdade: a minha ambição era espiritual. Acho que ele se referia à ambição de ter mais experiências místicas. Não tenho isso agora. Quero é me desconectar de todo o lixo na minha cabeça. Não há mais tanto lixo quanto havia. Não quero *nenhum*.

Hoje à noite, David sugeriu que nos dividíssemos em grupos menores e usássemos mais participantes no papel de terapeuta. Fritz parecia pretender isso. Ele fará a mudança no domingo à noite: anunciará os terapeutas que ele escolheu. Quero fazer isso por causa do que *eu* ganharia fazendo isso. De qualquer maneira, eu teria de fazer mais do que faço. Tenho medo disso — expectativas — porque estou (agora) me comparando com Fritz e David, aqui, e com Bob Hall em Mill Valley, Larry Bloomberg em São Francisco, Frank Rubenfeld em Nova York. Essa é uma parte do lixo que eu gostaria de descartar. Em geral, eu não me comparo com os outros. Na *atual* situação, certamente faço isso e não estou gostando. A fantasia fica aparente até no meu modo de me referir a isso, quando eu nem sei se Fritz vai me incluir...

Outra coisa surge. *Eu* ser líder de um grupo que conta com *terapeutas*? Retorno à mesma canoa que Kolman, do qual eu pensava ter escapado há anos — falta de confiança na minha aptidão, porque não tive antes anos de "formação". *Sei* disso, o que não me faz bem algum — situação típica de neurose. Quero trabalhar em mim mesma para me livrar disso, e ao mesmo tempo parece ser demais para mim esse muro de dificuldades — todo construído por mim, para que eu *consiga* transpô-lo. Eu. "Preciso de ajuda." *Não* preciso de ajuda. Posso fazer sozinha. Posso fazer isso.

Não tenho um plano.

Criei um.

Incestuoso.

Um hospício generalizado.

É o que este lugar significa para mim agora de manhã.

Sou *eu*?

Comprimida. Essa sou eu. Eu me sinto assim.

Ontem à noite parei de fantasiar e entrei nisto, que parece diferente. Minha cabeça está bem vazia. Esses pensamentos aparecem. Não estou ensaiando. Não estou reagindo ao lago, ao pato-selvagem no lago, ou... a mim. Estou um pouco zangada.

Não sou de reagir. Estou protelando. Em certo grau, ainda argumentando comigo mesma sobre algo. Agora mesmo voltei a notar o pato e o reflexo dele na água. Agora ele mergulhou. Ficaram vários círculos na água.

Onde ele vai emergir? Agora ele voltou; tem uma coisa no bico; mergulhou de novo. Ele não discute consigo mesmo. Ele *sabe*.
Então, o que sei eu?
Sei que quero um banho.

Estou partindo.
Ao assoar o nariz, pensei: "Quanto o meu dinheiro no Canadá se desvalorizará quando eu voltar para os Estados Unidos?" Partir é isso. Decisão já tomada sem eu decidir. O momento de partir ainda não se completou. Sinto-me forte.
Saí para o cais. Foi lindo, as casas de cores vivas refletidas na água, o ar muito fresco e limpo.
"De volta aos Estados Unidos? O que vou fazer lá, com a mesma fragmentação da vida de que não gosto aqui, e a poluição..."
Sem resposta. Senti vontade de voltar para o meu chalé e fazer as malas, jogando fora, me livrando da bagagem desnecessária. No caminho de volta, ouvi os gritos vindos da sala dos grupos, os berros, e percebi que todo mundo estava fazendo coisa parecida nas outras duas salas usadas pelos grupos. Enquanto caminhava pelo gramado, senti-me como zeladora de um hospício. Comecei a tentar explicar: "Claro que não é assim". Se "é" ou "não é" não tem relação comigo. *É* assim que me sinto, e isso *tem* relação comigo e com mais ninguém.
O que obtive aqui vai comigo, e isso me faz sentir muito bem.

Obrigada!
Vocês foram exatamente o que eu necessitava.
Vou amá-los para sempre!
Adeus!

Meu "amá-los para sempre" mudará se eu ficar, pois eles não serão mais o que necessito.

Penso em fazer as malas, mas parece ridículo. Por que estou fazendo as malas? Não sei aonde estou indo. Talvez isso seja só uma fantasia, e eu vou desfazer as malas de novo. "Imbecil, qual é a pressa?"

Não há pressa. Não me sinto apressada. Só sinto vontade de fazer as malas, e fazer as malas é bom, embora eu odeie fazê-las. Gosto de jogar fora.

Tenho conseguido muito estando aqui. Isso é bom. Sei o que não sabia, e corrijo o erro antes de cometê-lo, o que é bom. Achei que seria bom abrir um centro de formação em um *kibutz*. Porém, sei que não quero um no *meu kibutz*.

Sinto que tenho muita coisa. Ugh!

"Uma carta do meu filho." (Ex-filho. Agora ele toma conta de si.)

No fim de semana passado houve oficina com o grupo de Ralston. Foi *muito* boa! Antes, sexta-feira à noite, eu estava um pouco insegura (meu lado de "garotinho"), e para começar fiz a viagem de fantasia de árvore-chalé-rio. Uma garota entrou no chalé dela e começou a chorar, e eu trabalhei nisso. Naquela noite e na manhã de sábado eu não estava realmente lá, embora tenha aparecido um trabalho que valeu a pena.

Então, sábado à tarde, depois do almoço, os fogos começaram. Uma pessoa iniciou a próxima série de fogos e aconteceram coisas lindas. Eu estava inteiramente lá e isso foi ótimo (eu fui ótimo). Uma moça tinha um bebê de 13 meses com problemas no coração. Resolveram operá-lo, mas a cirurgia não foi bem-sucedida. Ela se culpa há dezesseis anos, mas desta vez ela superou mesmo. Fez terapia uns anos atrás. O luto em si não fez isso. Mas, quando ela representou o bebê e disse a ela que ela (o bebê) *também* queria a operação para ter a chance de uma vida normal, *então* ela conseguiu se livrar e dar adeus a isso.

Depois dela, uma mulher enlouqueceu de verdade, e eu quero dizer louca mesmo. *Atuando* como louca mesmo. Escarrapachando-se, contorcendo-se, fazendo movimentos esquizoides, saindo da realidade, chorando, gritando etc. Acabei de notar a minha indiferença com suas traquinagens e, depois de ela ter ignorado algumas instruções, eu só relaxei e esperei que ela sossegasse.

Então lhe perguntei para que servia toda aquela representação. Ela parou de imediato, fez uma pausa e então escapou por outra tangente. Enfim consegui que ela relaxasse (voltando a ter contato com o próprio corpo e conosco) e assim ficou. Estive calmo o tempo todo, perplexo e sem retrucar, apenas vagamente interessado. As pessoas de lá foram atraídas pelo espetáculo e ficaram em silêncio, boquiabertas, quando eu lhe perguntei, como quem não quer nada, o porquê de toda aquela *performance*. Isso foi inédito para mim. CARAMBA! Sem dúvida, as pessoas são diferentes, mas, embora eu perceba os padrões principais, a variedade é fantástica. E tudo que ainda tenho para aprender! Acho que precisarei fazer isso por uns dez ou quinze anos e acumular um monte de experiências para saber com antecedência o que é provável acontecer. Diversão.

Minhas aulas estão indo muito bem, bastante animadas. Uma moça de 30 anos de um grupo saiu soluçando de uma viagem de fantasia na sexta-feira. Hoje ela entrou parecendo um farol. Entrou em contato na sexta-feira e trabalhou isso durante o fim de semana e superou um tanto.

"Acabei de notar a minha indiferença..."

Isso é tudo. Que aborrecimentos acabei de passar ao perceber que quero ir embora daqui. Não é uma decisão que o ego-eu tomamos. Bastou notar. Afinal, foi só isso que fiz.

Se orgulho ou vergonha ou bem ou mal ou *qualquer* opinião se apresentar, não estarei "toda lá".

Se alguém até aqui pensa que estou levando o meu filho para a Gestalt, volte ao início. Ele também não está me levando. Quando ele solicitou o estado de objeção de consciência aos 18 anos, houve a esperada investigação do FBI, que lhe enviou um currículo. Não havia nenhum nome de gente; de lugares, sim. As falas de outras pessoas foram citadas entre aspas. Cerca de metade delas disse que eu o tinha sob a minha responsabilidade. A outra metade disse o contrário. As pessoas de cada lado viram um aspecto do que acontecia, que na verdade era um movimento para a frente e para trás. Aos 23 anos, meu filho me disse: "Vamos encarar. Você é terapeuta para mim e eu sou terapeuta para você".

Foi o meu filho que me deu um artigo de Carl Rogers que acabou me levando a *De pessoa para pessoa*. Ele não acompanhou isso. Havia lido várias vezes a *Metamorphosis* de Schachtel[35], que li certa vez e joguei fora, com exceção de um capítulo.

Nós nos víamos umas duas semanas por ano, na época em que me interessei por psicologia em Albuquerque e ele se interessou por psicologia em Pasadena. Meu interesse partiu de descobertas quando estive doente. O interesse dele surgiu por ter estado no Caltech [Instituto de Tecnologia da Califórnia], onde viu "inúmeras pessoas que não vivem à altura do próprio potencial". Ele estudava química na época. Nunca me interessei por química. Ele queria estudar vírus e genética. Não me interesso por vírus e genética. Antes disso ele pretendia cursar a faculdade de Agronomia para aprender essa ciência de uma maneira que não me interessa. Disseram-me que eu o estava prejudicando quando o deixei fazer como queria. "Ele tem uma cabeça tão boa." (Como se uma boa cabeça não prestasse para nada.) Antes disso, eu o estaria prejudicando em escolas pequenas e deixando-o faltar muito às aulas. "Ele nunca poderá cursar uma faculdade." Gastei tanta energia rejeitando tudo isso, dele e de mim mesma. Então, quando ele tentou entrar no Caltech e na Universidade da Califórnia em Berkeley e foi aprovado em ambos, as mesmas pessoas me disseram: "Você não pode reprimir uma cabeça tão boa".

Em Lake Cowichan, algumas pessoas vieram ou passaram por aqui nas oficinas e me falaram com entusiasmo do livro *De pessoa para pessoa*. Entusiasmo verdadeiro é aprovação; entusiasmo falso — também enfrento isso — é depreciação. Essas pessoas vieram para cá. Eu vim para cá.

Acontece.

Sou muito menos espontânea aqui do que em outros lugares. Muitos profissionais acham que aqui existe uma liberdade fantástica, e existe, da perspectiva de um instituto de psicoterapia. Estou aprendendo condutas para liberar às pessoas a (verdadeira) espontaneidade. Quando me for, levo isso comigo.

Também sou gente.

Depois de três noites de perfeito desempenho como Gestalt-terapeuta, Fritz não estava tão bem na noite passada. "Três passos para a frente e dois para trás?" Às vezes Fritz diz isso referindo-se ao modo como as pessoas se movimentam na terapia. Sempre me pareceu que fosse assim que as crianças crescem. Às vezes, por algum tempo, parecem cinco passos para trás e depois seis passos para frente.

Seja como for, na noite passada ele começou a percorrer uma trilha falsa. Deixou-se levar por um sistema em vez de notar a si mesmo. Continuou dessa maneira por um bom tempo e, quando ficou evidente que não chegaria a lugar nenhum, ele disse antes de encerrar: "Voltem aqui. Estamos num beco sem saída". Deu um diagnóstico para um homem, uma receita para outro. Depois de duas horas, ele disse: "Hoje estou lento".

Em *Lata de lixo*, ele diz que passou a maior parte da vida em confusão, mas enfim aprendeu a assimilar a confusão.

Foi o que enfim aprendi sobre o caos, quando estava doente. Quando tentei organizar, juntar as peças num molde, esgotei-me e não cheguei a lugar algum. Quando aprendi a assimilar isso, saí do caos.

Pensei (*sic*) que eu fosse continuar a finalizar assuntos inacabados, que faz parte do empacotamento sem pressa. Hoje de manhã, não pensei nisso quando comecei a datilografar. Agora o tema surge, e eu sigo com ele. Não é importante, só conveniente. Na noite passada, refiz a gola de um vestido bem novo; estava se desfazendo, porque não tinha sido feito direito. Agora, posso usar o vestido, em vez de carregá-lo por aí. Quando passo por esse tipo de situação inacabada (às vezes me livrando dela jogando-a fora) muita coisa fica clara na minha cabeça. Fritz diz que temos de aprender a "limpar a própria bunda". Para mim, isso faz parte. Não estou sobrecarregada agora, e ninguém se sobrecarregará se eu morrer. Não faço isso diariamente nem por cronograma algum. É mais como deixar a poeira se acumular até o ponto em que ainda seja fácil tirá-la e sempre fazer isso antes que se acumule demais. Às vezes fico aquém desse tipo de cronograma, como quando transcrevi durante meses as fitas de áudio que seriam editadas para compor

Gestalt therapy verbatim[36] [*Gestalt-terapia explicada*] e deixei a correspondência ficar para trás, mas na maioria das vezes não se acumula muito.

O chalé de Fritz está cheio de coisas inacabadas. Quando eu tinha casa e família, vasculhava toda a casa duas vezes por ano; qualquer coisa que não tivesse sido usada ou aproveitada em seis meses não valia a pena guardar. Temos muito medo de precisar de algo no futuro. Glenn, que trabalhou em grandes empresas, diz que se joga fora muita coisa, inclusive documentos importantes, e tudo que se diz é "não está aqui". Não é o fim do mundo... Eu me lembro do pavor do meu marido quando joguei fora minha certidão de casamento logo depois de casarmos. Ele disse que eu poderia *precisar* dela em algum momento.

Bagunçamos a própria vida e reclamamos ou nos queixamos neuroticamente dos fardos que temos. Como o fardo do homem branco, que estraga o mundo em vez de deixá-lo em paz. Agora estamos bagunçando a estratosfera e a Lua. Não me venha com essas coisas de "não se pode parar o progresso". O que devemos fazer é parar de chamar isso de progresso.

Agora me esvaziei de novo, e o outro assunto inacabado vem à tona.

Saio da máquina de escrever, com uma leve curiosidade sobre o que diacho preencherá o resto desta página quando eu voltar a ela... Há pouco pensei em outra coisa. Não importa. Ou ela surgirá mais tarde ou outra coisa surgirá. Com todos os milhões de coisas para dizer e todos os milhões de maneiras de dizê-las, o que importa o que entra antes ou o que vem depois? Alguns gostarão mais de um que de outro, alguns gostarão do outro mais do que daquele. Uma espécie de ordem interna aparece por conta própria com o tempo.

Simplificar. Quem você tenta impressionar?

Tomei banho, me vesti, comi, lavei pratos e algumas roupas. Agora, sou fortemente atraída pela máquina de escrever para registrar o que descobri.

Semanas antes de virmos para cá de Vancouver (e antes que eu soubesse que viria), eu disse a Fritz que queria me dedicar a uma fazenda ou um sítio com um núcleo de pessoas e, quando tivéssemos tudo bem acertado, outras pessoas poderiam entrar. Ele disse "ah!" e eu achei que ele estivesse concordando comigo, que vislumbramos a mesma coisa. Viemos para cá, e logo me pareceu que ele estava recusando a ideia de um núcleo ao trazer tanta gente desconhecida, quaisquer que fossem suas razões — ganhar mais dinheiro ou difundir a Gestalt foram as duas em que pensei. Mas, se ele entendesse "núcleo" de uma forma diferente da minha...

Meu modo de ver essa questão, ampliado em razão da minha experiência aqui e esclarecido, é este:

Alguns que vivem mais de uma maneira gestáltica começariam a desenvolver o lugar, da forma como iniciamos aqui — pessoas dispostas a arriscar, que não precisam ter "todas" as informações de antemão (o que, de todo modo, não é possível). Eu era uma dos que esperavam dormir no chão porque, embora a casa de dois quartos estivesse vazia no dia da ocupação, os inquilinos relutavam em abrir mão dos chalés. Comprei um saco de dormir de penas, que podia abrir como uma colcha, e um pano de chão estampado, para que pudesse ser usado também como poncho. Não precisei dormir no chão. Usei a colcha durante todo o verão e o poncho quando chovia. Ainda não dormi no chão, mas não *sabia* disso.

Ontem chegou um psiquiatra coronel da Força Aérea com sua mulher e seis filhos. Eles conheceram Fritz em Esalen na semana passada. (Hoje é sexta-feira.) Nesse ínterim, eles decidiram alugar uma casa em Lake Cowichan antes de vir para cá. Eles se cuidavam. Queriam vir. Vieram. Não se preocuparam em obter "todos os detalhes".

Patos-selvagens passam voando e às vezes pousam no lago.

Fritz entrou e perguntou se eu gostaria de ser líder por uma semana, enquanto na fantasia estou de mudança para Okanagan. (Eu tinha decidido voltar lá e procurar outra fazenda; estava muito interessada em ir.) Não queria "desistir". Agora estou apavorada de voltar a liderar um grupo, de modo que é melhor aceitar para não levar o receio comigo para sempre. Vou até ficar com um pouco de medo de explorar Okanagan. Eu gostaria que o grupo começasse já, não na semana que vem. Não quero mergulhar na escrita e "esquecer aquilo". Quanto mais eu vivenciar isso agora, em contato comigo agora e com tudo mais agora, e notar que começa alguma sessão, melhor eu me sairei. Agora mesmo o meu agora é que estou apavorada e o meu peito dói e quero chorar um pouco. Gostaria de gritar também, mas *não* quero fazer isso num grupo. Então, deixo acontecer.

Ao deixar a dor/o medo me dominar — expressar-se em som e movimento —, a dor e o medo já não me dominam. E ah! o mundo parece tão luminoso e elegante!

Fritz mencionou que um dos psiquiatras em treinamento aqui tem sessenta pessoas sob seu comando num hospital. Ele vai mudar os procedimentos de lá e convidou Fritz para ir fazer alguma coisa. Fritz não se preocupa com os detalhes, e eu não quero ser incomodada por eles. Linguagem indígena. Você faz a sua imagem, e quando é feita *dessa maneira*, você (eu) convive facilmente com ela e não se aflige; da maneira como você (eu/pessoas) faz quando recebe toda a informação, você tem certeza (esperança) de que a imagem coincide com o que os outros pensam de você, e não é assim.

Um psiquiatra me disse: "Você não quer um emprego, quer?" Sem dúvida, não.

Durante oito anos, por insistência do meu marido e com o desejo de fazê-lo feliz (não sabendo então que só ele poderia fazer isso, e era uma ideia boba mesmo), assisti (com ele) a todos os documentários sobre o Havaí. Encontrei um distribuidor que me mantinha informada, e íamos ao Brooklyn, Queens, *uptown*, centro da cidade, qualquer lugar para vê-los. Li sobre o Havaí. Aprendi tanto que numa noite, no jantar, me sentei ao lado de um jovem que estivera no Havaí. Falei com tanta facilidade sobre as ilhas, como se estivesse lá ("Conhece aquela praiazinha Lumahai, logo depois de Hanalei?" e assim por diante), que ele enfim me disse: "Não conheço; só fiquei seis meses lá". As palavras estavam certas, mas, quando cheguei lá, o que eu imaginava que fosse o Havaí não era como as ilhas, ou não era muito.

Fritz disse: "Desde que voltei estou muito feliz aqui". Acredito nele. Sentir-se "lento" não *precisa ser* infeliz. Só me sinto infeliz quando penso que eu "deveria ser" outra coisa e tento mudar. Lentidão existe. Dor existe. Tristeza existe.

Felicidade é deixar tudo acontecer.

Vejo também (com tão poucas palavras vindas dele) que o núcleo é correto para ele. O meu é correto para mim. Então, continuo com o meu.

Não apresse o rio (ele corre sozinho)

Esse núcleo de pessoas terá um bom funcionamento nos moldes gestálticos — sem perfeição. Isso seria *mesmo* fantasia. Mas peguei o jeito disso. As pessoas vão ouvir falar do lugar... Até aqui, tudo bem. Vai acontecer. Se eu passar disso, como quase fiz, vou estragar tudo. Intelectos vão grudar no que eu digo e isso vai estragar tudo. Então, chego ao fim das duas páginas que eu "ia" escrever.

Ainda estou feliz por ter começado a "fazer as malas"; começo a seguir nessa direção. Parece o correto.

Com certeza, aprendi muito aqui, eu disse de manhã a Fritz. Sem dúvida aprendi. Às vezes penso: "Não quero ficar aqui". É o futuro chegando. Eu fiquei aqui. Fui embora e voltei. Se eu ficar aqui, é porque quero. Mesmo que eu venha a pensar (há anos não pensava nisto, mas pensei há alguns anos) que ficarei por não existir outro lugar para ir, *não* ficarei. *Sempre* há outro lugar. Escolhi este porque o preferi a outras opções. Minha escolha pode ter sido boa ou ruim, mas ainda assim é a minha escolha, e não faz sentido dizer que fui "obrigada a isso". "Eu não podia fazer outra coisa." O mundo está cheio de outras coisas. Não tem nada além de outras coisas.

Quando eu "não podia fazer nada mais" é organísmico, sempre dá certo. Quando Mimi me disse que, afinal, não estava grávida, que tinha começado a menstruar, e então não iria com o marido e eu para a cidade — 140 quilômetros de estrada de terra —, eu não tinha outra "informação" além dessa. Eu não gostava de Mimi e pensei que seria melhor que ela não tivesse filhos. O eu organísmico somou as coisas de alguma maneira, independentemente do meu "pensamento", e eu disse a Mimi que era melhor consultar um médico. Sem explicações, sem um monte de palavras supérfluas. As que eu disse foram claras e firmes, definitivas, sem imposição. Mimi foi e ficou na cidade dois meses por recomendação do médico. Estava grávida e, não fosse a assistência médica naquele momento, teria perdido o bebê. Eu me senti bem. Se eu tivesse ignorado a minha percepção organísmica, teria me sentido mal. E estaria mal. Este é o único "mal" para mim: um equívoco, uma escolha errada. Se sofro com isso, eu me apego a isso; esse equívoco permanece comigo. Melhor encontrar uma maneira de deixá-lo passar. Em caso contrário, estarei cometendo o velho equívoco.

O que aconteceu comigo/com Mimi foi *awareness*: eu estava *aware*. Então, não sei como recebo a resposta.

83

Encontrei uma página rasgada de *What is life*, de Irwin Schrödinger[37], que guardo há anos. Passaram-se talvez quinze anos desde a última vez que o li.

Um pássaro azul anda no gramado. Que lindo colar preto ele tem da crista ao peito!

Schrödinger cita Theodor Gomperz[38] (seja lá quem for):

> Quase toda a nossa formação intelectual tem origem nos gregos. [...] Não é preciso conhecer as doutrinas e os escritos dos grandes mestres da Antiguidade, de Platão e Aristóteles, nem é preciso ter ouvido esses nomes, mas estamos enfeitiçados pela autoridade deles. Não só a sua influência foi transmitida por aqueles que lhes sucederam nos tempos antigos e modernos; nosso pensamento criativo, as categorias lógicas por que ele transita, os padrões linguísticos que usa (sendo, portanto, dominados por eles) — tudo isso é em grande medida um artefato e sobretudo produto dos pensadores da Antiguidade. Devemos investigar o processo de transformação com grande profundidade, para que não confundamos primitivo com o que resulta de crescimento e desenvolvimento, e natural com o que é realmente artificial.

O que é "terapia"? Não psicoterapia ou fisioterapia. Terapia.

Não faz diferença para mim se eu faço terapia na banheira ou no grupo. Certa vez, quando estava doente, acabei entrando numa frustração aguda ao tentar (*sic*) escrever um parágrafo. Saíram três páginas. Afinal, larguei essa loucura e entrei numa banheira de água quente. Zás! Voltei ao tempo dos meus 12 anos, vivenciei três cenas interligadas (com geografia diferente), entendi plenamente (não intelectualmente) algo que me intrigava havia quarenta anos, e aprendi um pouco do funcionamento do "eu". A maior parte disso não é tão fundamental aqui, mas numa das cenas eu caminhava pelas ruas de terra da vila onde eu morava (não me lembrava mais daquelas ruas de terra), subindo um quarteirão e descendo outro, com concentração total ao dizer vezes seguidas "não me importo, não me importo, não me importo, não me importo", até não me machucar mais. Eu tinha decidido. Não me impuseram. Minha mãe só conseguiu dizer "oh", e o que ouvi na voz dela, por causa do meu amor por ela — responsabilidade[39] —, me fez abrir mão de uma oportunidade para mim que eu desejava demasiadamente, de modo que o corpo todo me doeu, primeiro por desejar, depois por

desistir. Minha decisão foi correta. Aos 12 anos eu já me tornara bastante adulta para entrar em bosques e arremessar pedras e galhos, "destruir tudo" no mundo exterior, e *isso* foi errado, não estava certo.

Hoje temos grupos em que podemos fazer *isso*. Estamos pelo menos começando a compor sentido, muito embora um monte de absurdos venha junto na maioria dos lugares onde a ideia é adotar sem compreender. Então, existe um alívio que não leva ao amadurecimento. Estou bem aliviada para continuar vivendo como tenho vivido; posso voltar para pegar outra dose quando quiser. Talvez eu tente um grupo diferente. Assim, conhecerei mais pessoas novas. "Agrupamos pessoas que sabem onde está o agito." O turbilhão social transposto para outro turbilhão continua sendo o turbilhão. Rodopie, garota, rodopie. Não é o máximo?

"Eles dizem que isso é dança."

Fritz está feliz com o "belo exemplo da formação Gestalt" que ele descobriu. É uma imagem em preto e branco de uma mulher de vestido social, com o cabelo preso para cima, bem alto, e sentada diante de uma penteadeira, olhando para o grande espelho redondo, onde se reflete a imagem dela. Se você vir a imagem a pouca distância, é um crânio; o cabelo escuro e o reflexo no espelho são as órbitas oculares. Esqueci os outros detalhes. Qual delas é "a imagem"?

Teddy está limpando o chalé de Fritz. Todo tipo de pensamento pode aparecer em torno de pensamentos bons e malvados. Posso pensar (sentir) bem sobre isso. Posso pensar (sentir-me) mal sobre isso. A sensação acompanha o meu raciocínio. Posso deixá-los misturar-se e tornar-se muito confusos.

Portanto, "pense em bons pensamentos".

Não é bom. Ilusão.

Diga-os todos, e eles se cancelam. Nenhum pensamento. Teddy está limpando o chalé de Fritz. Isso é real. O resto é fantasia.

Estou escrevendo.

Não apresse o rio (ele corre sozinho)

Está ficando bom?
Vai indo. *Como* eu não sei. Não penso sobre isso.
Estou escrevendo.
Sou escritora?
Não.
Minha insistência em nunca me tornar algo (carreira) agora faz sentido. Às vezes parecia ser uma esquisitice. Se eu seguisse uma carreira, pensaria em mim como sendo aquilo; eu me moldaria àquilo; eu me tornaria aquilo, o que é uma ilusão.

Agora mesmo fui ao banheiro. Pensei: "Preciso dizer a Fritz que a minha resposta é sim". Nenhum receio veio junto com a minha decisão. Sem imagens nem pensamentos de "o que farei". Apenas sim.

Todos os meus "porquês" sobre não querer liderar um grupo aqui e agora eram bem bons. O único problema era tratar-se de fantasias. Até que chegasse o momento, eu não saberia o que sentiria. Só podia *imaginar* o que *seria*. Quando Fritz me fez a pergunta, não me senti como *pensei* que me sentiria; eu me senti como me *senti*. Tive de sair da fantasia de Okanagan para sentir isso.

Se tudo parece muito complicado, certamente é. Melhor não pensar. Escrevi sobre a minha insensatez como aconteceu, para que se possa ver o processo. Emerson disse que era o arquiteto que construiu uma casa e se esqueceu de fazer as escadas. Mostro aqui algumas das minhas escadas.

Seja sincera, pô! — gritos na minha cabeça. Eu grito isso. Registrar por escrito torna tudo mais claro e inescapável para mim. Então, que isso esteja disponível para você é coisa que acontece.

E, se acontecer, será por intermédio de outra pessoa, não de mim. Este manuscrito não chegará a muita gente se outra pessoa não ajudar.

Montanha Navajo. A cozinha é aconchegante, com paredes grossas de pedra. Neva lá fora. Ken, que é meio *cherokee*, Kee, que é navajo, e eu estamos nos divertindo, liberando nosso sofrimento reprimido a respeito da falta de humanidade nas autarquias que atendem os indígenas. Ken diz: "Seja como for, posso voltar para a minha fazenda. Por isso não tenho úlcera". Eu digo: "Eu não tenho fazenda, mas posso pegar a estrada quando quiser". Kee diz: "Eu também!" Cada um de nós tem uma fantasia, um lugar aonde ir para escapar. Sabemos que é ilusão. Expressamos a nossa alegria com liberdade e nos sentimos bem, muito bem. Como rimos e desfrutamos! O local é diferente da cena reproduzida em muitos outros lugares — casas, bares, onde quer que seja. O que vem a seguir também é diferente.

Um jovem navajo malvestido entra pela porta e fica quieto; depois nos diz que quer uma carona até a *Inscription House*[40]. Ken diz: "Nós não vamos voltar por esse caminho". O navajo está em pé; Kee, sentado. Às vezes um deles diz alguma coisa, depois o outro. Então ficam em silêncio. Eu me pergunto se estou ouvindo uma conversa privada, se devo continuar conversando com Ken e deixar Kee e o jovem sozinhos. Não posso contribuir com nada. Kee e Ken conhecem todo o território e seus habitantes de uma maneira que desconheço.

Olho para Ken, esperando uma deixa. Ele cruzou as pernas e está olhando para o teto. Ele não só não fala como parece ter-se retirado. Por que ele não diz algo ao jovem, ao menos para *tentar* ser útil, em vez de praticamente virar as costas para ele?

Pego a deixa. Eu mesma fico bem quieta. Todo o meu raciocínio se desvanece. Minha mente está em branco, vazia. Não estou fazendo nada. Essa situação persiste por um bom tempo. Então chega uma informação, e eu digo: "O despacho não veio hoje (a data correta). Virá amanhã".

Kee e o jovem dizem algumas palavras em navajo. O jovem vai embora. Amanhã ele irá para a *Inscription House* quando o despacho chegar.

Kee, Ken e eu vamos juntos amistosamente para apreciar algumas pinturas de Franz Marc[41]. Nosso humor mudou.

Onde, em nossa sociedade, todos param quando chega um desconhecido em busca de carona?

Awareness.

Sem isso, eu não teria percebido que podia contribuir. Teria continuado a pensar, e o meu pensamento teria continuado do modo que começou, como: "Certamente Kee sabe o que faz. Serei a mulher branca intrometida".

Não houve "intromissão" quando a informação que partiu de mim veio do silêncio em mim.

Esse silêncio é de onde vem o meu melhor temperamento quando sou terapeuta. *O boi e o homem partiram.*[42]

Não apresse o rio (ele corre sozinho)

Esse silêncio é o que receio não ter quando liderar um grupo na semana que vem. Se soubesse que ocorreria exatamente assim, eu não precisaria de mais nada. Percebendo e reagindo, sem um pensamento para atrapalhar. Então, tudo acontece e aconteceu algo que gera mudança. A análise é impossível, mesmo após o acontecimento.

"Você percebeu o que havia nos hambúrgueres hoje à noite?" — perguntou Kolman. Ele os fez.

Com todo esse barulho, disse eu, não consigo sentir muito bem o gosto de nada. Achei que estivesse inventando uma desculpa por não ter percebido. Então, ainda comendo o hambúrguer, percebi que era verdade. Com vinte pessoas mais o vinho fazendo barulho como no sábado à noite, numa cozinha feita para uma família, não conseguiria mesmo sentir o gosto de nada, a não ser que fosse forte como o alho no pão.

Eu devia saber que eu disse a verdade. Uma coisa tão ridícula como o barulho acabar com o meu paladar me impediu de "raciocinar". Quando eu disse isso, fiquei surpresa e achei que não tivesse sentido.

A confusão aparece quando o meu sensor diz "sim" e o meu pensador diz "não". Meu pensamento é acompanhado de sentimentos, o que aumenta a confusão. Ainda por cima, o meu sensor diz coisas como "com todo esse barulho, não consigo sentir muito bem o gosto de nada", o que *parece ser* raciocínio.

O absurdo de ensaiar! Tenho notado as minhas fantasias a respeito de liderar um grupo na próxima semana — não apenas notando que as tenho, mas também notando o que acontece com elas. Hoje de manhã, havia um grupo de seis pessoas na minha cabeça, três delas indefinidas. As outras três eram Peter, Marcia e Charlotte. Eles se movimentavam e falavam e eu falava com eles. Não, falei com Peter. Imitei alguns movimentos de Charlotte e Marcia. Além de não saber o que eles vão fazer, são trinta as pessoas em formação — talvez mais agora —, as quais serão divididas em grupos de um tamanho que desconheço — talvez seis, talvez dez —, e aí não há como saber quem estará no meu grupo na segunda-feira, ou mesmo se aqueles três estarão no mesmo grupo. Essas três pessoas, como qualquer outra, são reais quando estão fisicamente no meu mundo. Quando estão na minha cabeça,

89

não são reais; nem sequer têm vida própria. Elas se movimentam, falam, fazem o que eu os imagino fazendo, e nada mais.

O lago agora tem faixas claras e escuras movendo-se rapidamente da direita para a esquerda. Minha direita. Minha esquerda. Agora as faixas sumiram. Círculos escuros com centro claro estão... Não estão mais fazendo isso.

Em mim também acontecem essas mudanças. "Como você está?"

Não sei. Quando percebi, eu já tinha ido embora.

Agora o lago tem ondulações prateadas suaves por todo ele, em tudo que eu enxergue, movendo-se da esquerda para a direita.

Como a Gestalt-terapia usa fantasias para negar uma experiência traumática?

Não usa.

Usa uma fantasia para negar uma fantasia.

Fiquei um mês no hospital em 1953. Quando fui para lá, eu tinha expectativas. Uma delas era esta: participar de algo que não entendo. Perto da noite, às vezes, de repente eu ficava com muito frio. Meu filho arranjava uma bolsa de água quente e acendia a lareira, enquanto eu me enfiava embaixo do máximo de cobertores possível. Ficava deitada, sentindo que era sugada através de um túnel, com um monte de coisas estranhas acontecendo. Tentei perceber e me lembrar delas, para poder contar ao médico. Nunca consegui me lembrar delas, de nenhuma delas. Fiquei preocupada com isso. Não entendia o que estava acontecendo, e temia que pudesse piorar. Em que eu estava me metendo?

Quando faltavam alguns dias para eu ir ao hospital, o médico me disse que ligasse para ele se aquilo acontecesse enquanto eu estivesse lá; ele viria imediatamente. A clínica onde ele trabalhava era bem perto do hospital. Nessa fase, eu estava muito mergulhada no lado clínico e pensei que o médico pudesse examinar o meu corpo para descobrir alguma coisa. Se ele estivesse lá, talvez eu pudesse contar um pouco do que acontecia enquanto estava acontecendo, e isso lhe daria uma pista. Esse foi um dos meus consolos quando me vi numa cama do hospital.

Não apresse o rio (ele corre sozinho)

Cada vez que eu sentia essa coisa estranha chegando, eu telefonava. Não achava o médico. Deixava mensagem. Ele não vinha. Na visita seguinte, ele se desculpava e me contava o que acontecera. Eu sabia como era a vida dele. Acreditei nele. Não queria torturá-lo; eu me torturava. Isso começou quando ele não veio: primeiro, esperança e uma sensação de alívio por todo o corpo. Depois, dor e desespero quando ele não vinha, e passei de novo por toda aquela coisa estranha sozinha e amedrontada. Eu ficava com raiva porque ele não viera. Não estava com raiva *dele*. Eu estava com raiva.

Nada disso foi dito: a dor, o desespero, a raiva. Nem pensei em dizer, além do que um hospital não incentiva isso. ("E ela também tem uma doença?") Tranquei tudo dentro de mim, segurei com nervos e músculos, e me perguntei por que não me recuperei no hospital, agora que eu estava "descansando".

Depois de dois anos gastos sobretudo na cama, acabei concluindo que eu tinha de me deixar ficar doente como estava, sem tentar ficar bem, sem tentar mostrar que estava melhor do que estava. "A Gestalt tenta se harmonizar com o que é." "Não conseguimos provocar propositalmente mudanças em nós mesmos e nos outros." "O organismo *não toma decisões*. A decisão é uma instituição feita pelo homem. O organismo trabalha sempre com base na *preferência*."

Naquele momento, eu tentava me lembrar (o que obviamente falhou) de uma declaração de Fritz que eu queria usar aqui, e então a procurei em anotações que fiz para outra coisa. Nessa ocasião, eu queria usar as palavras dele, não as minhas. Fritz entrou enquanto eu procurava. Dooooooida! Só quando ele estava para sair e eu pensei em pegar minhas notas novamente (que eu já havia explorado sem encontrar o que procurava) foi que pensei "o cara está aqui!" (A velha égua cinzenta não é o que costumava ser.)

Pedi-lhe que fizesse a declaração nas suas palavras. Ele atendeu: "Qualquer tentativa de mudança está fadada ao fracasso". Comecei a datilografar e escrevi "qualquer tentativa de fracasso...". Fritz completou: "... está fadada ao sucesso".

(No grupo de formação avançada, Fritz nos disse uma vez que tentássemos ser os piores terapeutas do mundo.)

"Qualquer tentativa de mudança está fadada ao fracasso. Cria-se uma força contrária. Como quando se olha para o vermelho e depois, de olhos fechados, vê-se o verde em seguida."

Doida. Maluca, maluca, maluca. O que procuro vem na minha direção e eu não o vejo. Onde estou?

No Arizona, quando meu filho tinha 12 anos, ele queria caçar coelhos num domingo. Nessa fazenda não se permitia que as crianças caçassem sozinhas. Fui com ele. Andamos e andamos pelo mato. Nada de coelhos. Ele queria ir ao laguinho, onde (ele tinha certeza) haveria muitos e muitos coelhos. Eu disse que não, que devíamos voltar para o jantar de domingo. (Não importa a "pergunta". Muita explicação. Um monte de mentiras.) Ele continuou a falar dos coelhos no laguinho. Talvez tenha imaginado muitos e muitos coelhos lá.

Um coelho saltou no mato a cerca de cinco metros à nossa frente e parou. O coelho agachou-se ali. Andamos cinco passos até que o meu filho o visse, com os olhos atraídos pelo movimento enquanto o coelho saltava para longe. Tarde demais.

Dois anos depois da internação no hospital, o que notei de diferente foi a minha exaustão. Enquanto acontecia, comecei a perceber o que me esgotava e a me livrar disso de alguma maneira, fosse qual fosse. Então percebi que o que acontecera no hospital ainda me exauria. Não vi isso na época do modo como escrevi (vi) agora, mas ainda assim vi. Como eu conseguiria me livrar de algo que acontecera havia dois anos?

Ao perguntar, obtenho a resposta. ("A maneira de desenvolver a nossa inteligência é transformar cada pergunta em afirmação. Se você faz isso, revela-se o que antecedeu a pergunta, e a própria pessoa que pergunta encontra as possíveis respostas.")

Não apresse o rio (ele corre sozinho)

Ainda queria o que não havia conseguido. Eu mesma o providenciei. Voltei ao leito do hospital e chamei o médico. Ele veio correndo da clínica vizinha. Gostei disso. Mandei-o de volta para a clínica e o fiz correr *mais rápido* para a minha cabeceira. Sinto-me melhor. Mandei-o de volta à clínica e o fiz correr *ainda mais rápido* até o meu leito. Gostei disso e mandei-o de volta. Como eu gostava de controlá-lo em vez de a mim mesma!

Ainda assim, faltava algo. Muito do que o médico sabia do meu corpo eu não sabia, mas ele com certeza não sabia mais do que eu as coisas malucas que me passavam pela cabeça. Quem poderia me ajudar nisso? Aldous Huxley. Então eu o chamei, e ele ficou em pé do outro lado do leito. Não precisei fazê-lo correr; ele não me torturou. Então, eu só o deixei lá. Notei outra coisa de que não gostei: o quarto de hospital. Não era aconchegante. Então levei todos para um quarto na casa de Huxley na Califórnia. Do lado esquerdo da cama ficava o médico, que sabia mais do meu corpo do que eu. Do lado direito, Huxley, que conhecia mais a minha mente do que eu. Eu não tinha de fazer nada; deixava tudo para eles. Eu me soltei — e então vieram as contorções, os gemidos, a tremedeira e os pulos (quadris e ombros). Tudo isso continuou, com "eu" sossegada por dentro, despreocupada. Outra coisa começou a acontecer depois. Não me lembro do que era. Repeti essa fantasia várias vezes, em dias diferentes, cada vez parando no mesmo lugar. Fiquei tentada a continuar. Parei. Quando contei isso ao médico (confusa, como não estou agora), ele disse: "Parece bom, mas vá com calma". Ele nem sabia o que estava acontecendo.

Escrevi para Huxley, que respondeu:

> Os prazos me confrontam de todos os lados e tenho estado, e estou, indecentemente ocupado. Daí a demora em responder às suas cartas interessantes e a inadequação desta mensagem a tudo exceto suas observações sobre os pseudossoluços, tremores e espasmos, resultando numa sensação de liberação e abertura para a cura. É um fenômeno que observei nos outros e mesmo em mim, e parece ser uma das maneiras de a enteléquia, ou inteligência fisiológica, ou eu mais profundo, livrar-se dos impedimentos que o ego consciente e superficial põe em seu caminho. Às vezes ocorre um retorno de material enterrado, com ab-reações. Mas sempre, de jeito nenhum. E quando não ocorre tal retorno, muitos dos seus resultados benéficos parecem ser obtidos quando o *self* mais profundo estabelece essa perturbação no organismo

— perturbação que evidentemente afrouxa muitos dos nós viscerais e musculares, que são resultado e contrapartida de nós psicológicos. Distúrbios desse tipo eram comuns entre os primeiros Amigos — e os levaram a ser chamados quacres. "*Quaking*"[43] é evidentemente uma espécie de equivalente somático da confissão e da absolvição, da recordação de lembranças enterradas e ab--reação a elas, com a dissipação do seu poder de continuar causando danos. Devemos ser gratos pelas menores e mais estranhas misericórdias — e esse tremor é evidentemente uma delas, e de forma alguma a menor.

Perguntei ao médico o que são "ab-reações". O dicionário não me disse muito. O médico estremeceu ao se lembrar e me contou que esteve com um homem que revivera a explosão de uma mina em que ele estava, "passando por tudo do mesmo modo que vivera". O médico falou do terror estampado no rosto do homem, dos gritos e dos braços dele se debatendo no momento da explosão.

Isso foi horrível, algo pelo que eu não gostaria de passar. Não comparei isso com a *minha experiência*; não o associei aos meus tremores e gemidos. Nem o médico. Eu nem sequer suspeitava que a experiência do homem fosse diferente da experiência do médico com o homem. Fiquei assustada e parei de explorar esse lado. Que horror pode vir do meu passado e me ferir? Quem sabe qual mal se esconde no coração dos homens?

Em primeiro lugar, fui ao hospital com expectativas, o que é fantasia. Quando a minha fantasia não apareceu, eu me controlei, e isso é pretensão, que também não é real. Quando trabalhei com fantasias deliberadamente, ainda estava me controlando, dois anos após o acontecimento, e isso não é real. Embora não soubesse na época, decidi desfazer uma fantasia com outra. Então ambas terminaram, e eu era, nesse particular, real, liberada do passado e disponível no presente. Plim! O passado se foi, exceto na memória factual. Essa espécie de memória não me incomoda. Nem boa nem ruim, apenas existe, como agora a escuridão do lado de fora da janela. Quando pensei naquele tempo no hospital depois daquilo, não mais me senti exausta. Eu tinha dispensado isso.

Percebi que eu me esgotava também de outra maneira. Sempre que pensava em voltar ao médico, eu me sentia muito cansada. Não entendi.

Gostava de ir a esse médico. Era a única pessoa com quem eu tinha uma comunicação real, como descrevi em *De pessoa para pessoa*. Então notei que, quando pensei em estar com ele de novo, me imaginei sentada na cadeira ao lado da mesa dele, onde me sentira tão fraca e cansada que "mal conseguia parar em pé". Cada vez que eu ia até ele era assim. Quando eu fantasiava que conversava com ele deitada no chão, não me cansava.

A primeira vez em que, já doente, fui a esse médico, achei que, se pudesse deitar no chão, o que eu lhe dissesse faria mais sentido. Talvez nós dois tivéssemos descoberto o problema mais cedo, então. Ir ao médico e deitar no chão? Tchu-tchu. No exato momento ele passa a saber que você é neurótico, louco, exibicionista ou maníaco sexual (de acordo com as fantasias *dele*).

Aprendi uma coisa sobre os médicos quando eu tinha 19 anos. Um deles me disse "tire a roupa". Agarrei a barra do vestido, deslizei-o pela minha cabeça e estava nua. Ele parecia horrorizado. Eu me senti mal. Ao mesmo tempo, dentro de mim eu dizia: "Eu não sou má! Só fiz o que o senhor me disse! Eu achava que os médicos estivessem acostumados com o corpo humano". Continuei me sentindo mal, envergonhada. Quando contei esse incidente a amigos, eliminei a última parte e fiz uma história engraçada, e *isso* foi falsidade.

Depois, fiquei mais recatada diante de médicos. Perguntava exatamente o que eles queriam dizer. Aí, eu mesma me tornei um pouco recatada.

Toda essa maldita sequência nunca aconteceria se eu tivesse contado ao médico o que estava acontecendo comigo. Buuuu! Acabou.

Aos 30 anos, eu já havia descartado várias funções quando me apresentavam ou eu conhecia pessoas em várias delas. "Curador" era uma que eu não conhecia, a não ser muito oficialmente, quando desempenhavam a sua função de forma plena.

No final de umas férias de dois meses, eu ficara tão confusa, numa sinuca, que fui ao meu chefe e lhe disse que lamentava ter estragado as minhas férias, mas aconteceu, e, se eu voltasse ao trabalho, eu o incomodaria também. Fiquei com a minha família nas férias. O chefe disse que me daria mais duas semanas se eu saísse de férias sozinha. Fui para as Bermudas sozinha; não levei ninguém comigo nem na cabeça. Percebi como isso era bom. No hotel, ninguém se *importava* se eu estava lá ou não, ninguém se *importava* se eu comia ou pulava uma ou duas refeições. Aluguei uma bicicleta. Eu partia para um lugar, mudava o trajeto e ia para outro, e não tinha de *avisar* nada a ninguém. Não precisei pensar em ninguém, nem me perguntar se alguém ficaria bravo ou preocupado quando eu voltasse. Eu me senti muito bem: alerta, interessada, desfrutando.

("Responsabilize-se por cada emoção, cada movimento que faça, cada pensamento que tenha — e desista da responsabilidade por qualquer outra pessoa.")

(Que mal ou bem faria eu a uma pessoa se ficasse pensando nela?)

Eu desempenhava minhas funções com perfeição, muitas vezes sem pensar. Apenas coisas simples. O que mais a vida é? Fui a uma loja de bicicletas; disse ao vendedor que não andava de bicicleta fazia quinze anos. Por isso eu poderia alugar uma por um dia e, se descobrisse que ainda conseguia andar, usaria o aluguel daquele dia para o aluguel de uma semana, que ficava mais barato. Eu ainda conseguia andar de bicicleta.

Pedalei até o aquário, que ficava em outra cidade — não que qualquer lugar nas Bermudas fosse muito longe de qualquer outro. Admirei os peixes num grande tanque que começava acima do nível do chão e continuava acima da minha cabeça. Gostei muito daqueles peixes. (Em outras ocasiões me senti solitária, mas nessa não.) Uma voz disse "bom-dia". Eu sabia que ninguém estava na sala comigo. Olhei para cima, na direção da voz, e vi uma cabeça apoiada na borda superior da parede traseira do tanque. Gostei da cabeça. A cabeça disse que era o curador do museu. Conversamos, e a cabeça me convidou para jantar e perguntou se eu gostaria de pescar. Fantasiei muitos peixes maravilhosos, que eu nunca vira, multicoloridos, com água cintilando ao redor deles. Eu disse sim a essa fantasia.

No dia seguinte, quando fui para o barco, me surpreendi ao encontrar apenas o curador e um menino negro. Eu esperava (fantasiei) mais pessoas. Assim que saímos do cais Hamilton, o curador começou a surrar o menino com uma corda. A cada chicotada, o menino se encolhia. A cada vez, o curador olhava para mim. Fiquei horrorizada. Não sabia o que fazer. "Fique quieta." Eu não sabia se dizer isso era certo ou errado, mas parecia ser a única coisa a fazer. Eu estava estática. O curador sacudiu a corda, o menino se encolheu, o curador olhou para mim — e a água cintilante passava rápido ao lado do barco.

Não apresse o rio (ele corre sozinho)

Navegamos pela costa e entramos em outro porto; acho que se chamava do Castelo. Não havia outro barco à vista. Navegamos perto de uma ilha que talvez fosse toda rochosa, e ancoramos. O curador puxou o bote pela lateral e desceu. Estendeu a mão para mim. Eu pulei para fora, sem sentir nada além de alívio porque agora o menino seria deixado em paz (e eu também). Subimos até o topo da pedra. Gostei da subida, da pedra, do sol, do ar e de rir com o curador, que parecia feliz também.

Quando chegamos ao topo, de repente ele me agarrou. Eu me senti aturdida, desamparada, desesperançada. Ele me empurrava para o chão. O menino não tinha como me ajudar mais do que eu tinha feito por ele. Não havia outra pessoa para chamar.

Por cima do ombro direito do curador, notei uma nuvem, diferente de qualquer outra que eu vira — fora o fato de ser uma nuvem, que nunca é igual. Joguei minha mão esquerda por sobre ombro dele. (Agora assumo a responsabilidade pelo que na época parecia uma atitude tomada por um não eu. "Aconteceu", que era o jeito... Agora mesmo vislumbro "responsabilize-se por seus atos"...)

Fiz um sanduíche e o levei para o atracadouro. Sentada com as pernas penduradas, os pés na água. O movimento da água movia meus pés para cima e para baixo.

Eu disse a Peter: "Parece que ela está brincando comigo". Eu não achava que a água fizesse isso, mas ainda assim, quando mudei a frase para "*eu* sinto que ela está brincando com os meus pés", algo aconteceu. Uma coisinha de nada, mas um tiquinho a mais de mim adicionando-se a mim mesma.

"Responsabilize-se por seus atos." Quando eu não assumi a responsabilidade por aquele ato, fui muito menos eu. Por outro lado, se eu matar alguém e disser "Deus mandou", também não será correto. *Eu* fiz isso.

As primeiras vezes em que eu disse "veja!" não houve mudança no curador. Eu sabia disso, mas minha atenção naquela nuvem era mais forte do que qualquer outra coisa no meu mundo. O curador virou a cabeça e olhou para a nuvem. Pegou um dos meus pulsos com uma das mãos e me arrastou pela pedra áspera, tão rápido que vi a imagem de mim mesma curvada como um arco e os meus tornozelos raspando na pedra. Entramos no bote até o veleiro e saímos do porto. Nada sem sentido: tudo sensível. Ele disse que era uma nuvem de furacão. Quando voltamos para o porto Hamilton, já havia alertas de furacão.

Eu não gostava de falar muito desses resgates que acontecem de vez em quando. Às vezes, tentava resolvê-los. Aconteceram. Quase sempre a minha vida parecia um milagre. Não conseguia acreditar que tinha sido escolhida por Deus para ganhar atenção especial. Dos problemas em que me meti, saí rápido, com muita facilidade. Acreditar que *eu* fiz isso também parecia me colocar em alguma categoria especial, e eu não gostava disso, sobretudo quando, depois, parecia "tomada" em tais momentos.

Cerca de dez anos depois, tive o primeiro indício do que me parecia verdade. Meu filho, de 9 anos, e eu estávamos hospedados numa praia no Havaí que conhecíamos muito bem — por toda a vida dele, aliás. Ele estava nadando. Eu, na beira do mar. Ele gritou para mim: "Não consigo sair!" Nadei para ajudá-lo. Então, fiquei eu lá também, sem ter como voltar. Não havia mais ninguém na praia que eu pudesse chamar. Ele estava de costas, com meu braço direito enganchado no dele. Nadei e nadei e não saí do lugar. Ele entrou em pânico, virou o corpo e caiu em cima de mim com seus quarenta quilos. Comecei a entrar em pânico, mas me controlei.

Duas pessoas surgiram das árvores de pau-ferro enfileiradas na praia. Esperança! Chamei-os: "Socorro! Socorro!" Eles viraram a cabeça e olharam para nós, depois olharam para outro lado e caminharam pela praia. Nunca me senti tão desolada, abandonada por toda a humanidade. Eles iam devagar, e a praia era longa. Estavam quase fora de vista quando me dei por mim.

Notei alguns bloquinhos e restos de madeira flutuando mais para dentro do mar. *Indo.* Eles deveriam estar vindo. À minha esquerda, percebi um lugar onde isso não acontecia. O movimento das ondas estava para a praia. Nadei paralelamente à costa até que chegamos aonde o mar se lançava para a praia. Então, a água e eu nos movemos juntas. Estávamos quase na arrebentação quando me senti exausta, como se não pudesse fazer mais nada. Empurrei meu filho com toda a força que reuni, pensando: "Seja como for, ele vai sair desta", e afundei, afundei. Minha cabeça estava dentro da água, tal qual o meu corpo inteiro. Então meus dedos tocaram a areia. Empurrei a areia o mais forte possível (dessa vez, a coisa era comigo) e parecia dar impulso. Quando cheguei à tona, comecei a nadar para a rebentação, a praia.

"Heroísmo" de meia-tigela! Eu poderia ter olhado antes para os pedaços de madeira, digo eu *agora*.

Naquela tarde, um jovem veio nos ver e dar um mergulho. Eu não lhe disse nada. Ao contrário, disse a mim mesma. Disse a mim mesma que ele era jovem, forte e um excelente nadador, e eu tinha me encrencado porque era uma fracote, e, se eu dissesse alguma coisa, ele riria de mim por fazer tempestade em copo d'água. Talvez risse. (O *modo* de eu contar na época seria diferente do *modo* meu agora.) Senti-me horrível quando ele voltou do mar e disse: "Uau! Quase não consegui voltar". Ele tinha força suficiente para nadar contra a correnteza. Suponha que ele não tivesse conseguido? Eu me sentiria culpada, e minha culpa não seria de ressentimento.

Awareness. Se nós dois estivéssemos atentos, toda a história poderia ser contada assim: "Percebi a correnteza, nadei até onde a água não puxava e voltei".

Enquanto estávamos na praia, meu filho e eu ficamos de cabeça abaixada entre os joelhos. Não sei por que fizemos isso. Então, pouco depois, ele disse: "Vamos voltar". Como eu não queria isso... De maneira nenhuma. Senti que eu me afogava. O mar era um monstro escuro, um horror. Eu tão pequena e mirrada. Uáááá! Senti vontade de vomitar.

Em muitas ocasiões meu filho era mais sensato do que eu. Voltamos para o mar.

Acontece o mesmo com o meu medo de liderar um grupo. Mesmo que eu fugisse, o medo persistiria. Do jeito que está, terei algum medo da próxima vez, mas não como antes. Não fui nem boa nem horrível, só meio mediana. Não suficientemente *aware* a eles, a mim. O melhor — nem é preciso dizer, mas vou dizer mesmo assim — foi quando Fritz entrou na sala e Roy estava na cadeira quente. Fritz — não tenho palavras. Ele estava todo empenhado com Roy, não de mentirinha. Realmente. O irreal Roy saiu um pouco mais real. Que luta, essa. Quanto tempo leva para conseguir só um pouco. Ainda assim, é o começo, que tem de vir primeiro, da mesma maneira que liderar o grupo hoje de manhã é o começo.

Valerie, Fritz e eu conversamos um pouco depois que os outros tinham ido embora. Valerie falou de uma mulher que está aqui e fez terapia reichiana em Nova York durante quatro anos. Ela não se sente amparada. Fritz: "Nada é suficiente. O corpo não é suficiente. A mente não é suficiente. A alma não é suficiente." Amém.

Fritz ficou para tomar uma xícara de chá com rum. "Estou indo cada vez mais ao encontro da pessoa verdadeira." Foi o que ele fizera com Roy, dizendo-lhe: "Desde que você está aqui, só ouço você resmungar. Você não tem voz", disse Fritz. "Você é um artefato." A voz dele era suave e neutra, sem hesitação.

Vacância.
Vacar.
Vazio.

Quando estive doente, sem dinheiro e tentando ficar bem de ambos, eu trabalhava isso o tempo todo. Toda sexta-feira no fim da tarde, meus vizinhos e gente do outro lado da rua jogavam coisas em carros e caíam fora. Senti muita, muita pena de mim. *Eu* precisava de férias mais do que qualquer um, e não podia tirar. *Devia* continuar tentando ficar boa e tentando encontrar uma maneira de ganhar um dinheirinho.

Não suporto ter pena de mim mesma.

Depois de alguns fins de semana, larguei a loja na sexta à noite e não pensei em dinheiro nem em ficar bem até segunda de manhã. Tive umas férias maravilhosas — tudo que há de bom nelas.

Quando eu trabalhava em *De pessoa para pessoa*, percebi numa manhã que despertei, levantei e fui direto para a máquina de escrever, como um autômato. Fazia semanas que eu estava à beira da automação sem perceber. Quando notei, parei de escrever, percebi o que queria fazer e fiz. Eu me estiquei enganchando os dedos na moldura da porta. Daí fui apoiar uma das mãos no fogão, a outra no balcão da cozinha e balancei as pernas. Senti fome, abri a porta da geladeira. Eu queria era um bife. Fiz o bife... às dez horas da manhã. Então joguei um inhame no forno. Caminhei até a sala de estar, e assim por diante. Quando me deu vontade de ir à cidade comprar tinta e pincéis, nem contra-argumentei: andei até o centro da cidade e os comprei. Noto, faço; noto, faço. Nada mais, por dois dias. Na noite do se-

Não apresse o rio (ele corre sozinho)

gundo dia, fui ao banheiro, sentei no vaso sanitário e, ao sentar, pensei com uma enorme alegria: "Nossa! Não é que tive umas férias lindas!"

Essa foi a primeira vez que defini o que fiz como férias. O modo como eu me sentia proporcionou isso.

Então, meu interesse em escrever o livro voltou, e eu não era mais um autômato.

Miragem

Não me esqueci de tudo no grupo hoje de manhã. Tudo bem esquecer. Esqueci que alguns dos participantes eram psiquiatras ou psicólogos, embora eu saiba que um deles é psiquiatra e o outro psicoterapeuta, e acho que mais dois fazem algo parecido. Quase me esqueci totalmente de Fritz, depois que ele entrou, enquanto eu trabalhava com Roy. Talvez amanhã eu esqueça ainda mais. Vacar. Vazio.

"[...] e jogar a responsabilidade para *qualquer um*." Na fazenda (15,53 mil hectares) e na escola (de uma sala) onde trabalhei alguns anos, cinco das crianças exigiram que eu lhes permitisse fazer uma coisa — esqueci o que era. Nessa fazenda, as crianças faziam coisas que gelavam a medula de alguns visitantes. O que elas insistiam em que eu permitisse era tão perigoso que eu não podia dizer sim. Elas pulavam, não paravam quietas, exigindo, insistindo. Desesperada, eu disse: "Tudo bem, vão em frente, mas lembrem-se! Se fizerem, a responsabilidade é *de vocês*, não minha". Elas pararam de pular e gritar e, em silêncio e pensativas, saíram e fizeram outra coisa.

Agora, me cansei das palavras. Se eu pensasse em continuar, mesmo num momento futuro, teria vontade de vomitar.

Pobre Aldous Huxley e seus prazos, e a conclusão de um artigo quando ele estava morrendo — fraco, doente, quase incapaz de falar. E Laura[44] achando-o nobre.

Maia. Ilusão. "Mundo, a coisa em que vivemos", de um *Dicionário de cinco palavras* composto por uma criança de 7 anos.

Não fiquei acordada ontem à noite ensaiando para o grupo de hoje. Esqueci e fui dormir.

Quando Adrian van Kaam[45] veio da Holanda para os Estados Unidos, ficou chocado com a ideia americana de que um professor devia estar à disposição de todos. No seu quartinho numa mansarda na Universidade Brandeis, estávamos começando juntos um trabalho não apenas intelectual. Eu senti acontecer algo em mim, percebi algo acontecer nele. Toque, toque! Era uma pessoa que já foi. Antes que pudéssemos voltar ao que fazíamos, toque, toque! Interrupção. Cada pessoa entrou com uma solicitação.

Parece que na Europa a sociedade oferece mais resguardo pelo menos aos professores. Na minha sociedade, eu tenho de providenciar o meu resguardo — e tudo bem, desde que eu *faça* isso.

Em Saskatchewan, na oficina intercultural, uma noite o indígena Wilfred disse: "Estou me sentindo estranho". Pediu à irmã, Gracia, e a mim para irmos ao quarto dele. No quarto, Wilfred estava explorando sua "estranheza" e descobrindo algo. Alguém bateu na porta. Ao sair da cama, Gracia disse: "Essa batida é de um branco!" Os brancos entraram atabalhoadamente com "alegria", e um deles foi pular em cima da cama.

Na noite seguinte, fiz uma insanidade, em silêncio total, mas ainda assim era *a mesma coisa*. Percebi o que eu fazia e me senti triste. Deixei a não *awareness* de um homem branco me inundar. *Eu* fiz isso.

Tenho vontade de enlouquecer. A palavra é… algazarra. Eu empaco quando não consigo ficar mais louca do que isso. Na verdade, parece sensato. Talvez, se eu ficasse ainda mais louca, fizesse mais sentido.

Tentar "seguir" Fritz é uma loucura. No instante em que você começa a segui-lo, ele não está mais lá.

Quando eu tinha 20 anos, ri de uma fantasia infantil quando me lembrei dela. As calçadas e as ruas na nossa vila eram de terra. Um garoto de quem eu gostava morava numa rua que estava em obras por um ou outro motivo. Para chegar à casa dele, era preciso andar uma quadra sobre montes de terra. Na minha fantasia, eu caminhava em cima desses montes para vê-lo, com o meu cabelo preso para o alto, como uma dama, e usando um vestido social cor de cobre brilhante, com cauda. Era como um sonho, porque não me parecia ridículo. Eu também tinha seios grandes. Enquanto eu ia escorregando, eu sabia na fantasia que ele *tinha* de me notar, e eu me senti gloriosa.

Aos 20, tive outras fantasias. Não achava que *elas* fossem bobas. Olhe bem para o que é seu antes de rir do meu. Então, todos riremos juntos.

Às vezes as fantasias são úteis, desde que eu não me confunda e pense que são reais. Quando eu tinha muitos problemas com o meu marido e medo de estar louca — e estava, só que não do jeito que ele pensava —, tive urticária e mononucleose, que, claro, me arrastaram mais para baixo. Eu fantasiava o médico na figura de um santo radiante que me amava, e me pautava por essa fantasia quando precisava descansar, sem nunca me esquecer de que ele era apenas um cara legal, bom médico, e eu gostava dele.

As fantasias espontâneas são diferentes. Uma fantasia recorrente minha, que não tenho tido ultimamente, é de mim num chalé num lugar natural bonito. Estou deitada na cama, e o que eu necessito é trazido para mim, embora não haja ninguém por perto. Aproveito o descanso e sei ao mesmo tempo, quando tenho essa fantasia, que é de descanso que preciso. Recebo o recado e obedeço. Largo algumas das coisas que vinha fazendo e a fantasia desaparece.

Perceber é o primeiro passo. *Awareness* do que está acontecendo em mim. Agora estou com vontade de desenhar.

O grupo desta manhã se encerrou. Amanhã? Amanhã ficarei com as pessoas que Don escolheu para o seu grupo e não sei *quem* são. Eu poderia descobrir facilmente. De que adiantaria saber? Estou me sentindo bem com uma coisa que me fazia mal: não tenho interesse em saber. Durante a Primeira Guerra Mundial, eu me correspondia com muitos jovens alistados — americanos, britânicos, franceses e neocaledônios, que têm algo de francês num lugar diferente. Um jovem escocês que não estava em serviço me escrevia. Conseguiu meu nome e endereço com um amigo, que o recortou do pacote de outra pessoa e nunca o usou. Esse escocês, sim. Nós nos divertíamos muito por carta. Minha irmã me perguntou: "O que ele *faz*?" Eu não sabia o que ele fazia, não dava a mínima e me sentia mal (algo errado comigo) porque minha irmã insistia a respeito. "Como você pode *escrever* para ele se você não sabe o que ele *faz*!" — disse ela, sem um tom de pergunta na voz. Ela não queria saber. Ela dizia algo; me avisava de algo. Senti um buraco em mim, coisa que eu deveria encobrir. Minha irmã era mais velha do que eu e sabia muito.

Eu ainda tinha o mesmo problema de pequena; meu pai me carregava quando tínhamos de ir a qualquer distância. Às vezes, no domingo, saíamos de casa e íamos para o bonde, no qual seguíamos até a barca. Íamos na barca para Nova York — casas e casas e mais casas, às vezes um série delas enfileiradas, engatadas, e todas parecidas com as outras. Quando descíamos da balsa, pegávamos outro bonde. Aí descíamos desse e pegávamos outro. Ao descer do bonde, caminhávamos alguns quarteirões, virávamos e andávamos mais alguns quarteirões. Subíamos escadas. Minha mãe ou meu pai batiam na porta ou tocavam a campainha. A porta se abria e eu via pessoas conhecidas. Caramba, como os meus pais as encontraram? Que gente esperta e inteligente. *Eu* não conseguiria fazer aquilo.

Depois, quando eu soube a verdade a meu respeito, e uma ou outra pessoa em meio àquela gente me dizia o contrário, veio a onda do meu conhecimento, que era reprimido porque eu sabia da esperteza deles. Eles *devem* estar certos. Não, *eu* estava certa. Eles *devem* estar certos. Não, *eu* estava certa! Eles *devem* estar certos. Não, *eu* estava certa. Eles *devem* estar certos. Não, *eu* estava certa. *Eles* estavam certos; eu estava errada.

Cometi o mesmo erro com meu marido por um tempo enorme. Ele conhecia muita coisa. Passou onze anos no ensino superior, entre eles três em Oxford e quatro na faculdade de Medicina. Tinha morado no exterior. Conhecia a França (e francês), a Alemanha (e alemão) a Índia (e birmanês)[46], geologia, arquitetura, medicina, poesia latina, pessoas famosas (Julian Huxley, Henry Luce, Archibald MacLeish, Max Beerbohm e alguns dos Mitsuis)[47] e história e literatura inglesas. Quando ele falava de pessoas e da vida, eu achava que ele devia conhecer pessoas e a vida melhor do que eu. Também me pareceu o contrário, mas eu continuei a soterrar esse conhecimento abaixo de tudo que ele realmente sabia.

Não apresse o rio (ele corre sozinho)

Quando fomos para o Havaí, ele não conseguia aprender *pidgin*. Dava instruções a Sato-san, o jardineiro que trabalhava para nós dois dias por semana. Quando o meu marido partiu para Honolulu, Sato-san veio a mim e perguntou: "O que o patrão fala?" *Pidgin* foi facílimo para mim, e divertido. Com todas as línguas que sabia, meu marido não conseguia falar nem entender *pidgin*. Por que será?

Por que ele não conseguia perceber que fazia inimigos de pessoas que não eram inimigas? Ele confiava em apenas cinco pessoas — quatro homens e eu. Presenciei três dos homens tornando-se "indignos de confiança" e senti que essa característica dele estava chegando muito perto de mim.

Quando fui embora do Havaí, aos 43 anos, eu "nunca conseguiria aprender *nada*". Qual é a utilidade de um conhecimento tão amplo quando se está tão infeliz? Também ocorria com Bertie Russell e toda a sua infelicidade sem sentido.

Foi quando levei o nosso filho, de 9 anos, para uma fazenda no Arizona. Muita gente me disse que essa mudança não era boa. Ima, uma japonesa que trabalhava como empregada doméstica, me contou que no Japão, anos atrás, a nobreza sempre mandava os filhos para morar com camponeses e viver como camponeses, "para que não perdessem o contato com a própria origem". Fez sentido para mim.

Ima me contou outras coisas também. Durante a guerra, ela estava num ônibus em Honolulu. Um marinheiro cuspiu nela. Ela ficou brava. Então se lembrou de ter estado num trem no Japão em que um japonês foi muito grosseiro com um americano. "É a mesma coisa." Essa era a maneira *dela* de encerrar aquela situação, limpar a mente. Anular. Ela tinha outro artifício para lidar com a sra. B, uma idiota. Ima explicou: "De vez em quando, você diz alto *oxe*! E tudo se acalma por um tempo".

A manhã começou com Fritz chegando no momento em que Natalie passava para a cadeira quente. Eles trabalharam juntos que era uma beleza. Interrompi uma vez, por burrice. Às vezes fico feliz com o fato de as minhas interrupções serem discretas a ponto de passarem despercebidas. (Não reconheci que isso fosse o que era até interromper. Eu estava falando comigo mesma e ouvindo o que esta mentirosa me diz.) Depois, dois homens, um por vez, foram para a cadeira quente. Peter quer ajuda, mas está muito determinado a fazer tudo sozinho. No final, ele falou da frustração que sentia. Mencionei o que Fritz dissera: "Quando tento escalar esta parede, me sinto impotente". Peter então tentou escalar a parede. Ele se esforçou mesmo. Então, tentou atravessá-la com socos e safanões. Aí, tentou chutá-la. Enfim disse: "Posso passar pela porta" — e abriu a porta e saiu.

Imaginei a história zen do homem agarrado à grade da janela, sem perceber que a porta atrás dele está aberta.

Safei-me de muita coisa hoje de manhã. Dou uma instrução a mim mesma para me lembrar disso, desenterrar as coisas agora e dar um destino a elas, para não esquecer. Deixo de lado essa instrução por saber que tudo está gravado em mim. Meu trabalho é arranjar um tempo para aquele depósito, a fim de deixá-lo satisfatoriamente à minha disposição, à medida que as coisas acontecem. Isso aconteceu um pouco mais hoje do que ontem. Quando *tento*, esse depósito não está disponível para mim, mesmo que minha tentativa seja apenas de prestar atenção no que está acontecendo. Então, a única coisa que me vem à cabeça são *regras*, e isso não é Gestalt nem *gestalt*. Esse tipo de tentativa parece a de aprender um idioma: em vez de deixá-lo entrar, a pessoa sai sem jeito e segue em frente. É a diferença entre ler um livro e parar em cada palavra que desconheço (que ainda não aprendi) e ler um livro adivinhando as palavras que desconheço. Se eu estiver certa, o significado da palavra será comprovado quando surgir novamente. Se eu estiver errada, a vez seguinte ou outra vez me mostrará o erro — se eu não estiver preocupada em estar certa.

As gafes desta manhã foram notadas na hora (não *depois*). Dou atenção a elas. Não "tenho de" desenterrá-las, trabalhá-las, bater com elas na cabeça enquanto dói no peito, tentar corrigi-las. Talvez cometa algumas de novo. Se eu me concentrar e me repreender, não terei notado o "todo", aquelas que *não* foram cometidas outra vez. Se eu me apegar a elas, estarei *propensa* a repeti-las. Quanto mais eu tentar, mais falharei, porque o erro está em *tentar*.

Estou aprendendo. Com muito menos dor, uma surra menor, agora que estou disposta, uma tortura menor feita por mim mesma. Menos divisão. Um movimento para ser plena, de deixar o que *eu* chamo de *eu* pegar as rédeas. Então, eu e eu partimos.

Fritz começou a tocar música no chalé dele, ao lado do meu. Ouvi tristeza na música. Minha tristeza começou a crescer e se disseminar. Eu a

Não apresse o rio (ele corre sozinho)

sinto por todo o corpo. Sou a tristeza, e não há nada errado com a tristeza. Tristeza existe.

Talvez nada possa ser explicado. George, ao atravessar um sonho, batia os braços como asas, tentando voar e afundando cada vez mais em algo. Então ele era o menino do seu sonho, com um bicho rastejando no peito. Como George, ele odiava o bicho. Como menino, quando o inseto lhe passou por todo o braço e entrou na axila, o chão se ergueu de repente sob seus pés. George não entendeu a mensagem, mas *sentiu* algo. Talvez isso passe mais tarde. Quem mais pode fazer passar senão George? Ninguém. Essa é a mensagem dele.

Hoje de manhã, Fritz perguntou a Natalie, quando ela estava relatando um sonho e chegara a algo: "Você entendeu a mensagem?" Ela respondeu: "Sim". Fritz: "Eu não sei o que é".

Ele não precisa saber. Ele não perguntou a ela, como se faria na escola, "O que é isto?" Ele a deixou com o que ela sabia, que não precisa corresponder à interpretação dele, e de qualquer forma é *dela*. ("Bem, se você não pode me dizer, você não sabe." Não sei de onde vem isso. Ouço esta frase dita para mim, em algum momento, com um ponto de exclamação no final: "Você está errada!", como se fosse "você está mentindo".)

"Muita água passou por baixo da ponte desde a última vez em que nos encontramos", disse Liz. "*Boa* água."

O lago corre como rio. Onda com espuma.

Aconteceu muita coisa desde ontem. Não consigo me lembrar de ontem. Quando desisto de tentar, Duncan é o primeiro a entrar. Depois, sento-me com Fritz, Barbara e Marcia na cozinha, tarde da noite. Então, o grupo noturno, todos nós com Fritz. Aí veio o almoço, e o grupo da manhã — sem detalhe. Tento lembrar e me dá um branco.

De manhã voltou a chover; nuvens cinzentas baixas. Agora, o sol faz reflexos na água, prateada em alguns trechos, como diamante em outros. A luz do sol entra pela janela, aquecendo a máquina de escrever e as minhas mãos. Ainda não me lembro do grupo de ontem de manhã, além de saber que houve e foi aqui. Não sei quem estava nele ou o que fizeram ou o que eu — Pat. Lembro que Pat esteve aqui ontem. Peter... Bruce... Natalie... agora as pessoas estão aparecendo.

Nenhuma recordação em sequência cronológica. Agora me lembro de ter estado na cozinha por volta das três e meia com Glenn e Tom. Tudo isso

111

está à minha disposição; tudo pode voltar. Todo o passado. E que diabos eu faria com ele? Melhor deixá-lo para lá — inteiro.

De manhã, antes que o grupo chegasse, senti que não me incomodaria se todos decidissem ir embora. Eles fariam o que eu queria que fizessem.

Agora, eu não gostaria de perder a manhã. Eu estava muito mais sintonizada com as minhas imagens espontâneas e tinha mais confiança nelas. Deixei sumir muitas dessas imagens no começo, e poderiam servir de atalho se eu não as deixasse escapar. Porém, talvez não ocorresse isso. Nunca é possível voltar e começar de novo. Muita coisa mudou. "Nunca se entra no mesmo rio duas vezes." Tenho um bom pressentimento agora sobre amanhã. Não quero mudar hoje. Amanhã o rio é outro. Sinto-me bem com o meu desconhecimento. Interesse. Nenhuma apreensão. Sem fantasia.

Um exemplo de imaginação. Pat era o seu *self* frouxo e relaxado no chão e depois seu *self* turrão no banco, alternadamente. Percebi que o *self* martelo-martelo dela se enfraquecia, embora ela ainda tivesse força. Seu *self* frouxo não era tão frouxo. Eu estava gostando da sessão. Então imaginei Pat parada entre o seu *self* no banco e o seu *self* no chão. Pedi a ela que fizesse isso. Ela fez direito e encerrou o seu trabalho por hoje.

Recentemente, venho descobrindo pouco a pouco um erro meu, e descobrindo uma maneira de… Bem, pulemos isso. Vou misturar por inteiro "eu" e "mim" e… Deixe para lá também…

Desde quando cheguei aqui, percebi quanta dificuldade eu tinha para lembrar os sonhos que me contavam. Não conseguia entender como Fritz trabalhava com a pessoa uma parte de um sonho e depois voltava para outra parte num instantinho! Achei que ele devia se lembrar do sonho inteiro contado. Eu nunca conseguiria fazer isso. Eu seria uma péssima terapeuta nessa área da Gestalt.

Há pouco tempo, notei que, quando não ligo para as palavras e formo a imagem do sonho enquanto ele é contado, às vezes voltam para mim alguns trechos e consigo retomar qualquer parte com confiança, recordando-o à pessoa que sonhou. Então, esta prossegue o sonho e eu a sigo.

Quando não faço isso, fico muito confusa com o sonho e não consigo me agarrar a nada, ou, se me agarro, é de maneira vaga e atrapalhada, e o paciente não consegue sintonizar com o sonho.

Às vezes, algo estranho acontece com a formação da imagem. Uma menina contou um sonho (na primeira pessoa, conforme a Gestalt) que co-

Não apresse o rio (ele corre sozinho)

meçou em campos. Ela seguiu em frente e chegou a uma ponte. Esse foi o fim do sonho. Ela não atravessou a ponte. É fácil notar e lembrar-se disso. Ela quis começar pelos campos, o que me pareceu correto. Depois disso, ela queria ir a outro lugar no sonho. Pedi a ela que fosse até a ponte, que eu imaginara naquele momento. Ela foi e disse que era uma ponte em arco. Era a ponte em arco que eu imaginara no começo. Eu deveria ter perguntado a ela a cor da ponte, só para não perguntar a mim mesma. A minha era vermelha. Não é de estranhar que a ponte a tenha levado a uma jornada cuja mensagem existencial ela recebeu.

Nos grupos, tenho tentado ouvir, lembrar, e me canso — e aí "desligo" a cabeça para descansar. Estava tudo bem até que isso era só o que eu conseguia fazer, assim como está tudo certo com o passado se tudo o que fiz era tudo que eu podia fazer. Eu não conseguia fazer mais nada.

Parece-me agora que a imagem que faço do sonho que me contam — ou a percepção da imagem que se forma, que talvez seja a verdade — talvez me abra para notar as imagens que surgem durante o trabalho. Abertura às imagens.

Quando Runi estava de saída depois de terminar o trabalho com Fritz, ela me disse: "Sou uma covarde e tanto". Estávamos no intervalo. Eu guardava algo no armário da pia, para dar espaço a quem fizesse café. "Assustada" foi a imagem que me ocorreu — imaginada como palavra. Perguntei a Runi: "A palavra é 'assustada'?" Em dois segundos ela respondeu sim. "Covarde" é um julgamento, uma fantasia. Pode-se dizer "não, não é" ou "sim, é", e eu posso me confundir, lutar com a confusão e continuar fantasiando. "Assustada" é uma realidade. Eu sinto isso, e sei que é assim.

Estou com vontade de pôr um poema aqui.

Barry Stevens

Traficante

Cuidado com quem busca discípulos
o missionário
o traficante
todos os proselitistas
todos os que declaram ter encontrado
o caminho do paraíso.

Pois o som das palavras deles
é o silêncio da dúvida deles.

A alegoria da sua conversão
sustenta-os na incerteza.

Persuadindo você, eles lutam
para persuadir a si mesmos.

Eles precisam de você
como dizem que você precisa deles:
há uma simetria que não mencionam
nos sermões
ou na reunião
junto à porta secreta.

Por suspeitar de cada um deles
cuidado também com essas palavras,
pois eu, dissuadindo-o,
obtenho novas provas
das quais não há atalho,
nenhum caminho,
nenhum destino.
              — Peter Goblen

Primeiro de outubro. Estou quente no sol. Troco a roupa por um vestido fresco. Antes, a roupa quente parecia boa, e era. Que absurdo pensar que devo ser sempre calorosa ou sempre fria com os outros, só por pensar em algo. Sinto-me quente. Sinto-me fria. Sou quente. Sou fria. Amo você agora. Não amo você agora. Não exija de mim o que não tenho... Quem exige? Eu. Eu exijo de mim; não existe nós em mim. Ceda, e aparece um pseudonós. *Eu* não estou nele — apenas meu pseudo-*self*. Quando não exijo nada de mim, onde está a exigência? Não a percebo. Posso saber que a exigência existe em outra pessoa, mas não sinto a exigência *dela*. Só ela pode senti-la.

"Vejo o seu arranhão. Não vejo a sua coceira."

Olhei para cima e vi uma cascata no morro mais distante. Não é cascata. À primeira vista, parecia cascata. Eu estava "errada"?

Gostei da cascata. Um átomo de deleite me invadiu.

Um des-acerto. Dificilmente um erro.

Hoje, no intervalo, uma mulher que exigia uma resposta de um homem — resposta específica, que ela não obteve — veio até mim e a exigiu de mim. Eu disse algo. Ela fez o mesmo de antes. Eu disse algo. Ela fez o mesmo de antes. Pus as mãos sobre as orelhas dela e disse: "Você não está ouvindo". Ela disse: "Ora, como posso ouvir com as suas mãos nas minhas orelhas?"

Hoje, no grupo, Fritz me pediu que deixasse outras pessoas participarem "do jeito que fazem nos outros grupos". Já havia sido assim ontem, então eu não precisei fazer alteração no meu grupo. Em seguida, acrescentou a escolha de um coterapeuta e também de supervisor. Quando consegui me equilibrar numa posição, ele a mudou para outra, eu cambaleei e perdi o equilíbrio. Quero participar *desse* grupo novamente e fazer melhor amanhã, mas é bom que a mudança tenha começado agora. Eu poderia esquecer que não estou entrando no mesmo rio. Com pessoas diferentes, eu *saberei disso*. *Deverei* notar. Trabalhar com um coterapeuta, deixar outras pessoas entrarem também e "supervisionar" *tudo isso*?

O que significa "supervisão"? Super-visão. Isto é ainda pior. Não tenho.

É ridículo! Procurei no *Dicionário de Oxford* e não está lá. Estou escrevendo errado? — "superstição", seguida de "supinação". ("Vire a palma [da mão] para cima"...) Encontro a palavra no dicionário, que não passa de um livro de ortografia. Diz *"overseer"*.

Então, voltei a mim outra vez. Nenhuma autoridade externa. Tenho de fazer isso sozinha, seja isso o que for. Eu sei o que "isso" é.

Eu me incomodo com os puxões e empurrões seguidos no meu peito. Com certeza me lembro *dessa* sensação. Vezes seguidas. Justo quando conquistei uma "vida" bem organizada para que eu me sentisse razoavelmente à vontade, bum! Apareceu outra coisa e acabou com ela.

Onde estava o "bum"?

O que me "golpeou" agora?

Estou me golpeando? Enquanto isso, penso: "Agora preciso me recompor e recomeçar".

Desta vez, o fardo não parece tão pesado. Só me incomoda ter de fazer isso *de novo*.

Encontrei "supervisão" na página anterior, antes de "super-". Não gosto dessa maneira de apresentar palavras, mas suponho que torne essa edição do *Oxford* mais concisa. A palavra significa o que eu concluí. Esperava encontrar uma saída.

Agora, não preciso de saída e não tenho fardo algum nas costas.

Ontem à noite na Casa, onde Fritz come, o *curry* era principalmente *curry*. Comeu pão com leite e gostou, mas estranhou o *curry*. Falou disso na reunião da comunidade ontem à noite. Fez-me lembrar da minha estranheza com muitos alimentos no continente americano: não *só* isso não é bom para mim, como também é muito insensato. *Gosto* do sabor do arroz, do feijão, da ervilha, da cenoura, do cordeiro, da carne bovina e assim por diante. A maioria das pessoas que conheço põe tanto tempero em tudo que só consigo sentir o gosto dos temperos. Outra queixa minha são os "guisados", que vêm tão misturados que não consigo saborear nada, a não ser o que está disfarçado, ou então algo que serve para um almoço, não jantar, como atum enlatado.

É bom fazer pratos misturados de sobras de comida, mas *às vezes* gosto de comer apenas o que sobra.

Convidei Fritz para jantar comigo. Não, cear. "Janta" veio das pessoas elegantes que "ceavam", enquanto o resto jantava. No domingo, sim, havia ceia, por volta de uma ou duas horas. Comíamos o jantar, mas não ceávamos.

Não apresse o rio (ele corre sozinho)

Foi o jantar mais gostoso em muito tempo, com companhia e também muito silêncio, e nenhum de nós dois interpretou papéis nem fingiu. Pelo menos, eu não percebi qual era o papel de Fritz, se é que ele tinha, e eu não tinha nenhum. Ele deveria ter chegado às cinco e meia ou seis. Por volta das seis e meia ele não estava aqui, então olhei no chalé dele e não estava lá; a seguir, subi à Casa e ele estava sentado na sala lendo um jornal. "Ah! Eu sabia que eu tinha alguma coisa..."

Agora é o dia seguinte, depois do trabalho com o grupo. Eu fiz. Sinto-me bem por ter feito sem tentar fazer nada, o que é parecido com não fazer nada. Percebendo e acontecendo. A consequência é que agora sei muito mais de mim... Lembro-me de me sentir assim às vezes depois do sexo, a maravilhosa felicidade por toda parte com o que aconteceu, eu inclusive. Antes que o sexo se tornasse parte da minha vida, essa sensação ocorreu bastante. Uma vez, quando eu passava pela vitrine de uma relojoaria, ouvi os relógios tiquetaqueando. Foi como ouvir o tique-taque de cada um. A loja estava fechada, mas ouvi os relógios claramente através do vidro.

Escavadeira a vapor distante. Pessoas sentadas no cais e refletidas na água. Homem deitado no trampolim. Na água, o trampolim está deitado no homem. As pessoas se levantam e vão embora. Onde *estão* elas? Não importa. Não no meu mundo. Tuuuuuuuu! Soa um apito em algum lugar à esquerda. A direção é clara. Os morros se ondulam na água, morros escuros, água clara. Observe a luz, e ela se torna superfície, despencando como um penhasco na escuridão abaixo. É como olhar para cima da borda de uma nuvem... Então, tentei *forçar* uma imagem. Uuuuuuuuuuuhn! Uuuuuhn! Deixo passar. Isso não é perceber; é *fazer*; não, *tentar* fazer.

Hoje de manhã, quando não tentei, no nosso sentido, voltei ao significado original de "tentar". Se eu adoto esse, alguém tentaria dessa maneira. O *significado* se perderia, como aconteceu.

Há gente que ainda ri daquela velha história do homem que separava batatas murmurando "decisões, decisões, decisões". Do que essa gente (individualmente) ri, não sei. Se ele estivesse separando-os do seu eu organísmico, ele não "tomaria decisões". Então, sorrio de desgosto.

117

Não tomei decisões de manhã. Eu não tinha nada programado para mim nem para ninguém. Foi mais fácil porque eu me deitei mais cedo ontem à noite. Isso deve ficar em maiúsculas. ISSO FOI MAIS FÁCIL PORQUE EU ME DEITEI MAIS CEDO ONTEM À NOITE.

Às vezes fico assim relaxada por exaustão, desespero ou incapacidade de persistir. Estou contente por me sentir tão bem agora que tudo ficou mais fácil. Nunca apreciei aquele heroísmo cristão do artista frenético que surge com algo bonito. Agora temos os artistas que se soltam salpicando tinta com um balde. Pode ser interessante, mas continua sendo tinta jogada de um balde. Desse modo, não tenho o que discutir.

Aprendi tanto com o grupo hoje de manhã que eu teria de ser maluca para registrar tudo por escrito. Não teria tempo para mais nada. Ainda assim, não se entenderia nada. Além disso, isso está em cada átomo meu. Sinto que meus dedos dos pés sabem disso, minhas mãos sabem disso, meus ombros sabem disso, minha barriga sabe disso e a própria cabeça sabe disso *também*. Se cortassem a minha mão, ela ainda saberia. (Eu sinto.) Aqui mora o meu conhecimento. Se não está por toda parte, não é *conhecimento*. As enciclopédias estão cheias de "conhecimento". Sabe-se disso? Sem com-preensão. Enquanto eu e Fritz jantávamos ontem à noite, às vezes falávamos de algo. Não. Às vezes ele falava de algo. Às vezes eu dizia algo. Tão poucas palavras. Tanta compreensão. Enquanto comíamos devagar, saboreando a comida levemente temperada, ele disse: "As pessoas usam tempero em vez de saliva".

Ele disse que às vezes me inveja, que tem pesadelos com a expansão. Perguntei-lhe se ele se referia a achar mais moradias e assim por diante. "Pesadelos reais. Sei que é a minha ambição." Ver as coisas como elas são. Nada de me pressionar a pressionar as ambições *dele*. Nada de me dizer que eu deveria ser mais ambiciosa. Nada de me condenar pelo que sou. Eu o deixo ser ele. Não intelectualmente, *totalmente*. Como a unha de um dedo do meu pé sabe disso, meus globos oculares sabem disso. Sem nada em mim contido. Não estou "sendo sensata". Separação e confluência, ambas ao mesmo tempo. Também não é insensato; apenas não sensato. Não há raciocínio nisso. Além da razão. Além do entendimento e do mal-entendido. Aqui é paz é amor é tudo que eu quero e não quero.

George veio me ver ontem à tarde. (Ele está muito equivocado-agitado.) "Pat estava no seu grupo hoje de manhã?" "Sim." "Desde então, ela está chorando lá fora [ele aponta para as árvores]. Eu não sabia o que fazer." Não digo nada. "Achei melhor contar a você."

Por um instante, *eu* estava equivocada-agitada. "Daí ele descarrega em *mim*." Mas então eu soube (mais marcadamente por meio do meu peito, embora a cumplicidade tivesse acabado). "Deixe estar." Naquela noite, no grupo de Fritz, Pat ocupou o posto da cadeira quente. Ela disse: "Achei que eu não tivesse nenhum orgulho. Descobri esta tarde que não é verdade." "Ser útil" é assalto.

Forrest respirava com muita leveza de manhã. Disse que se sentia à vontade. Quando uso mal uma parte de mim por muito tempo, eu me sinto à vontade daquele jeito. É como estou acostumada. Sinto dor quando tento mudá-lo. Trabalhamos na respiração dele ("nós" é o correto aqui) e ele fez algumas descobertas não apenas na própria respiração, mas no seu modo de vida. (Nas coisas que lhe pedimos que fizesse, não havia *exercícios* respiratórios.) Meu modo de vida (ou pseudovida) não está do lado fora; está bem aqui em mim, e o que eu faço meu corpo fazer se inclui aí.

Ontem à noite, no grupo amplo, Fritz discorreu um pouco a respeito de a questão ser "o anzol de uma exigência" e de mastigação. Forrest perguntou a Fritz se ele daria alguns exemplos da transformação de uma pergunta em afirmação. Houve um diálogo breve e lento entre eles. Terminou quando Forrest percebeu que, ao fazer a pergunta, ele era (intenção) "o bom aluno". Sendo *alguma coisa*, em vez de um processo. Um artefato. Só agora estou percebendo plenamente o que Fritz quer dizer com "artefato": *coisa* feita pelo homem.

Sinto vontade de escrever cartas... agora.

De manhã, nada tem contorno "lá fora". Sem montanhas. Lago e céu parecem compor o mesmo nevoeiro. Só se veem balsas de toras de madeira, postes da doca, a doca. O mundo (meu mundo) termina a cerca de quinze metros de mim.

"Sem interpretação." Sem opinião.

Ontem, George trabalhava em seu conflito dominador-dominado. Desde o começo, em junho, ele tem feito muito isso. Tanto o seu dominador quanto o seu dominado pareciam cansados, fracos, sem muito empenho. Os membros do grupo expressavam tédio. Pensei (*sic*)... pensei (doente): "Talvez eles tenham repetido isso com George diversas vezes". Pensei (doente): "É provável que George esteja tão cansado disso quanto nós". A certa altura, quando George era ou dominador ou dominado na conversa com o interlocutor, ele disse: "Estou *entre* vocês". Meus olhos foram para o chão entre a cadeira quente e a cadeira vazia, com uma imagem quase apagada de George, parado ali. Eu não lhe disse que fizesse isso. Larry era o terapeuta. "Deixe-o continuar o que está fazendo." (Pensamento adoecido.) "Esqueci" que eu deveria supervisionar. Apaguei isso da memória.

Depois de George, trabalhamos com mais duas pessoas separadamente. Encerrada a reunião do grupo, quando estava saindo, George disse:

> Um pássaro grande, parecido com um grou, passou voando desajeitadamente e pousou no cais. Ele bate as asas; está num barco a remo. Ele bate as asas; está no cais. Na beira do cais, o seu bico se lança na água. Agora ele está um pouco agachado, olhando para a água como um gato.

George disse feliz: "Tenho pensado (doente) no meu dominador como organísmico. *Estou* no meio!" Eu vi que tanto o dominador quanto o dominado dele haviam enfraquecido — é por isso que estavam fracos e cansados. Se eu tivesse deixado essas minhas percepções (não adoecidas) se expressarem enquanto ele trabalhava, George poderia ter ido ainda mais longe e mais rápido. É aí que está a genialidade de Fritz.

O estilo de vida transparece no corpo. É claro. Como poderia ser de outra maneira? Eu *sou* o meu corpo, o meu corpo é eu. De que outra forma posso me expressar? Se enrolo meu corpo como se fosse uma bola e não digo nada, estou me expressando. Quando eu mexo os dedos dos pés, eu me expresso. Quando eu enrijeço meus ombros, eu me expresso. Quando "não ouço", eu me expresso. Quando entro num padrão habitual, expresso-me como um artefato, uma espécie de estátua que se move e respira *artificialmente*. *Eu me* fiz.

Não apresse o rio (ele corre sozinho)

Aquele pássaro parecido com um grou não se fez sozinho. Ele não é pervertido (pervertido: desviado do que seria de esperar). Todos nós, que nos pervertemos de certa maneira, ficamos furiosos com aqueles que se perverteram de outra maneira. Além disso, queremos eliminar aqueles que não se perverteram tanto. Todos esses artefatos estão em combate. O mundo da ilusão.

E o *eu* artefatual? Esqueço isso. Não quero entrar nessa. Sou apenas uma senhora agradável... Quero riscar esse "agradável"! Sei que sou desagradável também. "Agradável" refere-se à situação em que eu costumava estar: vendo mais, aceitando mais, agora, e isso é *agradável para mim*. Procuro a palavra *nice* [agradável] no dicionário para ver que definição *ele* dá. Puxa! Quantos significados essa palavra tem! E em latim já significou "ignorante"!

Procuro *innocent* [inocente] e seleciono o significado que me convém aqui: "ignorante do mal (sem implicação de virtude)". Estou progredindo nesse sentido.

Não fico tão zangada.

Procuro *angry* [zangada]. Vem de uma palavra que significa *troubled* [preocupado, perturbado]. Estou bem menos preocupada. *Troubled* tem origem em uma palavra que significa *turbulent* [agitado]. Não *tenho estado* agitada.

Bertie Russell disse de si mesmo e do ciúme: "Consigo me comportar muito bem, mas fico bravo demais por dentro". Isso é turbulência. Agitação e hesitação interna. Quando se rompe a represa, mesmo que um pouco, parte da agitação se transforma em riacho. O rompimento total libera uma torrente. Se a torrente não for contida...

O nevoeiro desce para o lago. Por que na "esquerda" está *para baixo*, comigo e o lago, e na "direita" *para cima*? Os morros, salpicados de bordos, com uma fileira de pinheiros pontudos no alto, vão aparecendo rapidamente. Céu azul. O nevoeiro movimenta-se pouco acima da água. A segunda serra de morros, mais altos, começa a reaparecer — verde e azul, escura e clara, acima e refletida na água.

Se a torrente não for contida, depois vêm a paz e a alegria e o retorno ao mundo. Vi isso acontecer. Às vezes a torrente é choro; às vezes, tempestade de raiva. Depois, geralmente o hábito da perversão volta a prevalecer, mas ainda assim a experiência de outra coisa está presente, e o trabalho de romper o padrão dos velhos hábitos se inicia. "Três passos para a frente, dois passos para trás", diz Fritz.

Faz lembrar o crescimento das crianças. Acho que elas superaram um tanto da insensatez que as torturava e a mim — ela desaparece, então volta a aparecer e as crianças devem enfrentá-la de novo. É como o ponto de costura chamado "combinação", que consiste em três pontos para a frente e um para trás. Este, o pesponto, fortalece o que seria fraco.

De pessoa para pessoa termina com uma descrição de como eu cuidei de uma navajo que deu à luz. Quando a mulher me lançou um olhar de confiança, sem opinar, e eu deixei para trás as minhas opiniões a respeito dela e de mim, passou a existir um processo único — tudo progredindo. Limites ausentes. Eu não mais qualificava a mim, nem a ela, e não limitava nenhuma de nós em princípio.

O eu espontâneo não tem pensamentos *sobre*. Simplesmente faz, com as palavras às vezes entrando... ou saindo... Não há entrada nem saída. As palavras, *então*, são uma expressão de mim *agora*, *sem que eu pense nelas*, da mesma forma que sorrir ou não sorrir é (portanto) apenas uma expressão de mim. Nenhum hábito. Nenhuma intenção. Nenhum propósito.

Hum... Em quantas ocasiões estou *aware* da minha intenção quando falo, *aware* do que estou fazendo? *Aware*, não apenas *sabendo*. Posso saber que "estou tentando dar-lhe ordens" e deixar de vigiá-lo enquanto faço outra coisa, ou continuar dando ordens. A *awareness* está se sintonizando, deixando que o meu conhecimento seja sentido por todo o meu corpo, antes de prosseguir. Essa é a diferença entre *saber* que estou andando por uma rua e estar *aware* de que estou andando por uma rua — sentindo o movimento do meu corpo, e o toque da rua e do pé juntando-se.

No trabalho de *awareness* com Fritz, a lentidão ao dizer "agora estou *aware* de...", "agora estou *aware* de..." e assim por diante ajuda a entrar em contato. Posso dizer rapidamente o que vejo, sinto, penso ou cheiro e compor uma longa lista sem estar em contato com absolutamente nada, que é na verdade o modo de vida da maioria das pessoas na maior parte do tempo. Vejo num instante que você está com a mão no joelho, mas "é óbvio para mim que sua mão está no joelho" propicia uma pausa, durante a qual posso entrar em contato. Com isso começo a ver a diferença entre o que costumo fazer e a *awareness*. Essa lentidão está apenas no início, como quando se desacelera o carro para mudar de faixa. Quando faço com *awareness coisas* fora de mim — seja um armário, um jantar, um vestido, seja um arranjo de pedras —, não existe separação, não existe distância entre mim e o que estou fazendo, não existe falta de vida. Existe interação. Eu estou *envolvida*. Não tenho um plano para executar, um passo a passo. Eu me desloco passo a passo e a configuração toma forma, sem imagem da forma final.

O modo como vou cozinhar as batatas pode mudar à medida que as descasco e descubro mais a respeito *dessas* batatas e do seu potencial. Ou o modo de cozinhá-las pode mudar em razão de outra mudança — o forno parou de funcionar ou alguém chega em casa para jantar para sair logo depois. Isso não é difícil de fazer quando estou livre, movendo-me com *awareness*. As mudanças não me "perturbam"; são incorporadas. Cooperação. Gosto de mudanças, mesmo que não faça nada com elas, e "rotina chata" não é comigo. Essa cooperação também se aplica a pessoas, possibilitando a existência da calorosa sociedade cooperativa e viva que tantos desejamos.

Um vestido que eu comece a fazer de uma maneira pode ser finalizado de outra maneira, como se ele se fizesse por conta própria, embora na verdade minha *awareness* progrida com a matéria que uso, e a matéria e eu nos entrelaçamos.

O que faço com madeira ou pedra muda de forma ou contorno ou modelo à medida que entro em contato com as características da madeira ou da pedra. Se pretendo erigir um muro, a pedra e eu faremos o muro, mas muitas características desse muro não serão conhecidas enquanto ele não ficar pronto.

Sem esforço.

Deixe acontecer.

Quando estou pintando, às vezes *acho* que sei a cor que quero usar a seguir. O pensamento surge do meu condicionamento, do passado, não do presente. Às vezes começo a levar o pincel à cor que acho que quero, mas a minha mão leva o pincel para outra cor, quase como se o pincel conduzisse a minha mão. Acabo de me lembrar do que Fritz disse a um pintor em Esalen: "Até que o pincel se mexa, você não está pintando".

Fazer *coisas* fora de mim dessa maneira, deixando que se integrem ao vocabulário, à gramática e aos conceitos, implica a oposição delas a mim quando tento descrever esse fluxo mesclado. Eu poderia expressá-lo melhor com as mãos e os braços... Imagino uma máquina de fazer caramelos. Sim, é assim mesmo: os braços de metal e o caramelo em movimento constante, parecendo formar um todo. Não se consegue acompanhar o que está acontecendo.

Não sou "intelectual" quando faço as coisas desse modo. O intelecto e o resto do organismo que sou *eu* funcionam juntos, sendo o intelecto a parte mínima — essencial e mínima. Então, é impossível "aceitar" a mim mesma e a vida. *Sou* eu mesma e *sou* a vida — e essas afirmações são esdrúxulas e imprecisas a respeito do que realmente é... Não há eu, não há "eu mesmo", não há "vida".

Em nosso mundo fictício, quando "recobro os sentidos" significa em geral que aceitei os valores das pessoas próximas, que *penso* do modo como elas pensam. Como o significado de *sentidos* foi trocado pelo de pensamento e chegou a julgamento e opinião?

Sentir é pré-verbal. Quando criança, senti fome, senti a aspereza do terno de sarja do meu pai e a maciez do rosto da minha mãe, antes de saber as palavras que os rotulam. Eu as *senti*. Agora, uso sobretudo palavras e não sinto nada. Quando digo que estou surpresa ou fiquei surpresa ou ficarei surpresa *se* determinada coisa acontecer, não sinto nada, muito menos "surpresa".

"Vazios, vazios, vazios — consentimentos!", disse uma alemã enquanto cutucava com um guarda-chuva os livros nas prateleiras da biblioteca.

As palavras que escrevo não são as que você lê.

Sem dúvida precisamos nos virar de cabeça para baixo e inverter a nossa abordagem da vida.

As luzes do prisma estão esquisitas hoje. No peitoril da minha janela há vermelho, laranja, amarelo, verde e, em lugar diferente, começando também pela direita, há azul, branco, amarelo, laranja. Na minha escrivaninha há uma faixa amarela larga e curta que se mescla com outra vermelha larga — e a pouco mais de um centímetro de distância vejo uma faixa longa e estreita de um vermelho tênue, amarelo largo e depois verde com uma aura roxa ao longo da borda. Há também uma forma de projétil na parte inferior da moldura da janela, vermelho na ponta, depois uma faixinha amarela, um pedaço verde, depois azul e uma longa extremidade roxa. Um quadradinho vermelho está logo atrás. Uma mancha que lembra uma chama vermelha, brilhando como um lago ao sol, começa dentro de um prisma e chega a uma bolacha-da-praia pousada no peitoril. Do outro lado da chama há uma lança de cores vivas, com um verde mais amplo na metade.

Não apresse o rio (ele corre sozinho)

Desde o ponto onde começa, há uma chama amarela, depois listras deslocando-se em ângulos retos...

Enquanto descrevo, tudo muda. O quadradinho ficou amarelo de um lado. O roxo da lança é... era... Antes que eu pudesse registrar o quadradinho no papel, ele trocou o amarelo pelo rosa. Agora, a chama vermelha é laranja de um lado, e o verde vai tomando o quadradinho. Sobre a escrivaninha, as faixas curtas e largas sumiram. O "poste" ainda está lá. Enquanto escrevia isso, outra mancha desapareceu e reapareceu. Não consigo acompanhá-las. Eu estava tentando... e fiquei com dor de cabeça. Vou descansar e desfrutar. Eu faço isso... O momento de fazer e o momento de escrever não são iguais. Nunca podem ser. Essa é uma "impossibilidade" real. Uma lei do meu ser da qual não tenho escapatória, assim como não posso escapar da necessidade de ar.

Há poucos minutos, eu me levantei, escovei e prendi os cabelos com grampos prateados. Percebi, então, que estava de pijama de flanela e botas — pijama com que dormi e me levantei. As botas entraram na história quando os meus pés ficaram frios. Nisso, eu era inocente. Meus pés estavam frios; calcei as botas. Ao escovar o cabelo, percebi que eu não era inocente. Tinha *pensamentos a esse respeito, como se* houvesse outra pessoa aqui. Fantasia. Não há ninguém aqui. Meus pensamentos não tinham relação com o *agora*, mas com uma possível sensação de vergonha futura por não "fazer certo" ou rindo ao fazer disso uma virtude, sendo "bem-humorada" *se* acaso alguém viesse. Alguém veio, na minha fantasia. Não há ninguém aqui, exceto eu. Não, nenhuma exceção. Eu também não estava aqui; eu também não estava aqui como estivera antes.

"A autoconsciência é a forma mais branda de paranoia."[48] Eu estava paranoica. Ainda estou, um pouco. Não recuperei a inocência de antes. Sinto tristeza. Foi-se a inocência de ser e fazer (funcionar) de modo conveniente para *mim*. Sinto-me *como se*. Como se eu *devesse*. Como se eu devesse *mudar*. Como se eu devesse mudar *agora*.

Junto com *essa* inocência perdida, sinto-me um pouco orgulhosa com essas últimas frases, em vez de apenas gostar delas — o que *de fato* é o que faço. O orgulho é artefato. *Eu fiz algo*. Dividido, não inteiro.

Tenho notado que muitas famílias *hippies* ou povos indígenas "deixam livres" as crianças. Em parte, isso é bom. A criança se veste ou não, como quiser. Também sobe no colo de uma mulher e, se ela a quer no colo ou não, a criança fica aí até que *ela* própria querer ir embora. Senti uma certa indisposição (em mim) sobre isso, sem ser claro o que vi. Ela "quer" a criança *na própria cabeça*. É uma *norma*. Ela continua pseudovivendo na sua cabeça e ao mesmo tempo fala do seu grande cansaço. Ela *se obriga* em palavras a aceitar o homem que partiu "para fazer as coisas dele", enquanto desmente com a voz. Seja qual for a experiência dela com drogas, *depois* ela a intelectualiza. Como minha amiga usuária de drogas que conversou comigo sobre o que viu e em seguida disse: "Então, o que todos nós devemos fazer é..."

Às vezes, uma pessoa que se sentiu livre depois de trabalhar na cadeira quente diz um pouco mais tarde: "Então, o que eu tenho de fazer é..."

O que eu "tenho de" fazer? O que "eu tenho de fazer"?

Nada. Apenas estar *aware*. O fazer (sem pensamento prévio) se faz.

Ponho a mão esquerda no pulso direito. Minha mão esquerda é o sujeito, o pulso direito é o objeto. Ainda segurando o pulso direito com a mão esquerda, pego uma folha de papel com a mão direita. A mão direita torna-se sujeito, e o papel, objeto. Junte as palmas das mãos — sem sujeito, sem objeto. Sem divisão.

Agora, chega de escrever. Não quero fazer mais nada sentada nesta cadeira. Quero sair dela. Quando sair, saberei o que quero fazer a seguir.

A primeira coisa que fiz foi tirar as botas. Pesavam muito.

Já falei da Gestalt além da conta. Agora, por exemplo, todo mundo que lê isso sabe que o dominador e o dominado de George não eram ele mesmo. Isso pode ser mal utilizado.

Mas, caramba, *tudo* pode ser mal utilizado. Se pusermos "Cuidado: pode ser prejudicial se mal utilizado" em areia, água, folhas, mesas, pessoas, pias, papel, escadas, carne, peixe, café, gente — sem exceção —, isso seria um incômodo e um desastre, mas estaria *certo*.

As *palavras* me assustam. Quando fui listada para ser um daqueles que continuariam o treinamento, pensei em "terapeuta" e me assustei. Quando Fritz disse "líder", eu me assustei. Quando ele disse "supervisor", me assustei. Não as palavras, mas *meus conceitos* do que elas representam. Fantasias.

Duas e meia. Comecei errado o dia, não corrigi, e hoje deu tudo errado mesmo tendo dado tudo certo.

Não apresse o rio (ele corre sozinho)

No dia seguinte, dormi muito tempo, fiz alguma coisa em pouco tempo, dormi muito tempo, fiz alguma coisa em pouco tempo. Os períodos de sono tornaram-se mais curtos e os períodos de atividade tornaram-se mais longos, sem que eu os *fizesse* assim. No começo da noite, eu me sentia bem desperta e firme/afável e *presente*.

Tenho vontade de fazer outra coisa. Estou entediada.

Fritz: "Então vá a um lugar onde você se sinta mais à vontade".

Se está entediado, você também pode ir a outro lugar — dentro da cabeça ou fora dela — e voltar revigorado.

"O que abrirá a porta é a *awareness* diária e a atenção — *awareness* de como falamos, do que dizemos, de como andamos, do que pensamos" — Krishnamurti.

"A continuidade da *awareness* é básica" — Fritz, que passou duas horas por dia conosco na primeira semana trabalhando isso, e foi apenas uma introdução.

Quase sempre, quando Fritz diz a alguém "você está *aware* de" (o que quer que a pessoa esteja fazendo com as mãos, a voz, a boca ou qualquer outra coisa), essa pessoa para imediatamente de fazê-lo. Então Fritz diz, com paciência e compaixão: "Eu só perguntei se você estava *aware* disso. Eu não disse que você não devia fazer isso".

Tenho vontade de inserir aqui algo que não seja pertinente, de modo que, se eu decidir fazê-lo, já terei espaço para isso. Escrevi isso no ano passado. John Warkentin[49] gostou. O conselho editorial dele, não. Vou desenterrar este texto a seguir.

Lembro-me de que, quando criança, eu terminava de beber todo o leite do copo e ficava incrivelmente feliz ao cuspir no copo e beber a saliva. Fiz isso várias vezes até que outra coisa me atraiu. Da vez seguinte em que tomei leite, fiz de novo. Isso aconteceu até eu sugar tudo que pude dessa experiência e não ter mais atração por ela.

Quando meu filho tinha cerca de 1 ano de idade, uma tarde ele tirou a soneca costumeira, mas não ouvi os ruídos que ele fazia ao despertar na hora de costume. Depois de um tempo, fui conferir. Ele estava em pé no berço, esquadrinhado a fralda em busca de uma coisa marrom-amarelada que havia saído dele. Então ele cobriu com ela uma barra do berço, com toda a concentração de um mestre gesseiro. Já estava nessa obra fazia um tempo. Algumas das barras já haviam sido concluídas. O interesse e a felicidade dele eram uma alegria de ver. Em total concentração, ele não percebeu o som da porta se abrindo, nem que eu estava lá. Quando o encontrei, ele olhou para mim e emitiu um suave gorjeio de satisfação, que não tinha nada que ver comigo, a não ser o fato de que ele se expressou para mim.

Mais recentemente, estive com uma família inglesa de seis filhos, o mais novo de 3 anos. O nariz dele escorria. O muco pingava no lábio superior. Ele gargalhava muito de algo que percebera e tentava nos contar, lambendo o muco do lábio no início e no fim de frases de poucas palavras. Uma delas era: "Isso é muito estranho…" A mim pareceu muito estranho que tenhamos uma hierarquia de coisas relevantes tão malfeita que em geral não desfrutamos muito de nada se estamos com o nariz escorrendo, e o que vem *primeiro* é a necessidade de encontrar algo para limpá-lo, antes de qualquer coisa.

Mais ou menos na mesma época, eu estava queimando um monte lixo num balde de ferro no quintal. Era um dia úmido de primavera, um pouco frio. O fogo estava belíssimo. Eu, muito feliz com todos os aromas da primavera, os sons e as cores, e o fogo ardendo. Meu nariz começou a escorrer. Vasculhei meus bolsos. Nada neles. Pensei: "Preciso ir até a casa para pegar um lenço de papel". Então pensei: "Por que preciso? Não fiz isso quando criança. Eu adiava a volta para casa de todas as maneiras imagináveis". Limpei o nariz no braço. Era bom — o nariz contra o braço (eu me tocando), o frescor, a umidade, desfrutados *em meio* ao resto do que eu apreciava.

Eu disse isso a uma dos meus amigos "livres". Ela se esforçou para não parecer revoltada.

Quando criança, como eu adorava defecar no bosque que ficava do outro lado da rua de casa. Não deveria; deveria era voltar para casa e usar o banheiro. Entretanto, o banheiro tinha sido interessante no início; agora não havia nada de novo nele, e o banheiro não tinha os cheiros de folhas vivas e folhas podres, as fragrâncias de muitas coisas crescendo. Nunca me cansei disso. Levantando as saias e me agachando, eu baixava a cabeça para ver o que saía de mim, encantada com o jeito como saía, com o *ploc!* que fazia no chão, com o vapor que subia do xixi. Quando não vinha mais, eu me afastava e limpava o bumbum com folhas. Tempos depois, voltava para

Não apresse o rio (ele corre sozinho)

olhar para essa parte de mim que eu deixara lá e notava as mudanças. Às vezes eu topava acidentalmente com a obra e pensava: "Sim, estive aqui", e seguia o meu caminho.

A urina também era fascinante. Não me lembro de tê-la bebido, mas certamente brinquei com o xixi e às vezes lambia os dedos.

Os adultos diziam que essas coisas eram "ruins", mas eu ainda era muito jovem para conhecer o meu prazer, embora não pudesse declarar isso para os meus pais da mesma maneira adotada pela filha da minha irmã, que era de uma mãe diferente da minha. Quando essa menina tinha 3 anos (1920), os pediatras diziam que banana fazia mal às crianças; não deveriam comê-las. Minha irmã e eu entramos numa sala e vimos aquela criança comendo uma banana. Minha irmã, adepta dos pediatras, não dela mesma, disse: "Ui! Que ruim!" e estendeu a mão para pegar a banana. A criança respondeu à sua mãe com um "não" com a cabeça e ao mesmo tempo sorriu e esfregou a barriga. "Nã-nã-nã!" — disse ela, corrigindo a mãe.

Meses atrás, em Samoa, um policial samoano disse: "As crianças simplesmente não veem as coisas como nós". Não mesmo. Quando minha filha ainda não andava, num verão, ela engatinhava nua na areia e no matinho da praia, ocupando-se horas a fio. Quando olhei pela janela, eu a vi lançar-se em algo que eu não conseguia ver, enfiá-lo na boca e mastigar, com evidente satisfação. Ela fez isso de novo, e de novo. Achei melhor dar uma olhada. Quando cheguei, ela colocou outra coisa na boca. Puxei o queixo dela para baixo e um sapo cinza pulou para fora. Havia muitos deles ao redor. Sem dúvida, ela já tinha desfrutado de alguns. Não a culpei, mas me senti triste pelos sapinhos, que foram comidos vivos, e a encorajei a explorar outros terrenos.

As crianças são exploradoras, provadoras, descobridoras de si mesmas. Existe outra maneira de se descobrir? Um garotinho (de 5 anos) me disse: "Sou mais esperto do que as pessoas pensam que sou!" Perguntei-lhe: "Como assim?" A resposta dele foi uma música, uma canção de Natal: "Eu faço coisas perigosas e não me machuco!"

Eu não disse a ele que não deveria nem que deveria. De que outra maneira pode haver liberdade? De que outra maneira pode existir alegria?

Hoje de manhã voltamos a ter um grupo de três horas. Depois, saí. Era importante sair do meu chalé. Percebi que eu não queria receber o grupo no meu chalé, pondo tudo a perder, acabando com o silêncio e o meu sossego. Quando voltei, escrevi uma carta, e ao escrevê-la notei que aquelas pessoas *continuavam* aqui. Eu sabia que elas não estavam no meu chalé, mas senti *como se* ainda estivessem aqui. Na minha cabeça, eu as imaginava "lá fora" — nos lugares em que estiveram. Fantasias. Eu poderia chamar um feiticeiro ou espalhar um pouco de pó mágico para me livrar deles e, se eu acreditasse nisso, eles *teriam* ido embora. Continuam lá agora. Vou ver o que posso fazer com elas. Não basta dizer "não há ninguém no meu chalé além de mim". Se eu dissesse isso muitas vezes, talvez acreditasse, mas isso também seria uma crença, e não gosto de *crer*.

Não estou *aqui*. *Aqui* eu sou. Estou sentada em almofadas numa cadeira giratória. Uma bela e forte cadeira giratória de carvalho. Que orgulho é esse que me faz querer que você saiba que não se trata de uma cadeira de escritório moderna, de mogno fajuto? Estou datilografando. Vejo a máquina de escrever e meus dedos saltitando pelas teclas. Quando percebo que os vejo, começo a senti-los como não sentia antes. Dançam com mais ânimo agora; gosto disso — sinto-me mais leve quando isso ocorre. O ombro esquerdo me dói; sinto que está pesado. Parei de datilografar e entrei nessa. Então notei a máquina de escrever zunindo e voltei a digitar. Desta vez vou desligá-la...

É impressionante que essa dor primeiro tenha mudado de lugar e depois desaparecido, quando o que fiz foi só prestar atenção nela. Agora não me incomoda mais. Está vindo para o pescoço... Quando prestei atenção nela e nada mais — nenhuma tentativa de *fazer* algo —, ela se deslocou pelo pescoço e se alojou na cabeça. Fiquei assim. Só fiquei assim. Desapareceu no ouvido, do lado contrário de onde começou.

Charlotte está sentada no cais, lendo. Agora, parou de ler. Gosto de Charlotte. Gostaria de ter a companhia dela. Mas ela *falaria*. Eu não disse nada a ela. Eles só se juntaram agora, o meu gosto e o meu desgosto. O "*mas*" apagou o gosto. Não pensei: "Gosto de Charlotte *e* ela *vai falar*". Larguei o gosto. Afastei-me do meu gosto por causa de ela falar, e afastei-me dela por causa de eu falar. Não tenho estado com Charlotte.

As pessoas continuam aqui no meu chalé, mas agora com mais leveza, e estão mais paradas — sem se mexer, sem falar.

Não apresse o rio (ele corre sozinho)

O lago está ondulado — ondas pequenas na lagoa, maiores e mais rápidas para lá das balsas de toras. Dentro da lagoa, anéis de peixes: o peixe toca a superfície e ali começa um círculo de ondulação, que atinge um tamanho fabuloso saído de um pontinho. Os círculos rodopiam à medida que se ampliam. Três deles estão girando agora — sumiram; três novos, sumiram; agora cinco, sete. Acabei de olhar para a direita e há oito círculos — onze — girando, morrendo, novos começando. *Não consigo* contá-los. Só consigo estimar — e em seguida *isso* muda. Do outro lado do lago, onde há uma casinha, quase todos os bordos ficaram dourados e alaranjados. Eu me transponho para aquela casa e perambulo por ela, sabendo que não é assim, mas aprecio estar lá sozinha.

Ainda não estou sozinha aqui — apenas sei que estou, sem sentir, embora quase todas as pessoas da manhã tenham ido embora. Não as vejo, mas ainda estão presentes com uma presença que não é a minha.

Inclino-me para trás e olho para fora da porta. Quanta quietude. É isso que noto primeiro. As docas estão paradas. A casa de barcos está parada. Gosto dessa quietude. Sinto essa paz. Então noto a fumaça que sobe na margem do outro lado — e o movimento da água —, movendo-se ligeiramente, mas se movendo. Cintilante, em alguns lugares. Não gosto desse movimento agora. Gosto da quietude. Beba-a, penetre-a...

E agora meu chalé está imóvel. Sinto a sua quietude. Cadeiras, paredes, chão, janelas — tudo imóvel. E eu, viva dentro dele. Meu rosto sorri. *Eu* sorrio. Por toda parte em mim, sinto-me sorrindo. Agora, ninguém está aqui além de mim.

Não preciso levar o grupo para outro lugar. Só preciso deixá-los ir completamente quando partirem, e ficar aqui sem eles. Minha respiração se aprofunda sozinha. Sinto-me bem. Não bem criticamente, nem moralmente; apenas bem. Pronta para o que vier; se não vier, tudo bem.

O que é Gestalt?
Quando eu não sabia, não podia contar a você; agora que sei, não posso contar a você.
Sinto que faz muito tempo que tive qualquer intrapercepção ou extrapercepção. Chegou a hora de eu acordar.

Estou sem contato até com aqueles que contatei recentemente. Isso costumava me incomodar. Então notei que é como o anel de latão[50] no carrossel. Ele passa diversas vezes, e um dia desses vou me agarrar nele. Sem me esforçar.

Neste momento, sinto que estou parcialmente adormecida e gostaria de acordar.

Depois do grupo. Eu me sinto muito maior — não, *mais alta*. Muito mais alta do que a máquina de escrever comparada com o que normalmente sou. Já me senti "mais alta" em outras ocasiões, e ainda me sinto nova. Mais jovem. Mais força em mim, mesmo na cabeça, que tantas vezes fica fora. Movimento.

Vários desses anéis de latão apareceram novamente hoje de manhã. Agora, foram-se. Não importa. Dei outra olhada neles, e eles voltarão, desde que eu não *persiga* a eles ou qualquer outra coisa.

Não é de admirar que o meu lado direito e o esquerdo não sejam iguais. Sou torta. Há um homem aqui que é ingênuo e infantil. Fico com (aproveito) a ingenuidade e ignoro a infantilidade dele. Não o *envolvo*. Hoje de manhã, Fritz fez isso, e três horas depois o homem se sentia bem e disse: "Sobrevivi!"

De manhã, Allen trabalhou um fragmento de um sonho. Quando ele se sentou na cadeira quente, revelou sua frustração ao tentar se aproximar do pai. "Não posso fazer nada, a não ser ficar longe dele. Fiquei sentado pacientemente por duas horas, ouvindo-o", e assim por diante.

Em seguida ele abordou uma parte do sonho e talvez em meia hora percebeu que seu pai estava mudado, que ele (Allen) não deixaria o pai mudar, pois mantinha a velha imagem dele e a usava como argumento para as grandes coisas que ele (Allen) queria fazer e não fez. Trocando em miúdos o jeito como escrevi, foi-se a vida. O todo era mais como a aurora boreal cintilando por todo o horizonte e no céu. De raiva e frustração, ele mudou para amor e ternura.

Na maioria das vezes, eu era real, guiada pela intuição, o movimento espontâneo de mim mesma, respondendo no momento *ao* momento. Isso é fácil, e "trabalhar" com uma pessoa é absurdo. "Jogar" também é errado dizer. Nossa língua dividida não tem uma palavra para o que *realmente* acontece.

"Obrigada."

"De nada."

Papéis atribuídos pelo idioma. "Obrigado" — beneficiário. "De nada" — benfeitor. Um para baixo, um para cima.

Em havaiano:

"Mahalo".

"Mahalo".

Não há distinção entre doador e receptor, apenas *awareness* do fluir entre eles. Não para cima, não para baixo. Não existem papéis atribuídos pela língua. A felicidade existe, sem pensamentos sobre isso.

No final, quando Allen foi amoroso e afável, eu me comovi. Não deixei a minha emoção transparecer. Pensei (*sic*) "não o sugue". Então, não me soltei e *não o deixei entrar*.

O *motivo* de eu ter feito isso é irrelevante. Eu poderia procurá-lo eternamente ou chegar a uma resposta, e ainda assim seria irrelevante. Quando começo com "por quê", vou cada vez mais longe *daqui*. Os "porquês" continuam sem parar, com um porquê atrás do outro, e faz tanto sentido quanto se eu dissesse que eu existo porque Bismarck se enfureceu com o cáiser e instituiu o alistamento militar universal, ou recrutamento. Isso fez o meu avô ir embora da Alemanha, e naquele momento preciso, sem o qual é improvável que ele tivesse conhecido minha avó e se casado com ela, que na época foi para Londres vinda da Irlanda. Algum outro compadre teria conquistado minha avó antes. Isso é verdade. Mas e todos os outros acontecimentos e porquês ou antecedentes na vida dos meus avós e dos meus pais e no mundo em que eles (todos) (cada um) viviam? E, afinal, *eu* não teria existido se meus pais não tivessem casado nem se me tivessem produzido no momento em que produziram. *Eu* não sou a minha irmã, que teve os mesmos avós, nem sou nenhuma das outras possíveis crianças que poderiam ter existido.

Não fiquei de fora nem *o deixei entrar*. Eu fiz isso. Fico triste. Percebo que estou rechaçando a minha tristeza. ("Não seja emotiva!") Agora me sinto triste por não sentir aquela tristeza. Então, que se faça *essa* tristeza. *Essa* tristeza está aqui... Umidade nos olhos. Dor no peito. Minhas pernas estão tristes. Exploro e descubro tristeza por todo canto em mim. Minha cabeça começa a se mexer da esquerda para a direita, fazendo um sinal de subtração. Depois para cima e para baixo. Para cima e para baixo traça uma linha no meio do menos e o torna mais.

Mais. À frente de onde eu estava.

Agora a tristeza está mudando — partindo. Entrar em mim é mais vitalidade, mais vida. Agora entra em cena a risada, que é uma espécie de sorriso para o mundo. "Deus tudo vê e sorri."

Nada importa.

O passado se foi. O futuro *não* existe, assim como o passado *não* existe. Estou *aqui*

e

sou livre.

No momento, não importa e não faço nada errado. Ou certo.

Não vivo tanto com imagens de mim mesma. *Vivo* com elas quando me vejo uma velha trêmula.

Ainda tenho regras. Estão fadadas ao erro. As regras servem para jogos. A vida não é um jogo. A vida também não é séria. Não se pode dizer coisa alguma a respeito da vida. A vida é.

"A Gestalt não são regras." "*Awareness* é o abecê da Gestalt" — Fritz.

"A *awareness* é ABC e XYZ também. Todo o mais que existe... tudo se origina aí" — Harry Bone, psicólogo e psicoterapeuta, único membro não psicanalítico do Instituto de Psicanálise William Alanson White.

A *awareness* existe sem *nenhuma* intenção: nada bom, nada mau.

Isso tudo fluiu com facilidade. Não apresse o rio. Isso é um lembrete para mim. Eu começava a insistir, a dizer mais. Por que tento manifestar o que não consigo?

Quero tornar disponível para outra pessoa a minha descoberta. Querendo "ser útil". Tentando.

Quando tento, tenho um objetivo.

"Ufa!" — disse eu em voz alta, parecendo descoberta e alívio.

Quando uma árvore cai na minha direção, eu corro. Não avalio; não me sirvo disso; apenas faço. Se penso nisso, enquanto penso nisso, não faço nada. Assim, poderá ser tarde demais.

Não apresse o rio (ele corre sozinho)

Se uma árvore está caindo na direção de outra pessoa, eu grito para avisá-la ou a empurro para o lado, sem pensar. Não avalio; não sou solícita; apenas faço.

"Observação, compreensão, ação" — Krishnamurti.

Qualquer regra é um estrago. "Deixe as pessoas à vontade." Com a regra na cabeça, deixo os outros à vontade. Não *me* deixo à vontade. *Faço algo em mim*: deixar os outros à vontade. Deixe-*me* à vontade. Com essa regra na cabeça, minha autoimagem se atualiza, e eu, com boas intenções, chacino a mim e ao mundo, mesmo que isso seja feito com suavidade.

Lembro-me de que escrevi para Carl [Rogers] duas vezes em cinco anos: "Lembre-se, você também é gente", quando ficou claro para mim que ele fugia de si mesmo: ele se xizava. Eu estava ~~aware~~ de

Que esse xizar permaneça para me lembrar de que eu começava a dar explicações. Entrelaçando tudo, em vez de deixar que as coisas se juntassem de qualquer maneira — em mim, em você. "Em você." Zombaria. Quem é esse "você"? *Não sei quem você é, se é que é alguém* em mim.

Isto aqui *é* um hospício, um lugar onde a loucura pode vir à tona e começar a se dissipar.

A imagem da "velha senhora" *realmente* entra em cena. Não tanto em relação ao que eu "deveria ser", mas ao que eu "não deveria fazer". Por exemplo, eu não deveria ser boba. Eu "deveria" ser séria. Honrada é diferente. No domingo, enquanto fazíamos uma torta de maçã, comentei com Glenn essa minha seriedade, que parece errada — não a quero. Sei como ela entrou na minha vida, o que não a fez ir embora. E como poderia ir embora? Estou agarrada a ela *agora*.

Caramba! Percebo agora que não me deixo à vontade.

Em algum ponto, talvez uma página atrás, vi algo a meu respeito que eu não queria expor a ninguém. Sou capaz de trabalhar isso. Pensei (blá-blá-blá) que "não quero escrever sobre isso para ninguém; posso cuidar disso mais tarde, sozinha". Nego isso a você — e nego a mim também. Agora nem sei mais o que é. Ao persegui-lo, isso irá cada vez mais longe. Veio à tona uma vez. Como peixe, ele virá à tona de novo e, quando isso acontecer, eu o reconhecerei.

"Indígenas" espocou na minha mente enquanto, sem *awareness* para ver, eu olhava as últimas quatro ou cinco linhas do último parágrafo. Não tenho noção do que isso significa.

"Momento cômico" veio em seguida, na forma de "isso eu quero". Alívio da minha seriedade.

Sinto-me rindo por dentro. Os pingos de chuva que percutiam na água agora dançam nela. Sorrio. Eu me sinto rindo. Ri comigo o que se move, como os galhos dos arbustos. Ervas-daninhas ao vento riem comigo. Barcos emborcados no cais e o próprio cais não estão rindo. Bestas! Coisas idiotas. Não sabem rir. As folhas de bordo trêmulas estão rindo.

"Momento cômico" foi apresentado por mim. Não preciso de mais nada. Meus olhos dançam.

Então, imediatamente, tentei ligar isso a "indígenas" e, porque tentei, desconfio. Uma voz interior diz "certíssimo!" alto e profundamente. Uma verdadeira amiga.

Neste agora, em que não estou louca, este lugar não é mais um hospício.

Sinto vontade de dar aula. "Para todos vocês, jovens do mundo."

Sempre achei bobos os romances por todas as idiotices que as personagens faziam, mas sem elas não existiria o livro.

Sempre?

Li romances por cerca de seis meses, sempre aqueles com mordomos e coisa e tal. As heroínas telefonavam quando queriam qualquer coisa; ligavam para todos que quisessem, e eles vinham. (Se algum deles não veio, pulei essa parte.) Eu *era* essas heroínas (sem as emoções delas) e descansei superbem durante a leitura.

Quando eu tinha 19 anos e a minha irmã, 25, formamos um triângulo com o marido dela. Uma noite, na cozinha, minha irmã e eu estávamos animadíssimas. Começo a perceber que a expressão pertinente é "aconchego". Não me recordo de muitos detalhes. Lembro que nos lançamos uma nos braços da outra e berramos. Ao mesmo tempo, nos vimos na pele das personagens daqueles melodramas de que ríamos e gargalhávamos. Foi aí que notamos o marido dela parado, olhando para nós, e entendemos tudo que ele dizia sem palavras, sentindo-se desprezado, espantado por estarmos abraçadas, perplexo com o que estava acontecendo. A reação dele parecia lhe agitar todo o corpo e pode ser resumida em *"não deveria ser assim!"*

Era assim que se vivia. Entrar rápido numa situação, sair rápido dela e não encomprider muito as coisas para escrever um livro. Como mostrávamos os sentimentos! — os nossos inclusive.

Por que nós duas nos casamos com românticos?

Não posso falar pela minha irmã, que se casou jovem. Sei que desisti de procurar o homem que eu queria e me contentei com um que tivesse mais do que eu gostava e menos do que eu não gostava, e o que eu não gostava parecia mais fácil de aturar nele do que nos outros.

Muito tempo depois. Ray começou a analisar seu sonho num estado de raiva e conturbação. Quando trabalhava, ele ficava bravo e conturbado na maior parte do tempo. Ray se recuperou ao reconhecer que mantivera seu comportamento infantil com o pai *depois que o pai mudou*. Ele *se aferrou* à queixa que tinha do pai e usou-a como justificativa para não concretizar o seu potencial. No fim da sessão, ele estava totalmente tranquilo e amável, abraçando o travesseiro que antes ele apertara contra o rosto (como sufocara o pai no sonho), e agora lhe servia de aconchego. "Não quero perder esta sensação."

O que se *pode* dizer agora é dito com facilidade. Não esperei o momento de dizer isso antes.

Tenho procurado um livro. Queria enviar ao meu filho algumas histórias desse livro. Emprestei livros para várias pessoas aqui. Quando não consegui encontrar *esse* livro, pensei que outra pessoa deveria tê-lo. Quando acordei de uma soneca à tarde, "vi" um envelope e as minhas mãos colocando aquelas páginas do livro no envelope. Chega de procurar o livro. Tudo que percebi está aqui, em mim. Quando não estou em contato com isso, estou fazendo *algo* errado.

Depois disso, percebi a impressão negativa que não aprecio ultimamente, e me perguntei como solucionar esse problema. Imaginei uma maçã. (Ou uma maçã criou a própria imagem, conforme eu me identifico com o eu organísmico ou o eu intelectual.)

Ao descascar a maçã, pensei em "inverter", um dos recursos da Gestalt. A maçã passou a me descascar. Ugh! Não gosto disso. Continuei descascando a maçã, com muito mais *awareness* e carinho do que antes. Se isso provocou alguma mudança na maçã, não sei. Eu gostei da mudança em mim.

Ontem à noite, Bill ocupou a cadeira quente com um sonho que o deixou ansioso. Não há verbo para ansioso.[51] Estranho. Procurei. É derivado de *angere* — sufocar.

Bill falou no seu tom monótono de sempre. Para mim é difícil ouvir o que ele diz. Fritz afirmou: "Sua voz me bloqueia. Entendo que teremos de abordar isso antes de fazer qualquer outra coisa". Bill tornou-se a própria voz, sentiu o que é engasgar, e assim por diante. Fritz disse: "Agora aperte o meu pulso — não confio o meu pescoço a você — e fale enquanto aperta". Bill fez isso; sua voz saiu profunda, cheia e ressonante. Ele conseguia ouvir a ressonância, sentir as vibrações. Nós também. De repente, ele era um Bill muito diferente, não só mais potente: mais interessante, como se quisesse ouvir mais.

Um rebocador pequeno passa rápido, como se estivesse arando, e deixa para trás uma onda. Um homem se levanta e se inclina por cima da popa, parecendo fazer algo na onda.

Depois de meia hora trabalhando a voz, Bill analisou seu sonho em que roubava um banco. Fritz pediu-lhe que fosse o banco. Bill descreveu-se como o banco, estrutural e funcionalmente. Eu estava entediada com esse banco. Fritz disse: "Não há gente dentro dele. Não acho que seja esse o banco que você roubou".

Observe o que não está presente. Quando estou numa cidade com ar poluído, estou *aware* de que existe poluição, não ar limpo. Contudo, em Torrance, quando eu me incomodava bastante com o que existia ou não existia, havia um "não existe" que me entristecia e eu não sabia o que era. Enfim notei. "Nenhum negro e nenhum judeu" me veio à mente. Era fácil verificar a ausência de negros; vi apenas um, varrendo o supermercado. Judeus... Como identificá-los? Pensei em meia dúzia de nomes judaicos comuns e procurei na lista telefônica de Torrance. Pensei em mais seis ou sete e os procurei. Nenhum deles estava na lista. Procurei nas seções de locais vizinhos, como Hermosa Beach, e em cada uma delas encontrei todos aqueles nomes diversas vezes.

Torrance era mesmo uma cidade estranha. Morando lá fazia um ano, o único evento de que ouvi falar foi um encontro da União de Cristãs pela Temperança. Eu nunca vira tanta cortesia em nenhum lugar, e me senti num cemitério de fantasmas educados. As cristãs nem me *notaram*. Deslocando-se com suavidade, eles passavam à minha volta dizendo "desculpe", como se eu fosse um arbusto ou uma árvore.

Todas se vestiam com roupas de cores claras e monótonas. A voz delas era meiga. Mesmice, mesmice, mesmice. Um dia, quando eu trabalhava com zen — Torrance realmente me obrigou a fazer isso —, caminhei até o centro; cada pessoa era singular, viva, original, com roupas vistosas. Cintilantes. Agora eu as vejo do jeito que vi então, mas falta algo. Não sei se elas se encontravam ou se cada uma mergulhava num mundo todo dela, sem contato com as demais. Eu soube *então* o que estava ou não acontecendo.

Deke costumava passar os filmes de Fritz com bastante frequência; ele sabia operar o projetor. Cansou-se dos filmes e não os projeta mais. Duas outras pessoas pegaram esse serviço. Tudo é novo para elas: operar a máquina e os próprios filmes. Querem vê-los.

Contadores mudam. Secretárias mudam. Os funcionários da cozinha mudam. Há confusões às vezes. Nada mortal. E a probabilidade de existir uma ordem constituída é bem rara.

Fritz fala em "preencher os buracos" da personalidade das pessoas. Essa ideia não me agrada nem um pouco; é como enchê-las de fora para dentro com uma coisa externa. Não é isso que ele *faz*. Para mim, parece mais um aflorar e um fluir — liberando o fluxo que fora bloqueado.

Clara estava mal-humorada quando chegou de manhã. Segundo ela, "irada". Depois, queixou-se de que estava sempre "estimulando" os outros e não recebia nada em troca. Depois de trabalhar, sentia-se afável, estimulante e estimulada.

Naquela noite, na cozinha, Fritz me perguntou: "É seu aniversário?" Quando eu disse não, ele acrescentou: "Você está com cara de que é seu aniversário". Eu não me sentia num aniversário, e não soube o que ele quis dizer.

Pouco depois, revelei que me sentia ridícula por receber dinheiro para fazer uma coisa de que eu gostava. Isso porque um sujeito da Universidade de British Columbia disse que me enviaria um cheque pelas três horas que passei lá com Irwin, juntando-me a um grupo do local. Não me pareceu correto aceitá-lo; eu não tinha trabalhado. Para mim, não era trabalho, e eu já fora paga com o que ganhei fazendo isso. Fritz disse meio em tom de gozação que uma das regras da Gestalt é tal e tal (esqueci) e a outra, cobrar o máximo possível. Ouvi outras pessoas presentes, e então divaguei para cá e para lá na minha cabeça. A mesma voz profunda que parecia estar na parte inferior do meu peito, da qual eu gostara, interrompeu para dizer: "*Fui* paga" — uma voz inteiramente assertiva, que me deu uma sensação de afeto. Não havia dúvida nisso. Senti que tinha uma amiga em mim e não precisava de um amigo em outro lugar. Aconchegante. Fui para a cama me sentindo assim.

Hoje de manhã, o grupo começou com uma mulher com quem eu não queria trabalhar. Pensei: "De novo não!" Aproveitei duas coisas no trabalho com ela: a falta de medo da raiva e dos gritos dela e uma descoberta dela no final. Outra pessoa do grupo lembrou-a da própria madrasta. Ela não viu a madrasta ali, *presente*, e a odiava. Após uma hora, ela viu essa mulher.

Estendeu a mão para tocá-la e disse: "Você parece diferente". Então, acariciou a cabeça dela, em um toque sensível e real, e depois a abraçou. Em seguida, ela riu. "Eu nunca pensei que faria isso!"
Para ela, esse não era o fim do problema, mas sim um passo à frente. Não notei muitos erros. Senti-me bem por saber ser mais forte quando necessário.
Então Ray, que trabalhou tão bem ontem, aventurou-se na cadeira quente. Eu queria um intervalo maior, mas não disse. Percebi umas coisas várias vezes, depois duvidei da minha observação. Uma vez eu notei um detalhe, mas não o levei adiante. Minha observação estava correta; deixei-a passar. Todos ficamos confusos. Deixei que alguém sugerisse algo que não fazia sentido para mim, e eu mesma dei continuidade à sugestão. Então Fritz entrou. Ele iniciou pela conturbação de Ray: pediu que descrevesse qual era, depois a dançasse e a seguir invertesse os papéis na dança. Plim! Ray entendeu a mensagem por meio da dança, e para mim ficou claro que a mensagem era a do sonho.
Então, por causa da sugestão errada que a mulher dera e eu dei continuidade, Kolman estava mobilizado e pronto para ir. O trabalho dele com Fritz foi uma beleza.
Com erros e acertos, ficou tudo bem no fim do dia de trabalhos. Notei muitos erros que eu cometi, e Fritz chamou a atenção para um deles, dizendo que se deve sempre captar "o fenômeno" (a conturbação de Ray). Não me queixei nem ri dos erros, nem pensei em não cometê-los da próxima vez. Não fiz nada, e estava tudo bem. Os erros foram notados, além do bem que resultou do maior deles. Sem suor, sem aperto, sem risos. Tudo certo.
Quando as pessoas saíram do chalé, elas realmente se foram, e eu fiquei sozinha.
Não me sinto no dia do meu nascimento. Sinto-me mais como um feto em rápido crescimento. Hoje, senti por instantes que as minhas orelhas estavam crescendo. Senti isso fisicamente, e até que canais se abriam por si sós ou eram abertos nelas.
Por algum tempo, senti-me como que toda "tomada", em mudanças constantes. Até o pescoço e a cabeça participavam disso, como se mais sentimentos ou sensações entrassem neles. Eu queria ser tomada por completo, *agora mesmo*, e acabar com isso — e renascer. Não aconteceu. Tenho entrado e saído de agonias leves o dia inteiro, deixando-as vir e ir. Estou cansada

delas, que têm ocorrido muito ultimamente. No entanto, não quero afastá-las fazendo algo para me distrair, pois assim perderia o outro lado.[52]

É muito difícil estar à disposição do meu "amigo". Quase sempre peço ou imploro ou suplico ou digo *"vamos lá*, porra!" Quando estamos em contato, quero me *agarrar* a essa proximidade. Tento dirigir o que não se pode dirigir. Sem dar liberdade. Ontem à noite, porém, senti que me sintonizei a ponto de saber que era compreendida, que o "meu amigo" sabia que eu queria mesmo parar com esse meu absurdo e que estou trabalhando nisso... Acabei de lembrar que hoje, por algumas horas, senti que não estava trabalhando, não fazia nada, enquanto era dominada por mim.

Agora voltei ao olho do intelecto — epa! Pensei que estivesse escrevendo *eu*. No momento sinto-me mais como um olho do que como um eu, e o que parecia absurdo retomou o sentido, a sensação. Entendo.[53]

Meu jantar estava pronto, então. Levantei e pus um pedaço de frango num prato, uma batata e umas beterrabas. Enquanto fazia isso, o olho parecia amigável, como a voz que dizia "certíssimo!" ontem à tarde, e "fui paga" ontem à noite.

Suponha que tudo isso seja um absurdo? (Os olhos parecem rir.)

Suponha que seja. Gosto mais disso que do disparate de relatar quem disse o quê (se filósofos ou amigos ou inimigos), de ler jornal, de *falar* como se soubesse de alguma coisa, de adorar ou lamentar ou condenar ou repreender ou elogiar, culpar, sentir-se superior ou inferior, celebrar o que não vale a pena comemorar — como mais um ano vivido ou vivido conjuntamente, à espera da comemoração — ou comprar coisas para exibir ou caçar amigos, ou ficar brava, ser agradável, ser rancorosa, ser asseada, tomar remédio para solidão e tristeza, ser gostosa ou ser legal, tirar A ou E na escola, bancar o sábio ou o bobo, quando tudo que você quer é...

Nevoeiro

Hoje de manhã eu não queria ir ao grupo. Não queria ter dois grupos de duas horas na semana que vem em vez de um de três horas. Dois grupos por dia. Isso não é vida. Essa não é a minha vida. Vou dizer a Fritz. Quando eu pensei nas pessoas que estariam *nesse* grupo, tive mais um motivo para não me encontrar com elas hoje.

Guy começou a trabalhar há pouco, quando Fritz chegou. Trabalhou muito bem com Fritz. Foi ótimo ouvir a velha voz rouca (Guy é jovem) entoar seus pensamentos, uma voz muito bonita. Eu não sabia que era assim.

Depois Natalie ficou na cadeira quente. Eu estava ansiosa para trabalhar com Natalie. Ela trabalha com perfeição, e eu gosto muito dela. Peter chegou e assumiu. Tudo bem: ele tinha liberdade para tanto, se e quando quisesse, e eu também podia entrar, mas o fiz poucas vezes. Percebi que Peter está representando o seu *self* de psiquiatra, misturado com o que aprendeu da Gestalt. Pensei em indicar o que não era da Gestalt. Não indiquei.

Pensei que diria a Fritz: "*Não* estou interessada em *treinar* gente. *Não* estou interessada em trabalhar com psiquiatras. Não quero. Não vou". Sem briga nem raiva. Bastam as declarações simples de mim para ele e dele para mim.

Quando o pessoal do grupo saiu, pensei nisso de novo. Então me lembrei da minha fantasia sobre o grupo, hoje de manhã, de como seria o encontro (fantasia sem detalhe, como que sem vida) e de como não seria. Não tenho a mínima ideia do que acontecerá amanhã de manhã. Não sei o que será dos dois grupos de duas horas. Quanto ao treinamento, o que me desolou foi pensar no que eu *deveria* fazer, ter de estar alerta, perceber e estar pronta para perceber o que ocorre e comentá-lo. Não gosto disso.

De repente, percebi que *não deve* ser assim. Observe e deixe-me crescer, desenvolver-me. Isso é tudo. Agora, estou fascinada para ver como isso funciona — o que acontece. Deixe-me acontecer. Não tente me dar ordens.

Os pretextos atuais não importam. Foram meus hoje de manhã, antes que eu os desse e me percebesse fazendo isso. Não poderia ter feito de outra maneira.

Está tudo bem. Sinto-me bem, com felicidade e expectativa misturadas, não fortes, mas animadas.

Quando tento reter as coisas na cabeça, como lembrar-me de me concentrar, lembrar-me de apontar erros da Gestalt, fico com dor de cabeça. É motivo suficiente para não o fazer, além daquele velho palavrão trapaceiro e traiçoeiro — "tentar". Sinto-me bem por estar tão livre dele. Perceber, perceber, perceber. Estar *aware*.

Toda vez que Fritz entra para trabalhar com alguém e depois sai, penso: "Que ato exemplar!" Sinto como se ele percebesse que um cílio meu não se mexeu com os outros quando pisquei e, se todos se movessem juntos, ele também notaria.

"Tanto quanto possível, tento não pensar." Isso com certeza deixa muito espaço para a percepção.

Assim que Fritz deixa o grupo, ele se vai. Não tento ser como ele, não me sinto aliviada por ele ter ido embora, não sofro porque não sou Fritz. Quando sai, ele não está na minha cabeça, e eu estou com quem está aqui. Tudo bem para mim... Acabei de perceber que, depois de ter visto Fritz trabalhar, eu também não me pergunto o que as pessoas vão pensar de mim. Eu sou eu. Ele é ele. Eu o deixo ir. Se não o fizesse, seria invadida.

Se eu não tiver uma meta, como posso errar?

Caro Fritz. A minha sensação de hoje de manhã é de que ele percebe *tudo*, como se o fizesse o tempo todo. Agora mesmo ele ficou aqui um tempo e um de seus comentários foi: "Essa é a minha novidade, a voz. Percebeu de manhã com o Guy? Minhas orelhas estão crescendo. Estou crescendo ouvidos". Crescendo, crescendo, crescendo. *AWARENESS*.

"Estou num período letárgico agora. Só consigo acompanhar os grupos, nada mais."

Contei a ele que eu percebo erros sem me incomodar e constatar o que muitas vezes resulta dos erros.

Fritz, erguendo os ombros: "Claro. Erros não importam". Vi isso por inteiro, completamente, e sorri. Dez minutos depois: "O que você (eu) quer

dizer com 'erros não importam'?" — e passam pela minha cabeça todos os tipos de erros que importam, claro que importam.
Então eu vi que eles não importavam.
Depois importavam.
Depois não importavam.
Depois importavam.
E agora, de repente, estou inteira *aqui*, com a risada interior de que eu sentia falta.
Meu marido: "*Nada* importa?"
Eu (adequando-me, para não causar nele um impacto muito grande): "Bem, *não muito*".
Não pensava nisso o tempo todo. Pensava muitas vezes.
Agora "vejo" uma estatueta da coleção Brundage: *Maya dá à luz Krishna*. Ela dança.
Agora estou bem flexível... Eu me senti assim e me levantei para ver se era verdade. A parte inferior das minhas costas ainda está rígida — eu a sentia e só conseguia tocar os dedos no chão, não a palma das mãos. Fora isso, sou... sinto-me ligeira e me movimento com facilidade. E muito viva. Não me sinto leve na cadeira. Estou perto disso, como se os ombros sustentassem o torso, o pescoço sustentasse os ombros, a cabeça sustentasse o pescoço — o que sustenta a cabeça, não sei, mas está ótimo.
Viro a cabeça de um lado para o outro — sem problema. Há menos de um ano, quando o que eu tinha era só um torcicolo, algumas pessoas me achavam "majestosa". Eu afastava a cabeça dos ombros. Tenho certeza de que na época não perdi isso. Essa foi apenas a última vez que alguém fez um comentário a esse respeito.
Folhas de bordo caem das árvores e pairam na brisa, às vezes sobem, mas enfim iluminam a água da lagoa, onde flutuam como ninfeias.
Aqui, em junho, exercitei o peito, o pescoço e a cabeça, todos de concreto. Onde eles estão agora?
Minha voz! Acabei de deixá-la aparecer.

> A corda muito esticada se rompe
> — e a música voa
> A corda muito frouxa é muda
> — e a música morre

Sintonizemo-nos com o sitar [da vida]
nem grave nem agudo.[54]

Minha voz é o meu sitar.

Essas duas semanas "sendo líder", que eu temia, fizeram muito por mim. Tudo se endireita sozinho. É por isso que não importa que eu cometa erros. Tive esse *insight* enquanto fatiava beterrabas. O que me importuna é tentar não cometer erros e corrigi-los. Tentar, tentar, tentar, quando já sou constituída dessa forma, como pássaros voando.

Ainda estou incomodada com "nada importa". Não, não estou: *estava*. Agora, enquanto ainda focada nisso, vou deixá-lo de lado. Quando sou o lugar em mim que *sabe* que nada importa, também estou cuidando, amando, não pegando mais do que preciso, sem ambição, sem competição. Se há apenas pão e manteiga, sinto-me satisfeita com pão e manteiga. O peito de frango frio, a beterraba glaceada e meia batata cozida frita tinham o sabor de uma criação do mais elegante dos *chefs*. Faço direitinho. Não fosse tudo isso, seria o errado "nada importa". No "nada importa" errado, de repente tudo muda se a minha vida está ameaçada ou parece se esvair. É um "nada importa" *dividido*, um "desde que" ou "amanhã talvez me arrependa do que dei hoje". A perfeição (tudo é bom) do "nada importa" correto não pode ser desfeita. Amanhã, talvez eu não fizesse por você o que fiz hoje, mas ontem, quando fiz com você ou lhe dei, continua válido.

Não vou liderar grupo algum na semana que vem enquanto Fritz estiver fora, e talvez eu vá a Vancouver amanhã para o Dia de Ação de Graças (o canadense é no início de outubro) e fique três, quatro dias ou uma semana, se quiser. Até chegar lá, não saberei do que gosto.

Sei que pode não durar o estado que desfruto agora (nem bom nem ruim). Pode "ir embora" a qualquer momento, mesmo amanhã. Acabei de

Não apresse o rio (ele corre sozinho)

lavar a louça. Gostei da água, da espuma, dos pratos e das panelas. Lavar as manchas de beterraba do fogão foi como um milagre: lá estavam, não estão mais. Movimento do corpo. Todos os sentidos sentindo.

Antes, quando fiz o molho da beterraba, notei que era fácil ler a receita e não seria difícil medir as coisas. Minhas mãos tremeram um pouco, mas não chegaram a atrapalhar. Nenhuma incerteza no que fiz.

Depois da reunião de hoje à noite, fui com Guy para o bar em Lake Cowichan. Os outros já tinham ido. O carro de Guy estava mais longe do que eu costumo andar com facilidade, mas não tanto. Além disso, havia uma ladeira no início, mas a descida mais íngreme foi na outra ponta. Consegui descer. Ao caminhar, notei que ia com facilidade. A parte inferior das costas ainda estava rígida, mas não incomodava tanto. No restante, eu estava solta.

Quando chegamos ao carro de Guy, notamos que a bateria estava descarregada; voltamos andando. Eu estava quase no topo da subida mais íngreme quando percebi que andava com facilidade, respirava com facilidade e falava enquanto caminhava...

Que se danem aqueles médicos que me disseram há quatorze anos que eu aceitasse o meu estado de saúde, porque nunca melhoraria. Escrevo isso e percebo que o meu "que se danem" saiu leve e fácil, mais ou menos como um "bá" dito com bom humor. Não estou mais com raiva. Eu costumava ter raiva porque estavam me derrotando. Cada vez que eu dizia que ia melhorar e sabia que estava progredindo, mesmo que os médicos não admitissem, quando o médico olhava para mim com compaixão (eu gostava disso; pelo menos havia um pouco de respeito) ou com desgosto por uma senhora que não aceitava o que tinha, sentia como se um muro de chumbo com cinco metros de espessura surgisse entre mim e a minha melhora. Tive de pôr abaixo o muro para poder voltar a melhorar. Agora, nem estou brava com o médico que disse ter visto "centenas de casos" como o meu. Tinha visto uma ova! (Risadinha silenciosa.) Todos eles estão no passado, do qual eu estou saindo. Sei que ainda posso me esgueirar para cá amanhã. As conquistas talvez estejam perdidas, mas a minha experiência de hoje à noite parece sólida. Se eu a perder, deixarei que vá. Ela voltará.

Meus olhos estão úmidos. Não *muito* úmidos. Apenas úmidos, como talvez devessem ser, e tinham ficado secos por muito tempo, por falta de uma boa lavagem.

Eu sabia que, se conseguisse ser sossegada ("descanso total"), meus tremores diminuiriam. Sem dúvida demorei muito para aprender a fazer isso. Nunca acreditei naquele diagnóstico de "dano permanente no sistema nervoso central". Dano, sim; permanente, não. Isto é, poderia ser se eu não conseguisse encontrar uma saída, e talvez se eu não lhe desse atenção suficiente, mas não é necessariamente assim. Meus tremores foram muito leves agora à noite — não é nada. Acabei de me lembrar do amigo médico da Califórnia com quem falei por telefone há pouco mais de um mês. Não me lembro do que ele disse sobre os meus tremores, mas disse (sendo solícito?): "Sei que incomodam, não sei por quê". Quando são muito fortes, me incomodam, como quando eu não consigo assinar cheques de viagem. No restante do tempo, sei que *consigo* e quero me livrar deles. É *bobeira* tremer daquele jeito quando *não preciso*.

Não costumo notar o inchaço do gânglio em um dos meus pés, a não ser que eu pense nele primeiro, para depois percebê-lo. Não dói. Hoje à noite, continuo notando o inchaço porque sinto que ele me puxa e repuxa. Não sei o que se passa, mas é bom, como um ponto morto ganhando vida. Em julho, notei no meu pé esquerdo um carocinho que não existia antes. Em agosto, estava bem grande. Perguntei disso a um médico que veio aqui — não, meu filho perguntou. Ele estava com medo de ser câncer. Eu tinha certeza de que não era. De qualquer forma, esse médico disse que era um tipo de gânglio e poderia ser tirado golpeando-o com um livro ou inserindo nele uma agulha para sugar o material.

Quando eu estava na Califórnia, conheci, por causa do livro *De pessoa para pessoa*, um cirurgião ortopedista que não opera com frequência e prefere cuidar dos pacientes de outra maneira. Quando lhe perguntei o que eu poderia fazer, ele disse o mesmo a respeito de tratamento. Não era isso que eu queria dizer. Expliquei que eu queria saber o que *eu* poderia fazer a esse respeito. Ele me perguntou se eu já entrara em contato comigo mesma no âmbito celular. Respondi que não. Com os dedos, mostrou-me que se formou uma espécie de balão, com um tubinho entrando nele por baixo. O médico revelou que o líquido entrou pelo tubo e se desidratou, e assim não voltava pelo tubo pequeno. Explicou que, se eu fizesse algum líquido (corporal) entrar nele, o material desidratado poderia se dissolver e sair pelo tubo. Fiz isso naquela noite, imaginando o que ele havia descrito e ao mesmo tempo mantendo contato direto — como quando se sente um dedo do pé — com o nódulo do gânglio. Um pensamento surgiu espontaneamente: a protuberância não pode ter a mesma espessura em todos os lugares; deve haver pontos mais frágeis. Na hora apareceram na imagem vários orifícios, um deles na parte de cima e maior que os outros. Retive isso na imagem que eu fizera — só retive. Fiquei surpresa quando uma pocinha de líquido apareceu ali, brilhando como um lago minúsculo. Então, através do ponto mais frágil, apareceu um pequeno brilho no interior da protuberância.

Enquanto escrevia isso, me lembrei de repente de quando minha mãe, meu pai e eu partimos num Ford modelo T, em 1919, para ir de carro de Nova York à Califórnia. Meu pai nunca havia dirigido mais de cinquenta quilômetros de casa. Meu pai e eu nunca havíamos ido mais a oeste do que Tarrytown; minha mãe tinha ido a Ohio de trem uma vez. Naquela época, poucas pessoas atravessavam os Estados Unidos. Não tivemos coragem de dizer às pessoas pelo caminho aonde estávamos indo. Primeiro dissemos Niagara Falls. Quando chegamos lá, dissemos Cleveland. Quando chegamos a Cleveland, fomos corajosos e dissemos que íamos a Kansas City. Quando chegamos lá, fomos ainda mais corajosos (ou audaciosos) e dissemos que estávamos indo de carro para a Califórnia. Quando escrevo sobre o que tem acontecido no meu corpo e depois passo para o inchaço do gânglio, do qual ainda nem cuidei, sinto-me como quando dissemos que íamos para a Califórnia. Ainda não acreditávamos que chegaríamos lá, e na verdade não sabíamos se conseguiríamos.

Não cuidei desse nódulo desde que voltei para cá. Há tanta coisa para fazer que eu teria de ser dezenas de pessoas — talvez centenas — para lidar com todas elas. Felizmente, quando algumas coisas se resolvem, outras se solucionam ao mesmo tempo, ou ao menos começam a solucionar. Tenho sorte de ter um corpo de partes entrelaçadas. Apenas pensei: "Se tudo em mim se esclarecer ou estiver prestes a se esclarecer, talvez eu possa começar a pensar em cultivar dentes". Parece radical, mesmo para mim, mas eu não colocaria isso além de mim, embora não ache que fosse mais longe — o eu que não sou eu e realmente sou eu, ou realmente *é*.

Onde está o "meu amigo"? Não ouvi falar dele hoje, mas agora tenho uma sensação agradável por todo o corpo. Ainda sinto falta dele. Eu gostava da voz dele. Não acho que "ele" seja masculino, mas talvez o componente masculino em mim misturado (mas não confundido) com o feminino. Em relação à minha voz em outros momentos, essa voz é masculina, mas não masculina em si. Na nossa língua, tem de ser ele ou ela... ou aquilo, e nenhum desses está bom para *mim*.

Notei que os indígenas não têm aparecido muito ultimamente. Acho que estou distante deles. Por outro lado, talvez voltem. Quando eu voltar de Vancouver, *qualquer coisa* pode acontecer, e é claro que não sei o que será. Eu só sei que, se ao chegar lá eu tiver derrapado para trás, não será permanente. O que é?

Voltei ontem à noite — cinco dias e meio de distância. Esperei duas horas e meia em Nanaimo. Na rodoviária, uma velhinha simpática de casaco verde-amarelado, chapéu e suéter cor-de-rosa não compartilharia seu *donut* com uma vespa. A vespa persistiu. A senhora derramou meia xícara de café nos sapatos ao se afastar da vespa e acabou dando o doce a ela. Pegou o que queria, que era muito pouco, e foi embora. Ela poderia ter comido o resto do *donut*. Não, ela não.

Em Duncan, esperei duas horas. Um jovem indiano de turbante rosa-claro me convidou para tomar uma cerveja com ele.

Eu estava cansada e me senti bem quando voltei. Hoje perdi terreno. Em Vancouver, minha flexibilidade persistiu. Marion notou a diferença no meu modo de andar. Percebi que a minha coluna lombar ainda era de concreto e comecei a cuidar disso, com sucesso. Hoje, como não consegui trabalhar em nada, respondi cartas. Quando fiquei com sono, fui dormir, dormi mal e acordei horrível. Minha urina provoca ardência. Isso não tinha acontecido.

Hoje me sinto imprestável.

Enquanto escrevia cartas, cada vez mais eu queria escrever aqui e, agora que estou fazendo isso, nada acontece.

Tenho pensado com um certo desdém que às vezes este texto "está cada vez mais um diário". Então, qual é a minha queixa ao diário? Em todo Natal, num período da minha infância, eu costumava ganhar um diário encadernado com couro. Não escrevia nada nele, mas gostava da sensação de ganhá-lo e da aparência. Minha relação com diários parou aí, até que o meu marido insistiu que eu mantivesse um, o que fiz por um tempo, mas depois me entediei. Ele manteve um diário, ano após ano, mas o chamou de "livro de lugares-comuns", que o alçou à literatura. Continuava um diário. Ano após ano após ano.

Perguntei a Marion, que é meio indígena (de uma avó), qual é a diferença mais importante entre indígenas e brancos. Ela disse: "Trabalho. O indígena trabalha e descansa — tira proveito. O homem branco diz 'continue trabalhando!' Ele enlouquece, e o indígena não".

Cansada. Dolorida. Lerda. Lerda. Esgotada. Esgotada demais para caminhar até a Casa; fraca demais.

Loucura. Loucura. Nesse instante, desisti e deitei num sofá. Durante muito tempo, perceber as minhas dores e rigidezes não parecia levar a nada. Não estou acostumada com isso. Senti vontade de desistir. Prossegui — apenas percebendo — e enfim comecei a arfar e suspirar, um alívio pequeno. Daquele instante em diante, o alívio foi uma maravilha. Levantei-me, caminhei até a Casa sem esforço, gostei de estar lá, senti-me bem e aproveitei o jantar.

Eu poderia ter feito isso de manhã.

Eu poderia ter feito isso ontem à noite.

Não admira que o dia de hoje me tenha dado uma sensação de "desperdício". Eu o desperdicei — desperdicei-me.

Não estou triste. Só *there it is*. Precisamente agora, sinto-me bem porque o mundo gira e gira e gira e eu tenho outra chance no anel de latão.

Tenho sentido que a Gestalt está cada vez mais diluída aqui. Não vi isso com clareza suficiente para fazer algo a respeito. Ontem vi com clareza. Hoje, fiz isto.

Estávamos num grupo amplo que, para mim, era... bem, sinto que há quatro ou cinco dias o subúrbio se mudou para cá. Hoje à noite, senti o mesmo. "Escolha a pessoa que você acha que lhe daria mais apoio." Qual é o significado de "apoio"? Que tipo de apoio? Para que eu quero apoio? Em seguida, cada par se junta a outro par e diz quais são seus "pontos fortes" e as suas "fraquezas". Fico toda confusa com isso. O que é "ponto forte"? O que é "fraqueza"? Todos se divertem muito e talvez aprendam alguma coisa, um tantinho.

Fritz chegou atrasado de São Francisco. Parecia feliz quando distribuiu folhetos de *Dentro e fora da lata de lixo* e mostrou provas das ilustrações de Russ Youngreen. Gostei dele. Retomamos alguns pedacinhos disto e daquilo, como organizar os grupos para amanhã de manhã. Fritz disse que cada pessoa deve escolher o terapeuta com quem não quer mais trabalhar. Eu ri. Fritz me ouviu rir e não ouviu minha gargalhada. "Isto não é brincadeira" — disse ele. Não era e era, para mim. Levei-o a sério no que ele disse, e o que resultou em mim é mais do que as palavras explicam. Em parte, minha risada foi de surpresa — o inesperado. Em parte, me senti *bem* com o desafio e me surpreendi com isso.

Quando essas coisinhas pareciam resolvidas, eu disse a ele que gostaria que fizéssemos algo como a semana do "*continuum* de *awareness*", que ele realizou em junho. Eu não esperava que ele aceitasse isso de imediato. Aceitou. Disse que se tratava do abecê da Gestalt, e que sem isso "você é apenas de classe média". Pediu que qualquer um dos novatos que não trabalharam com ele ficassem na cadeira quente. "Sempre se está *aware* de alguma coisa. Atente para isso."

De certa forma, não há nada novo para mim: "Agora estou *aware* de..." ou "agora sinto uma dor no pescoço" ou "vejo o rosto de Jack" ou qualquer outra coisa, e talvez acrescentando se a *awareness* é agradável ou desagradável. Era bastante claro o caminho que as pessoas na cadeira quente evitavam assim que se tornavam *aware* de algo desagradável para elas. Preciso verificar isso em mim. Acho que essa é a parte que me falta no trabalho comigo mesma e por que me cansei do efeito "diário" — que *eu* evito quando estou *com outras pessoas*. Eu me sinto bem, forte e empolgada para entrar nisso. É melhor que ele esteja *aware* de mim quando as pessoas que não querem me procurar como terapeuta vierem com instruções (de Fritz, hoje à noite) para expor ressentimentos amanhã de manhã. Quantas serão sinceras e farão isso? Quantas vão ludibriar e irão para quem quiserem? Não faço ideia... Agora mesmo tive a fantasia de *todas* batendo na minha porta. A fantasia é engraçada, e seria ainda mais engraçada se fosse verdadeira. Minha risada *existe*. Não a criei; aconteceu. Na minha fantasia intermitente em que todas as pessoas vinham a mim, elas tinham diversos tipos de expressão no rosto, de desalentado a alegre. Vi a postura delas. Posturas individuais... Acabo de pensar nisto: "Suponha que todas *não* me querem e, obedientes, venham a mim e discordem sobre o que está errado comigo".

Não apresse o rio (ele corre sozinho)

Tudo fantasia. Não tenho a menor noção do que acontecerá amanhã. Ontem e hoje, senti vontade de ir embora daqui. Eu sabia que não demoraria, mas com certeza me senti assim, "ugh". Tanta alegria e diversão. Isso eu consigo em qualquer lugar.

O que me deixa feliz agora é uma violação do meu amor ao "voluntário". É demais para o meu amor. Puf! Dou um beijo de adeus.

Algumas pessoas não entenderam nada do "abecê da Gestalt" de Fritz. Ficaram entediadas. Algumas aproveitaram muito e se mostraram bem interessadas e assim por diante: aquelas que tiraram algo disso, como eu, por tê-lo sugerido. Os que não aproveitaram nada provavelmente gostariam que eu não tivesse sugerido e talvez acrescentem isso às suas queixas contra mim. Uma mulher que não aproveitou nada disse que o abecê da Gestalt não se coaduna nem um pouco com a terapia dela — ela é terapeuta —, porque ela quer fazer acontecer. Ao mesmo tempo, porém, confia em Fritz e em mim para continuar aqui. Um homem que ficou na cadeira quente e não entendeu direito me disse que tem certeza de não estar perdendo nada, mas pareceu determinado a descobrir o que ele não está perdendo.

As coisas são mais alegres conforme o ponto de vista.

Sinto-me bem por ter sido sincera. Muitas pessoas usam os grupos para dizer coisas que não diriam em outro lugar. Já eu gosto de falar diretamente com a pessoa, sem o apoio do grupo. Fora do grupo seria fácil dizer a Fritz o que quero — *mais* fácil do que *no* grupo. Então, falei a ele no grupo. Não foi difícil, mas eu esperava alguma dificuldade — que eu não esperava contar apenas para ele. Seja como for, não evitei isso.

Tirei um grande proveito ao observar as pessoas na cadeira quente (uma de cada vez), e Fritz com elas. Ao mesmo tempo, gostei da diferença entre mim, em junho, nesse aspecto da *awareness*, e eu agora (mais *aware*), experienciando uma espécie de desabrochar e crescer de novo onde eu me sentia empacada. Não empacada *empacada*, como que empacada por inteiro: empacada no sentido de crescer em alguns sentidos e não em outros.

Também me sinto bem por ter me entediado com a fala de Fritz para os novatos (acho que ele também estava entediado — desistiu dela). Em vez disso, hoje à noite ele fez esse *continuum* de *awareness*.

Sinto alguma pena por ser a hora de ir dormir. Não estou com muito sono agora, mas, se não for para a cama antes da uma da manhã — o que quase aconteceu —, não estarei em forma para ficar *aware* às oito da manhã, quando o pessoal chegar. Kolman não estará aqui — só sei dele. Ele disse que lamentava não estar no meu grupo a semana inteira. Eu disse: "Sem ressentimento?" Achei que a resposta dele foi de que se sentiu *mais* ressentido com outro terapeuta, mas o que ele realmente disse foi que precisava trabalhar esse grande ressentimento com X.

A manhã deverá ser interessante: das oito às dez, as pessoas que não gostam de mim — ao menos como terapeuta, o que não significa que não gostem de mim —, e das dez às onze teremos o grupo de treinamento avançado com Fritz, que ele largou no final da série anterior, em fins de agosto, e eu sempre aproveitei muito.

Dia seguinte.

Gostei do (potencial de) risco.

Hoje de manhã, antes das oito horas, entrei numa espécie de loucura. Tudo que dizia respeito a "ressentimento" parecia absurdo, como crianças brigando por algo que não aconteceu em lugar algum, exceto na cabeça (respectiva) delas. Senti vontade de rir e caminhar na chuva. Com o pessoal.

No entanto, isso não faria justiça a eles, disse eu. Deve-se levá-los a sério.

Então fiquei séria, e isso foi uma representação, uma encenação.

Toque o barco e dê risada... Eu não sentia vontade de rir, de modo que *dessa* vez foi encenação.

Tudo em que eu pensava tornava-se encenação. É claro. Encurralada.

Não quero *atuar* e não vejo nada para fazer senão atuar. Uma encenação ou outra. Não quero nenhuma delas, e em cinco ou dez minutos terei de...

Enfim me sentei e me juntei a mim — com o que se passava em mim: voltei a entrar em contato comigo mesma e com o mundo, com a luz aparecendo no céu e em mim.

Às oito e dez me perguntei: "Será que todo mundo está sendo 'malcriado' hoje e atrasando por não ter gostado do horário inicial dos grupos estipulado por Fritz, às oito em vez de às nove?"

Comecei a ler uma fantasia de ficção científica que escrevi há nove anos. Deke mencionou ontem à noite que há muita Gestalt nesse conto. Eu não sabia nada da Gestalt quando esta história se autoescreveu. Eu me agarrara à Gestalt depois de trabalhar anos para descobrir que tinha perdido meu talento inicial para escrever ficção. Quando reuni essas informações, eu sabia o que não fazer com outras pessoas e seus textos. Ainda não conseguia escrever ficção. Então fui em busca disso. Afinal, "eu" escrevi essa história e, enquanto ela acontecia, lembrei-me de que escrevia desse modo quando jovem, a partir de quando eu me deitava no chão, como de costume, e escrevia histórias, contando às vezes aos meus pais e à minha irmã o que ocorria na história naquele momento, como a história se autoescrevia e como eu via o que ela era. Eles gostaram, e não me disseram que eu deveria continuar a escrever.

Fiquei muito interessada ao ler essa história agora. Quando me dei conta, eram oito e vinte. Notei que ninguém viera e pensei: "Talvez não venham mesmo".

Fiquei decepcionada. Os novatos não participaram de um grupo comigo, mas todos os "veteranos" participaram. Sem ressentimento? Não acreditei... Só agora percebi que o ressentimento que eu imaginava neles era falta de entusiasmo e lentidão, coisa que aconteceu ontem à noite com Fritz quando ele apresentava o abecê da Gestalt. Se fosse assim para qualquer um, eles poderiam sentir-se abalados por se ressentirem de mim.

Especulação. Qualquer coisa que eu pense a respeito é especulação. Minha especulação. Não sei porra nenhuma.

Quantos outros sentimentos eu tive hoje de manhã quando ninguém apareceu? Continuei lendo a história e me senti bem sentada aqui, desfrutando-a. Deixei-me sentir sonolenta como estava, e então não me senti mais sonolenta. Depois, voltei a sentir sono e me chateei quando me levantei e ninguém apareceu, e eu podia ter dormido. Então percebi o que aproveitei da expectativa da vinda do pessoal — o erro da atuação, a clareza e a conclusão de que eu só poderia me guiar pela *awareness* do momento, e eu não deveria ter perdido essa *awareness* da forma como aconteceu.

Estou com vontade de reproduzir aqui o meu conto "Window to the whirled" [Janela para o volteado]. Eu sabia que tudo em que eu trabalhava antes tem relação com o que faço agora, mas não pensara na história como Gestalt até que Deke a mencionou. Gestalt, sim, é claro — inclusive na forma como foi escrito.

Barry Stevens

JANELA PARA O VOLTEADO[55]

Anne era jovem e tinha um lindo cabelo loiro, olhos verde-água, pele de marfim e um corpo que não precisava de ajuste em nenhum lugar. Ela queria duas coisas: uma máquina de costura de pedal e sua avó. Ora, ela poderia ter sido estrela de TV ou qualquer coisa que a maioria das garotas daria a alma para ser. Anne disse que ficaria entediada. O que poderia ser mais chato, perguntaram a ela, do que uma máquina de costura e uma avó? Essa não era a opinião de Anne de jeito nenhum.

Sua avó tinha uma máquina de pedal e deixava Anne usá-la às vezes. Quando os pés de Anne estavam pedalando, um para a frente, o outro para trás, ela sentia estar indo a algum lugar. A Vovó sempre tivera a mesma sensação. Ela não trocaria sua máquina por uma elétrica porque, disse, não aguentaria ficar num lugar só. Anne nunca se entediou quando a Vovó estava por perto. Iam sempre a algum lugar juntas, mesmo que estivessem na sala de estar com todos os outros. Então, um dia, a Vovó desapareceu, e Anne chorou. Mas em seguida ela conteve as lágrimas e saiu para procurar a Vovó. Quando chegou à Nova Inglaterra em busca dela, sentia-se muito desanimada. Ao ver um leilão em andamento na frente de um celeiro, parou para se divertir, e não mais escutava o seu desespero.

Ninguém sabia o que sairia do celeiro em seguida; seria mostrado no alto para todos verem e voltaria a ser escondido... E então havia uma velha máquina de costura de pedal. Anne começou o seu lance com vinte e cinco centavos. Ninguém mais deu um lance, e ela obteve a máquina por aquele valor. De repente, sentiu que os seus pulmões pareciam ter parado de respirar. Uma máquina de pedal! Talvez *essa* fosse a maneira de encontrar a Vovó.

Quando os homens lhe trouxeram a máquina, Anne começou a trabalhar imediatamente, olhando o que havia nas gavetinhas, duas de cada lado, e pronto! Havia um manual de instruções numa delas, esfarrapado, mas ainda se podia ler como passar a linha na máquina. Em outra gaveta estava uma estantezinha de madeira com furos para guardar carretéis, e em cada um dos furos havia um carretel com linha — azul, verde, branca, vermelha, amarela. Os fios coloridos tinham um brilho estranho. Ela nunca seria capaz de combinar as cores, mas não queria desperdiçá-los e usou o carretel que tinha um pouco de linha branca. Havia também outro carretel de linha branca, e então ela passou o fio pela parte de cima da máquina. Em seguida, tirou um lenço do bolso, dobrou-o e costurou os dois lados. A luz do sol

Não apresse o rio (ele corre sozinho)

atravessava os galhos de um grande olmo e salpicava Anne e a máquina de costura com luz e sombra. Ela agora usava o lenço como pano de limpeza. Em uma das gavetas havia um frasco ainda com óleo. Cheirava bem demais para ser óleo. Estava mais para perfume; na verdade, mais para flores. *Por que* a Vovó não levou Anne com ela? Anne ficava magoada quando pensava nisso, e a dor a paralisava de tal forma que ela não conseguia fazer nada. Então, pensou nessa questão de outra forma, sem ênfase, perguntando: "Por que a Vovó não me levou com ela?" E dessa maneira vinha uma resposta, mesmo que ela ainda não soubesse qual era.

Começou a perceber que estava sendo lógica demais. A Vovó não. E estava se esforçando muito, coisa que a Vovó sempre dizia ser ruim. "Você simplesmente *faz* as coisas", explicou ela, "e então elas saem do jeito que você quer, embora você não soubesse que era isso que queria". Aliás, do jeito que acabara de acontecer. Se ela não tivesse parado de procurar a Vovó, não teria notado o leilão nem teria encontrado a máquina para começar a pensar no sentido certo. Se ela tivesse ouvido *apenas* a Vovó, pensou Anne. Mas todas as outras pessoas lhe diziam que a Vovó estava louca.

Agora a máquina de costura brilhava como os trilhos bastante usados de uma ferrovia, chamando-a para... Quando ela pensou nesse "para" e aonde ele levaria, balançou a cabeça para trás para tirar o cabelo da testa e prosseguiu a costura. A Vovó disse que qualquer coisa em que se pudesse pensar era diminuta em comparação com o que poderia acontecer, e que pensar no que se quer restringe as coisas de tal modo que só as pequenas e comuns ocorrem. Então lhe diziam: "Claro. A vida é assim. O que você esperava? Tapetes voadores?" Quando Anne estava dentro de si mesma e da Vovó, ela voava, mas quando estava dentro de outras pessoas decidia ser sensata e não esperar muito. Ela se sentia cada vez menos sensata, ou mais sensata de uma maneira diferente.

Quando a máquina de costura estava ajustada para zunir em vez de estalar, Anne pediu aos homens que a colocassem no seu carro e foi embora. Ao chegar a uma bifurcação na estrada, pegou o caminho que lhe agradava. Ao atravessar uma cidade, viu uma loja, entrou e comprou um saco de dormir e uma caixa térmica pequena, sem perceber que mudara a sua rotina de meses de dormir em motéis e comer em restaurantes, como todo mundo. Ela só sabia que estava estranhamente feliz e queria voltar para o Oeste. Porém, não estava com pressa. Anne parou quando lhe deu vontade e usou a máquina de costura. As coisas que ela fazia eram cada vez mais bonitas. Queriam comprá-las, mas Anne as doava, dizendo que eram preciosas demais para vendê-las por causa do que foi costurado dentro delas. Ela não sabia do que estava falando, mas sabia que era certo.

Queriam que ela ficasse e lhe ofereceram um bom lugar para trabalhar, mas sempre, mais cedo ou mais tarde, Anne colocava sua máquina de costura no carro e partia para outra cidade. E mais outra. E outra. Até que às vezes ela se perguntava se fazia sentido ou se estava apenas revivendo um conto de fadas que memorizara na infância. Em outras ocasiões, parecia que o conto de fadas vinha dizendo às pessoas como viver, mas outras vezes ela duvidava disso. Então, ela se lembrava de "não pense!" e parava, voltando a desfrutar tudo ao seu redor.

Anne acabou indo à Califórnia, onde o clima geralmente era ameno, e começou a levar a máquina de costura em viagens às montanhas, ao deserto ou aos lagos. Lá ela se sentava ao sol e pedalava, o que não teria sido possível com uma máquina elétrica, que confina a pessoa a um fio e exige a disponibilidade de energia. Ela deixava a máquina de lado para nadar ou escalar uma montanha, e se tornava cada vez mais forte e flexível. Também ia ficando mais bonita — talvez radiante seja a palavra certa —, mas não percebeu isso, pois estava muito fascinada com o seu aprendizado. Ideias continuavam aflorando na cabeça. Ela começou a entender matemática e física, e muitas outras coisas com as quais não se importava, porque as achava chatas. Pensou em se mudar para um lugar onde houvesse uma universidade, para fazer uma graduação, mas, quando falou sobre isso com um homem que visitava a cidade, um professor de Berkeley chamado Stan Blanton, ele disse: "Deus, não! Você perderia o que tem, e o que não perdeu lhe custaria cinquenta anos até você começar a entendê-lo". Essa era uma conversa da Vovó, e Anne se sentiu à vontade com ela — e com ele. Blanton era um cara legal, mas um pouco triste. Tinha 50 anos e não fizera nem a metade das coisas que queria, por causa de todas as outras que ele "tinha de" fazer, e não estava certo de que as que fizera tinham valido a pena. Essa situação o impedia de continuar fazendo a mesma coisa, de modo que estava cansado o tempo todo, embora achasse que fosse do envelhecimento.

Esse homem tinha grande consciência da própria idade; portanto, ele foi embora, ainda que se sentisse mais jovem ao lado de Anne do que nos anos anteriores e ela fosse o que de mais bacana ocorrera com ele.

Não apresse o rio (ele corre sozinho)

Anne ficou um pouco triste, pois ele parecia ter um potencial que outras pessoas não tinham. Ela se sentiu separada de alguma coisa. Contudo, sempre conseguia se recompor dentro de si mesma, resolvendo as coisas com a máquina de costura. Então, pensou, ela poderia usar os acessórios que não usara. Encaixou um na máquina e pegou uma tira de tecido longa e fina para experimentá-lo. Entretanto, por mais que ela costurasse cuidadosamente em linha reta e mantivesse as duas extremidades da tira separadas, as pontas sempre terminavam juntas, como um cinto torcido, de modo que a parte de fora virava para dentro ou a parte de dentro virava para fora, até que não se entendia o que era fora ou era dentro.

Ela decidiu experimentar as linhas que vinha economizando; pegou o carretel de linha amarela e colocou-o no lugar correto. Pegou a linha verde e a colocou por cima, onde deveria ficar o carretel, para que a amarela e a verde se misturassem como botões-de-ouro num campo. Porém, quando começou a pedalar, o pano escorregou debaixo do calcador e os fios verde e amarelo continuaram se entrelaçando. Aquilo parecia não ter fim. Os dois carretéis estavam sempre cheios. E, no lugar dos fios, agora se formava um pano. "Ah, como eu adoraria ter uma capa dessas!" — pensou, e continuou a pedalar. E o pano cresceu. Agora, contudo, crescia com uma forma muito especial, e Anne começou a ver o contorno da sua capa, embora fosse difícil entender como o interior e o exterior continuavam mudando. Então, ela parecia ter feito a capa, ou a máquina a tinha feito, ou ambas a fizeram, pois ela não tinha certeza de quanto do tecido saíra dela mesma e quanto da máquina. Às vezes lhe parecia que talvez as duas não fossem separadas. Ela sempre achou que as máquinas não eram como a natureza — a natureza em que se pode saber pelo tato o que é uma árvore, uma rocha ou uma poça. Mas máquinas! Nem mesmo as máquinas de pedal eram um lugar em que ela pudesse *entrar*. Não eram naturais. No momento, porém, ela não tinha tanta certeza disso. Um ninho era natural; foi feito por pássaros. A represa de um castor era natural; o castor a construiu. E as máquinas eram feitas por gente mesmo quando feitas por máquinas, porque os humanos criaram o...

Quando a capa ficou pronta, Anne cortou os fios que a prendiam à máquina, mas teve a impressão de cortar um cordão umbilical. Levantando-se, pôs-se a jogar a capa sobre os ombros para descobrir como ficar dentro dela, e a capa se enrolou ao seu redor.

Houve uma batida na porta, e Anne disse: "Entre!" E lá estava Stan Blanton. "Que capa linda!", exclamou ele, e não fora para dizer isso que ele viajara trezentos quilômetros. "É, não é?", disse Anne. "Mas não consigo concluir qual é o lado de dentro e qual é o de fora, nem em qual estou!" Ela deu uma sacudidela na capa ao dizer isso e pareceu misturar o lado de fora e o de dentro num instantinho. Nisso, a capa desapareceu. E Anne também.

Stan não sabia dizer qual foi a sua primeira reação ou se elas se encobriam como ondas, como as cores de um golfinho moribundo. Ele ficou estupefato, consternado, intrigado, maravilhado e outras coisas que não se incomodou de destrinchar. Porém, quando a ondulação parou, ele não soube o que fazer. Foi preciso um esforço enorme para esquecer as convenções, que lhe diziam que se afastasse de Anne, se livrasse dessa situação e a procurasse. E agora ela já tinha ido embora! O homem sentou-se numa cadeira com a cabeça entre as mãos e os cotovelos na máquina de costura, tentando descobrir o que ocorrera. A resposta parecia estar logo ali. Contudo, de repente ele começou a pensar em outras coisas. Anne havia sumido. Garotas e idosos desaparecidos eram motivo de escândalo. Decidiu voltar logo para Berkeley. Desceu as escadas apressado, entrou no seu carro e foi para casa. Maybelle não estava lá. Ele se sentou na sala, tentando pensar no que dizer a ela quando entrasse e perguntasse onde ele estivera. Sua cabeça doía. O que ele *poderia* dizer?

Quando Maybelle entrou, ele ergueu a cabeça e disse, como de costume: "Oi, querida". E ela, também como de costume, disse "oi, querido" e subiu as escadas, como de costume.

Isso o deixou louco. "Depois de tudo que passei!", pensou. E então ele ficou ainda mais furioso quando percebeu que tudo que lhe ocorrera não passava de um monte de absurdos que não aconteceram num lugar, mas, sim, em sua cabeça. Saiu de casa correndo e desceu a rua, sentindo-se um bobo, depois de ter ficado, durante tantos anos, quieto numa cadeira resolvendo problemas com maturidade e chegando a conclusões sensatas. Agora, de repente, ele considerava esses anos uma submissão a algo que na realidade não lhe interessava, e será que isso era *maturidade*? Sentiu que conduzia as coisas por conta própria quando saiu da casa de Anne abruptamente, mas ele tinha sido um fantoche, levado a fazer coisas inúteis a seu ver. Ele deveria ter ficado lá para tentar encontrar Anne.

Não apresse o rio (ele corre sozinho)

Anne voltou ao seu quarto logo depois que o homem se foi na realidade, se é que "realidade" significa a *nossa* época. *Ela* tinha sumido por semanas, o que achou muito revigorante. Depois disso, passou cada vez mais tempo à procura de outros lugares, e essas ausências começaram a ser notadas pelos vizinhos. Da vez seguinte em que desapareceu, alguém chamou a polícia e disse que ela estava desaparecida e que suspeitava de crime. Falar nessa suspeita era um artifício para fazer a polícia querer saber mais sobre o desaparecido e investigar a vida de outras pessoas. Stan era a única "pessoa no caso", e a polícia o localizou em Berkeley. Maybelle se separara dele, o que foi muito aceitável e conveniente.

A foto de Anne apareceu nos jornais junto com a de Stan — não que houvesse prova da relação dele com o desaparecimento dela, mas dava uma boa reportagem. Indignado, Stan gritou: "É mentira! *Tudo* mentira!" Aquelas pessoas não queriam acreditar nisso porque estariam implicadas, portanto ele "disse tudo" só para comprovar o que dissera. Depois, foi autorizado a ficar em casa, mas passou por um exame psiquiátrico. Certa noite, ele estava deitado na cama sem o mínimo sono quando...

Anne surgiu de repente ao lado da cama e disse: "O que você quer dizer falando de mim desse jeito, como se eu fosse uma curiosidade?!"

Stan não perdeu tempo falando, pois poderia falar depois se agisse primeiro. Ele estendeu o braço, agarrou a capa e lançou-a sobre a cabeça dela, dizendo: "Fique um tempo por aqui".

Anne riu. "Eu rodei o mundo e aprendi algumas coisas", disse ela — e desapareceu.

Entristecido, Stan estendeu a capa sobre a cama e recostou-se nos travesseiros. Diante dos seus olhos, a capa escapou da cama e se enrolou em Anne, que de repente apareceu de novo, rindo dele. "Sem isto só posso desaparecer", disse ela. "Não posso ir a lugar nenhum." Agora que estava com a capa, ela podia.

Stan recobrava os sentidos, agora que não tentava fazer ou ser ou viver com base em nada. Vestiu-se e foi ao lugar onde Anne morava para pegar a máquina de costura. No hotel mais próximo, começou a aprender a usá-la. Quando chegou à faixa de Möbius[56], o resto foi fácil. Foi então ao quarto de Anne "procurar uma coisa". Deveria ser muito fácil encontrar Anne. Ele só precisava começar de onde ela esteve e deslizar a faixa até lá. Stan vestiu a capa e deu uma girada nela, como Anne fizera.

Era maravilhoso não estar em lugar algum, o lugar em meio a tudo. Stan não se dera conta de que seria tão deslumbrante quanto ser o único navio num oceano ou o único patinador no Lago Michigan congelado. Ele tinha sonhos desse tipo, mas os rejeitara porque revelavam um desejo impensável. Mergulhando, desviando-se, curvando-se — e tudo em cima de nada, para que não houvesse chance de cair. Começou a sentir um grande entusiasmo, a curiosidade sobre onde se encontraria quando deslizasse para fora da faixa e para dentro de Anne. Ela ficaria muito surpresa!

Zum!

Stan estava em seu quarto, bem no local onde Anne estivera. Mas ela não estava lá. Que bobo! Ele espalhou a capa na cama, sentou-se nela e ajeitou o cabelo com as mãos. Estava tão perturbado com o fracasso que não percebeu que devia apenas sair de novo. Para onde ela teria ido? Passado e presente, futuro também; ela poderia estar em qualquer lugar, em qualquer momento deles. Tinha tanta *certeza* de que tinha descoberto, e só precisou seguir a si mesmo para casa. De repente, ele teve o pensamento angustiante de que talvez só pudesse fazer isso mesmo.

Levantou-se da cama e andou de um lado para o outro e então desceu as escadas — não que fizesse algum sentido, mas ele tinha de fazer alguma coisa para não ter tanta certeza de que não estava fazendo nada. Sentou-se numa cadeira e esfregou *forte* as sobrancelhas com a palma das mãos. Dessa vez, ele não partiria de *nenhuma* ideia preconcebida. À medida que surgiam na sua mente, ele as apagava, uma por uma, até que não sobrasse nada. Mas o vazio ajudaria em quê? Stan balançou a cabeça de raiva e pensou: "Ela que vá pro inferno! Vou fazer algo que *eu* queira fazer". Correu para cima, girou a capa por cima dos ombros e foi patinar na faixa, atravessando as nuvens de lugar nenhum para algum lugar que ele sempre quis conhecer...

Chegou de manhã. Uma manhã linda, clara e luminosa, nítida como no outono e com o suave calor do verão no ar. Edifícios altíssimos erguiam-se solitários, destacando-se do céu. Ao redor de cada um deles havia áreas de prédios baixos, gramados e árvores. As pessoas andavam pelas ruas com roupas macias e brilhantes como flores, que faziam as dele serem visivelmente sem graça. Rápido, ele voltou à tira e ao hotel onde havia deixado a máquina de costura, para que ela tecesse roupas novas para ele. Vestindo-as, recolocou a capa nos ombros e patinou para onde estivera, onde agora

Não apresse o rio (ele corre sozinho)

seria imperceptível. Mesmo assim, teve uma sensação de solidão. Em alguns momentos, ao passar perto de alguém, essa solidão ia embora, mas depois voltava. Ele queria estar com gente — como algumas pessoas iam na direção de um prédio, foi para lá também. Parecia ser uma espécie de teatro ou salão. Não havia cartazes nem letreiros, então ele se aproximou do sujeito que estava mais perto e lhe perguntou: "Qual é o programa de hoje?"

O sujeito parou, e um sorriso começou a lhe modificar o rosto. Então disse bem rápido: "Desculpe, eu pensei que você fosse daqui. Eu não sei bem que palavras devo usar para explicar a você. Isto é uma espécie de parquinho, suponho. É isso mesmo?" Stan parecia confuso, então o nativo tentou de novo. "Nós aparecemos quando queremos e ouvimos ou participamos da peça como quisermos. Não há nada escrito. A gente apenas... Eu não sei mesmo como dizer isso porque nunca precisei dizer. Participamos da peça quando queremos e saímos dela quando queremos. É muito divertido."

"Divertido!", retrucou Stan. "É confuso! Como você sabe onde a peça começa ou termina ou está em andamento?"

"Que modo de ver estranho", argumentou o nativo. "Se eu sei onde começa ou termina ou está em andamento? Suponho que seja possível ver as coisas desse modo quando se tem uma visão muito limitada. Mas como é irreal."

"Irreal!", exclamou Stan, muito confiante de saber o que é realismo. "Ora, você está fugindo do assunto!" Porém, sua vida muito recente lhe veio à cabeça, e ele não tinha tanta confiança. Mesmo assim, não pôde ceder e disse com um gesto grandioso: "Isso só acontece nas suas peças, é claro".

"Bem, não. Na verdade, nossa peça serve em parte para nos manter em contato com a realidade. Não quero dizer que é por isso que a representamos. Nós gostamos da peça, e esse motivo já nos basta. Mas também levamos um pouco do espírito de realidade ao nosso trabalho, e isso nos impede de ficarmos sérios demais no que é, afinal, muito transitório e limitado."

Stan revirou isso na cabeça. Foi necessária uma boa reviravolta. "Todas as suas peças são assim?", perguntou. "Nenhum ator que trabalha duro dá a vida à profissão?"

Dessa vez, o nativo pareceu confuso. "A troco de quê", disse ele enfim, "alguém deveria dar a vida a uma profissão?"

"Para melhorar as coisas", disse Stan.

"E melhoraram? Acho que você deve ser *dessa época*", arriscou o nativo. "A era mais trágica — só mal-entendidos."

"O que entendemos mal?", perguntou Stan com ansiedade. O nativo ficou calado. "Não me diga 'se tem de perguntar é porque nunca vai saber'!", gritou Stan.

"Não", disse o nativo. "Eu poderia dizer, mas não digo. Mas me conte, como você chegou aqui?", e se afastou sem esperar a resposta. Olhou para Stan como se o convidasse a segui-lo, mas Stan não percebeu. Sua cabeça era um monte de dores causadas por ideias que pareciam válidas na cabeça dos outros. Então entraram numa acrobacia em que tudo se movia tão rápido que ele não conseguia dizer qual estava de ponta-cabeça e qual estava certa.

De repente, Anne era a sua única âncora possível nesse caos. Stan começou a andar rápido pela rua. Se pudesse encontrá-la! Aí ele desacelerou. Isto é o que ele deve tirar da mente: encontrar Anne. Sentiu uma pontada quando percebeu que, se ela tivesse passado por ele naquele momento, teria reconhecido onde ele estava — ou não estava — e passaria sem falar com ele. Stan se conteve para não ver se ela estava atrás. Ele se trouxe para o *agora* de todos os seus sentidos, a fim de perceber tudo no instante em que vivia. Então, percebeu que estava faminto. O que fazer se o seu dinheiro não pudesse ser usado ali? E os numismatas? Havia cabines telefônicas ao redor; ele entrou em uma.

A lista telefônica parecia pequena demais. Ele olhou para a frente em busca de instruções e por sorte descobriu que só precisava discar "numismatas" para obter as informações que desejava. Uma tela na parede se acendeu e lá estavam listados todos os numismatas. Ainda seguindo as instruções, pegou uma folha de papel num bloco peculiar ao lado do telefone e a segurou na frente da tela. Num instante, a informação foi transferida e ele saiu da cabine com o papel na mão. Um pensamento lhe ocorreu, e ele voltou à cabine telefônica e discou "negociantes de moedas". A mesma lista apareceu na tela. *Essa* foi uma iniciativa inteligente.

Todos os comerciantes ficavam na mesma rua. Assim, ele só precisava encontrar a rua. O primeiro homem a quem ele perguntou disse cortesmente, apontando com a mão: "Desça duas quadras e pergunte novamente". Quando ele voltou a fazer a pergunta, o homem apontou para outra direção e disse: "Um quarteirão abaixo, e pergunte novamente". Na parada seguinte, quando perguntou, o homem apontou para uma rua e disse: "Faixa à direita, na metade do quarteirão".

Era uma bênção ser tão simples!

Ele entrou na primeira loja que o atraiu, pois não sabia nada sobre nenhuma delas. O balconista olhou para o dinheiro que Stan lhe deu e o devolveu, dizendo: "Terceira loja à direita. Ele lhe dará um preço melhor do que eu".

Stan olhou para o balconista com espanto. "Por quê?"

"Ele tem um cliente que paga mais."

"Mas você não quer tocar o seu negócio?"

"Sem dúvida", disse o homem, "mas isso não é motivo para você não conseguir tudo que puder com esse dinheiro".

Stan saiu da loja um pouco incrédulo. Havia uma mulher à frente dele na loja seguinte, e ele notou que ela oferecia o mesmo tipo de dinheiro que ele. Era provável que agora ele receberia menos pelo seu, se conseguisse alguma coisa. Não parecia haver nenhuma negociação. A mulher e o balconista estavam admirando o dinheiro, e então o balconista o colocou numa caixa embaixo do balcão, abriu outra caixa e foi contando outro dinheiro enquanto o punha na mão da mulher. Ela andou com o dinheiro para a porta. Quando passou por ele, Stan notou os olhos da mulher. Lembravam um pouco os de alguém, mas não de todo. Talvez os olhos fossem os mesmos e o cabelo fosse diferente, o que fazia os olhos parecerem diferentes. De qualquer maneira, ele não conhecia ninguém ali. Foi ao balcão e o funcionário pegou o dinheiro e disse com alegria: "Dois em um dia! Às vezes temos de esperar anos! Posso lhe dar um pouco mais por esse dinheiro do que dei à dona Chumley, porque o sr. Sringo ficará tão feliz por não precisar mais adiar sua viagem. Agora ele tem o suficiente para viajar".

"Mas onde ele pode usar *esse* dinheiro?", perguntou Stan.

"No século XX, é claro. Vocês que vêm do passado estão bem porque o dinheiro antigo é real, mas, quando voltamos ao passado, o nosso dinheiro é falso."

Stan pegou o dinheiro novo que o balconista lhe deu e caminhou para a porta. Ao passar pelo local onde havia notado os olhos da mulher, várias coisas se encaixaram ao mesmo tempo. "Anne!", pensou. Mas não, não é ela. Aquela mulher era muito mais velha do que Anne. Stan juntava dois e dois e fazia vinte e dois. Ainda assim havia um incômodo na nuca, insistindo que ele estava pelo menos um *pouco* certo. Ele se voltou para o funcionário. "Você tem o endereço da dona Chumley?"

"Não mais do que o seu."

Stan dirigiu-se à porta de novo e o funcionário o chamou: "Ela disse uma vez algo sobre 'as crianças', de um modo que me fez pensar que poderia ser professora".

Nas ruas não havia placa de restaurante, mas aqui e ali, no que parecia ser casas particulares, havia uma placa discreta em que se lia "Clientes bem-vindos". Ele entrou numa das casas e se viu numa antessala pequena, de onde enxergava uma sala com uma grande mesa redonda, à qual várias pessoas estavam sentadas. A comida na mesa parecia muito boa e cheirava extremamente bem, o que o levou a querer entrar e pegar uma cadeira vazia. Porém, as pessoas conversavam como velhas amigas. Isso também o levou a querer juntar-se a elas. No entanto, ele hesitou, em pé na antessala, mas a placa dizia *mesmo* "Clientes bem-vindos", e, como não conseguia chegar a outra conclusão, resolveu entrar e se sentar. E assim fez.

"Olá!", disse um dos homens, com um ar amigável e nada arrogante. "Falávamos sobre...", disse o homem, fazendo-o entrar na conversa. Passaram a comida para ele. A conversa girava em torno de assuntos desconhecidos de Stan, mas, à medida que se desenrolava, ele começou a se sentir em casa. Quando terminavam de comer, algumas pessoas iam embora, deixando dinheiro no prato. Uma empregada entrou e pegou os pratos e o dinheiro; deu uma olhada na mesa para saber quais travessas precisavam ser reabastecidas.

Outras pessoas entraram e se sentaram, e a conversa continuou de imediato, a respeito da diversidade de assuntos. À medida que se inteirava, Stan passou a dizer uma coisa ou outra de vez em quando. Em outros momentos, foi possível apontar uma falácia, embora ele não soubesse muito bem do que falavam. Ele notara isso quando criança, mas ninguém o ouviu. Nessa ocasião, contudo, os clientes o ouviram e riram quando ele apontou um erro. Corrigido o erro, todos continuaram a conversa desse ponto em diante.

As pausas na conversa pareciam ser os momentos em que todos escutavam mais. Stan as aproveitou. Era como se sua mente clareasse e as informações lhe chegassem de forma ordenada. Quando saiu ao sol, sentiu-se revigorado, livre e vivendo num mundo maior do que aquele que conhecera antes.

Não apresse o rio (ele corre sozinho)

Dona Chumley saiu da loja onde trocara o dinheiro e voltou à escola cantarolando. Ela repetia esse ato. Devia existir um tempo passado em que a sorte dela acabasse, mas dessa vez não. Então ela aproveitou a ocasião.

As crianças a receberam com alegria. Eram especiais, mas ninguém sabia disso senão elas mesmas e dona Chumley. Foram registrados no Conselho Escolar como "crianças especiais", termo herdado de meados do século XX, quando "especial" foi usado pela primeira vez com crianças que não eram especiais. Ela tirou o dinheiro e o colocou na mesa; as crianças se aproximaram e cada uma pôs um pouco do dinheiro no bolso. Então saíram dali e se espalharam, cada uma em uma direção diferente e comprando uma coisa insignificante — coisas corriqueiras que qualquer pai poderia pedir ao filho que comprasse, como peças para consertar um cóptero, um condicionado ou um aeroveloz.

Quando voltaram para a escola, todas se juntaram numa sala onde já havia algo feito parcialmente e começaram a trabalhar, pondo as novas peças em lugares inusitados até para as pessoas que dominavam tudo sobre cópteros, condicionados e aerovelozes. Dona Chumley só acompanhava. Ela gostava de ver as crianças trabalhando, concentradas no que faziam. Quando começou a trabalhar com elas, fingiu ter ficado perplexa. Foi bom para elas. Já fazia tempo que dona Chumley não precisava fingir.

Quando a campainha tocou, ela se perguntou quem poderia ser. Levantou para ir à porta, enquanto as crianças deixavam o trabalho e se espalhavam pela sala com livros na mão para ler ali mesmo. Todas se dividiam em grupos pequenos, nos quais as de mais idade orientavam as mais novas, do modo como funcionava qualquer boa escola. Sim, havia a Máquina, mas dona Chumley começara com máquinas triviais, explicando que as usava para ensinar as crianças e que, quando as máquinas se tornassem mais complicadas, seria preciso um especialista ou um simplório para perceber que elas eram diferentes.

"Dona Chumley!", chamou Stan. "Estou tão feliz por encontrá-la!" E ele parecia mesmo tão feliz que dona Chumley também ficou feliz. Além disso, aquela atitude pareceu ser tão diferente que dona Chumley só poderia dizer: "Pode entrar!" Ao levá-lo à sala de aula, ela revelou: "Eu preferiria que outra pessoa me procurasse, a minha neta, mas acho que ela não é tão inteligente quanto eu pensava. Às vezes penso que deveria tê-la trazido comigo, mas se fosse assim ela nunca encontraria um caminho só dela", suspirou. "Mas acho que ela não encontrou."

Stan olhou para dona Chumley com mais atenção, sobretudo para os olhos dela. "Anne?", perguntou.

"Sim", respondeu dona Chumley. "Esse é o meu nome. Oh! Você quer dizer *Anne*!"

"Acho que sim", disse Stan. "Eu não estaria aqui se não fosse ela."

"Estou tão feliz!", disse dona Chumley, largando-se numa cadeira. "Pensava ter dado a ela o suficiente para continuar, mas *é* difícil se manter lá, de modo que às vezes eu me perguntava se estaria errada. Contudo, se começou, ela está bem, mesmo que não tenha tido muito sucesso. Aliás, quem teve? Conte-me tudo." E Stan contou. Ou melhor, começou a contar, mas percebeu que as crianças estavam ouvindo. Dona Chumley fez um gesto para ele continuar. "Não temos segredos", disse ela. "Isto é, não tenho nenhum segredo com elas."

Quando Stan terminou, dona Chumley discorreu sobre as crianças e ela mesma.

"Pensei que este mundo fosse instruído!", exclamou Stan.

"E é", disse dona Chumley, "mas se acostumaram tanto com ele que se esqueceram de que poderia ser mais instruído".

"Então, presumo que a senhora rejeite a rotina."

"Bem, acho que sim", respondeu dona Chumley, "mas não é por causa disso que trabalho aqui".

Stan caminhou até a máquina; as crianças se reuniram ao redor dele, com expressões faciais que ele tentava interpretar. Ele tentou parecer inteligente ao perguntar: "E isto é usado em quê?"

"Já foi", disse um dos meninos mais crescidos, passando os olhos pelas outras crianças. "Todo mundo entendeu?" Todas concordaram com a cabeça ou disseram "sim", e ele confirmou a resposta uma por uma para se certificar de que nenhuma ficara de fora. "Vamos lá!", disse ele, e as crianças começaram a desmontar a máquina, colocando as peças no chão em fileiras organizadas.

Dona Chumley assistiu com prazer estampado no rosto. "Elas realmente entenderam!", disse.

"O quê?", perguntou Stan.

"Na verdade não sei", declarou dona Chumley, "mas elas não tentaram nada de viagens interestelares, então pode ser isso".

"A senhora disse que elas entenderam", protestou Stan. "Então a senhora deve saber o que é."

"Elas têm a ideia fundamental", respondeu dona Chumley. "É como resolver problemas de aritmética no papel para que se possa resolvê-los de cabeça. Depois disso, o papel não é necessário. Algumas vezes pensei que elas nunca resolveriam isso."

"Por que não contou a elas?"

"Porque então elas seriam capazes de fazer uso desse conhecimento com limitações. Nunca passariam disso se não descobrissem por si sós."

Stan parecia perplexo. Dona Chumley parecia triste.

"Você entenderia", disse ela, "se deixasse de lado o que você acha que sabe. Tudo que você consegue fazer fora, você conseguirá fazer por dentro — foi daí que veio. A maioria das pessoas para do lado de fora. É por isso que em 1970 ainda existem fios de telefone e coisas assim."

"Para mim", disse Stan, "é como uma faixa de Möbius mental".

"Você entendeu!", disse ela.

"Ah, não, não entendi", corrigiu.

"Mas você tem... Você não poderia ter dito isso fora se não o tivesse dentro, e agora você só precisa trazê-la de volta."

Ela se voltou para as crianças.

"Estou indo para casa agora. Acho que vocês não. Contem-me quando eu voltar."

"Elas não lhe agradecem por tudo que você fez por elas?", perguntou Stan.

"Por que deveriam?", perguntou dona Chumley. "Sabe, neste momento não tenho a mínima ideia do que vou fazer a seguir."

Stan começava a sentir o mesmo enquanto segurava a porta aberta para ela. Depois, caminhou ao seu lado para a rua. Que maravilha ele ter chegado justamente quando ela estava prestes a começar outra coisa! Que divertido acompanhá-la!

No entanto, ela se separou dele na esquina, dando um "até logo" tão informal que parecia querer vê-lo no dia seguinte.

"Mas... e Anne?", perguntou-lhe, tentando retê-la. "Tenho certeza de que ela está a caminho!"

"Estou muito feliz", a voz de dona Chumley soou como brisa por cima do ombro dela. "Mas onde ela vai encontrar você?"

"Como saber se não sei em que lugar estarei até que eu esteja lá?"

E ela se foi.

Toda a aventura saiu dele novamente. Correu de volta para a escola e perguntou às crianças: "Onde a dona Chumley mora?"

"Onde ela preferir", disseram.

"Preciso encontrá-la!"

As crianças olharam para ele com curiosidade, como se ele fosse um ser disforme. Então, um vestígio de compaixão surgiu no rosto de uma das meninas, que lhe perguntou com doçura: "Como você a encontrou da primeira vez?"

Na loja! Mas talvez ela nunca mais vá lá. Estava faltando alguma peça, que estava ali, mas ele não a via.

"Esqueça isso", disse a garota, "que a resposta virá a você".

Então, a peça que faltava veio-lhe à mente: ele cuidava da necessidade do momento em que deparou com dona Chumley. Entretanto, poderia demorar muito para que seus caminhos voltassem a se cruzar.

"Quando não existe outro jeito", disse a menina, "esse é o único jeito que existe".

Stan sentiu-se humilde diante daquela criança, que sabia com tanta certeza, tão plenamente o que ele só vislumbrava às vezes e depois perdia. "Obrigado", disse ele ao sair.

Stan tinha muito para pensar e queria saber o que era. Começou a lhe ocorrer que estivesse apenas viajando com as duas Annes, como um velho que tenta recuperar a juventude com a juventude de outra pessoa. Quando elas a deixaram, ele voltou a ser velho. Porém, ele as *recapturara* sozinho por algum tempo. Como fizera isso?

Vagou pelas ruas sem saber aonde ia ou o que havia ao seu redor, até que chegou a um lugar de banho de sol. Havia uma parede comprida voltada para o sol e bancos encostados nessa parede, todos do mesmo material, que captava o calor e o conservava. Sentou-se num dos bancos, depois se estirou nele, deixando o calor de baixo e de cima penetrar nele para relaxar os músculos. Ao soltar o corpo ele também liberou a mente.

Por que para ele era tão difícil ficar *sozinho*? Parecia bem fácil para Anne e a sua avó, e, quando estava com elas, ele... Não, quando estava com elas, ele as acompanhava, mas não era tão *livre* como elas.

Não apresse o rio (ele corre sozinho)

Alguém chegou e sentou-se calmamente na extremidade do banco comprido. Stan não abriu os olhos, mas deixou de lado os pensamentos e apurou os ouvidos. Ouviu ruídos de trituração e estalidos e depois o som de asas de pássaros descendo para pousar, depois dos pés deles na calçada e das ciscadas que davam, dos saltos de quando se chocavam e depois recuavam e a seguir iam em frente. "Eles fazem tudo com tanta facilidade", pensou. "Por que com gente não é assim?" As pessoas têm de trabalhar para viver e criar filhos, sem dúvida, mas por que é tão *difícil*? Não deveria ser tão fácil para os seres humanos a seu modo quanto para os pássaros no deles?

"Por que os humanos são tão ignorantes?", perguntou, enquanto deixava rolar na mente tudo que ele afastava dela. A faculdade, percebeu ele de repente, talvez não fosse o grupo isolado e especial que imaginara. Talvez em todos os outros lugares fosse igual, com seus incompetentes consagrados, dos quais ele havia sido um. Ah, ele reconheceu os outros. Quem ele não conseguiu reconhecer foi a si mesmo. No início não fora assim. Ele jamais seria como seus professores.

Stan resmungou ao se lembrar de um graduado brilhante mas rebelde (esse "mas" fez Stan estremecer) que criou e usou um selo que continha um livro aberto e uma vela acesa com os dizeres "Ajude a extinguir a pós--graduação". Stan conversara sobre "dignidade profissional" com esse estudante, que afirmou: "Não gosto da palavra 'dignidade'". Stan percebeu na hora que a "dignidade" que ele havia recomendado não passava de presunção. O estudante lhe dissera isso, mas Stan não ouviu. Não no momento. O estudante dissera: "Você só está sendo *gentil* e *educado*. Não consegue ser *humano*?" E Stan respondera com muita sensatez (presunçosamente, achava ele agora): "Depois você verá as coisas de outra maneira".

"Espero que não!", afirmara o estudante, como a maioria dos estudantes faria. "O que eu não entendo", continuou ele, "é por que você não deixa que as pessoas *pensem*. Quando alguém pensa, você lhe corta as asas e acha que o domou — se ele ficar. Mas o que você *tirou* dele foi a capacidade de voar".

"Os requisitos da pesquisa…"

"Não quero fazer pesquisa", interrompeu o estudante. "Quero *procurar*. Mas, como a opção é submeter-se ou sair, estou saindo."

Stan estremeceu ao sol de novo. O que *era* o homem? Quando jovem, ele tentou descobrir. Então aceitou um papel: tornou-se ator com um papel designado para interpretar. Designado *por quem*? Quando jovem, ele vislumbrou outro destino para si mesmo. E, quando se reuniu com aquele jovem e deixou-se dominar, sofreu uma dor nova e diferente. Assoou o nariz para não ficar com lágrimas nos olhos — e homens não choram.

Guardando o lenço no bolso, sentou-se inclinado para a frente, as mãos juntas entre os joelhos, lembrando-se de coisas que não queria recordar. Pois o que ele ensinou foi coragem, mas o que *viveu* foi a obediência às "regras". Certa vez, ele ouviu um estudante dizer a outro: "E outro ídolo de pedra cai na selva fumegante", e ambos se afastaram.

Como Stan se meteu nessa confusão? No início, ele se submeteu às regras para se formar na faculdade, ter um diploma e fazer as pessoas ouvirem o que ele tinha para dizer. Todavia, quando se doutorou, viu que teria de entrar nas categorias mais altas para que as pessoas o ouvissem. Quando fez um nome, sacrificando-se durante vinte anos, ele só foi ouvido dizendo o que esperavam que dissesse. Qualquer divergência era ignorada por ser consequência da idade ou do excesso de trabalho. As férias em que ele conheceu Anne foram a única vez em que ele conseguiu se lembrar de quando realmente falara de si mesmo, com base no *próprio* conhecimento.

Stan soluçou. Que cada um pense o que quiser ou pense o que deveria pensar. O importante era o que ele sabia de si. Quanto mais soluçava, mais claro ficava, como a criança que chora para sair de uma confusão e voltar para o sol.

Começou a estar *aware* das coisas ao seu redor, da pisada dos pés, dos pombos que esvoaçavam à sua volta. Um pombo voou para o ombro de Stan, que virou a cabeça lentamente na direção do pássaro, sem sentir nenhuma diferença entre ele e o pombo. Então, "dona Chumley!", exclamou para a mulher sentada na ponta do banco.

"Não é um milagre?", disse ela. "Voltei à escola para pegar um livro e as crianças disseram que você parecia estar indo para o lugar no sol mais próximo."

"Antes, você se afastou de mim."

"Não foi bom, também?"

Stan gargalhou com a alegria de uma criança, uma risada cósmica que tanto significava mais do que palavras que ele não fez nenhuma tentativa de dizê-las. "Eu me sinto tão pequeno e tão grande", diria depois.

Não apresse o rio (ele corre sozinho)

"Quando você se sente pequeno e grande em alguns lugares", disse dona Chumley, "você está exatamente no seu lugar. Estou com fome".

No jantar, as pessoas mostravam uma incrível sensatez e se divertiam até que alguém mencionou as crianças que diziam ter ido às estrelas quando só estiveram fora por pouco tempo, entre a escola e o jantar. Dona Chumley colocou a mão na coxa de Stan para tranquilizá-lo. "Não se incomode", disse ela. "As crianças sabiam o que podia acontecer. É provável que tenham dito a verdade para descobrir se eu sabia do que estava falando. Agora vão acreditar em tudo que eu disse. Espero ter sido cautelosa."

"Achei que aqui fosse melhor!", Stan disse baixinho.

"É melhor. Não vai demorar muito para descobrirem o erro delas e vão rir e correr por aí."

Antes, Anne foi de patins à cidade e adivinhou fácil quem era o "professor" que, segundo as crianças, lhes mostrara o caminho para as estrelas. Foi à escola, sentiu a Vovó e caminhou até perceber o cheiro dela por uma janela aberta. Ou seja, ouviu a voz da Vovó. Ao entrar, ela se juntou a Stan e à Vovó à mesa dizendo: "E como está a senhora, dona Chumley? A propósito, de onde saiu esse nome?"

"De um inglês", revelou a Vovó. "Ele disse que ficaria orgulhoso de me dar o seu sobrenome, então o aceitei. Sente-se e coma. Quero conversar sobre uma coisa com Stan." E para Stan ela disse: "Você vai voltar?"

"Claro", respondeu ele. "Tenho de limpar uma bagunça que eu fiz. Pensei em começar reunindo todos os alunos que não queriam me ouvir."

Dona Chumley concordou com a cabeça. "Eles vão se apaixonar pela mesma coisa num lugar em que ela pareça diferente. Você será apenas um velho que está fora de si. Quando se abandona o barco, é preciso estar quite com o rio.[57] Então, você gosta de espinafre, embora o odeie. Será preciso haver uma escola nova, e todo mundo está cansado de 'escolas novas' e ficando com saudades de Emerson, de modo que você pode chamá-la de Faculdade Heisenberg — de certa maneira, este está atualizando Emerson.[58] Vai exigir dinheiro. Há um indivíduo razoavelmente jovem — nunca conseguiu fazer mestrado — que agora é presidente de uma das grandes fundações..."

"O que você sabe sobre o *agora*?", perguntou Anne. "Quero dizer, o agora *então*?"

"Não fiquei aqui o tempo *todo*", disse a Vovó, "e mesmo que eu tivesse ficado, saberia mais sobre o agora *então* do que se sabe lá agora. Há um monte de absurdos nos livros de história, mas mais adiante aparecem algumas coisas que não foram vistas na época. Você pode encontrar a mesma coisa na sua vida se olhar bem", afirmou ela, repreendendo Anne. "Já retornei várias vezes. Trabalhei para a Schrafft's, que atende às grandes fundações — almoços e coisa e tal. Já participei de muitos almoços e tive dificuldade de segurar a língua também."

"Esse homem é mais aberto do que os outros", disse ela a Stan. "Vou lhe dar uma lista de pessoas que escrevem. Todas dizem a mesma coisa, mas de maneiras tão diferentes que nunca estiveram juntas. Você as reúne, seleciona o que de melhor elas têm a dizer e apresenta isso a esse homem..."

"Vovó!" — protestou Anne. "Você está adulterando o passado!"

"Adulterando!", protestou a Vovó. "Essa é a palavra que as pessoas usam quando querem dizer 'não passe óleo nas rodas porque poderemos chegar a um lugar'[59]. Além disso, por já ter acontecido, como posso estar adulterando?"

Ela se virou para Stan e começou a rabiscar nomes num papel. Stan passou os olhos pelos nomes e registrou um leve choque. "*Esses* homens!", protestou. "Eles não dão crédito para os homens que os carregam nos ombros!"

Anne, com uma garfada de salada na direção da boca, parou a mão no ar. "Talvez você queira dizer 'os homens que carregam os guarda-chuvas dos quais eles saíram de baixo'?"

"Desculpe. Em quanto tempo se supera o fato de ser professor?"

"Você mudou!", disse Anne com prazer. "Ah, Stan!"

"Você pode falar com ele mais tarde", disse a Vovó. "Agora, o que você faz, Stan, é... e eu não estou contando nenhum segredo nem pressionando você, porque você poderia ler essa parte sozinho se fosse à biblioteca. Você ainda tem muita coisa para resolver por conta própria, porque a história também está cheia de coisas que não aconteceram." Ela continuou a escrever nomes. Stan ficou surpreso com a quantidade deles. Conhecia as obras da maioria, mas as descartara por um "motivo" ou outro, como não citar fontes, opor-se à autoridade reconhecida, ser muito místico. Em alguns casos, essa gente nem tinha doutorado. Agora as obras começavam a se reorganizar na cabeça de Stan, e ele percebeu o que os fundadores das religiões haviam tentado fazer aparecendo de outra forma, uma forma muito mais compreensível para o século XX. E estavam conseguindo em diversos lugares! Ele olhou de novo para a lista inacabada da Vovó e estendeu a mão para que ela parasse de escrever. "Essas pessoas escrevem ficção científica!", disse ele. "São escapistas!"

Vovó sentou-se e riu. Anne pegou um cigarro, fez um passe com a mão sobre a ponta, e a ponta brilhou ao explodir. "É um truque que aprendi no futuro", disse ela.

A gargalhada de Stan superou a delas. "Está bem, Vovó. Continue."

"Na verdade, acabou. O resto você deve descobrir sozinho."

Então ela se virou para Anne: "Já começou a trabalhar nos hospitais psiquiátricos?"

"Isso era para ser a minha surpresa!"

"Vai surpreender Stan", disse a Vovó, "e eu também estou interessada, porque ninguém parece saber como começou".

"Trabalhei em vários deles até encontrar o caminho certo para as coisas andarem", disse Anne, "mas está indo bem agora. Alguns pacientes conseguiram ser transferidos para outros hospitais e começam a pôr mãos à obra lá. Na verdade, foi muito simples. Sempre é, quando se encontra o ponto para começar. Apenas expandimos um pouco mais cada coisa, e ainda um pouco mais, para que ninguém perceba. Assim, eles não prestam atenção ao *direcionamento* da expansão. De qualquer maneira, os chefes são muito ocupados com a papelada. Quando perceberem o que aconteceu, pensarão que o fizeram sozinhos. É provável ainda que não percebam que se trata de uma escola — sem diplomas, sem créditos, sem professores, todos simplesmente aprendendo com os outros e com tudo mais, e não para *nada*, mas sim para quem está nela.

"Os 'pacientes' têm profissões variadas, de modo que, quando voltam ao trabalho, tudo muda um pouco. Eles estão mudando o trabalho... quero dizer... Ah!", disse ela com irritação. "Que importa o que está mudando o quê? Está *mudando*."

"Mas como essas pessoas dos seus hospitais conseguem trabalhar em lugares repletos de ideias antigas?", perguntou Stan. "Eu diria até que enlouqueceriam."

"Alguns, sim", disse Anne, "mas são mandados de volta para nós, e numa sociedade saudável eles ficam bem. Assim que se recuperam, saem de novo. E às vezes é fácil. Eles estão treina... Será que nunca vamos deixar de usar palavras erradas?", perguntou-se, zangada. "Eles têm a oportunidade de ser eles mesmos, e é isso que muitos outros também querem.

Uma mulher foi trabalhar num lugar pouco antes do Natal e descobriu que todos davam presentes de Natal aos demais havia trinta anos. Ela pensou que ficaria louca se entrasse nessa, então disse a todos: 'Não vou dar nada de Natal para você, então não me dê nada, senão vou ficar sem graça'. Ela não queria mudar nada; falou por si. E logo todo mundo dizia: 'Eu não vou dar nada para você, então você...' Os funcionários concluíram que havia sido o melhor Natal que tiveram. E continuaram felizes até janeiro".

"Todos?"

"Bem, não. Havia uma velhota que fez muitas contratações e demissões. Foi ela quem contou aos novos funcionários sobre a tradição dos presentes, e eles acharam que deviam seguir o que ela dissera. Ela continua chateada — outras coisas não saem como ela quer — e está com câncer. Quero dizer, está mesmo e provavelmente não viverá muito, mas isso é melhor do que todos terem câncer."

"Vai ser divertido voltar", disse Stan.

"Às vezes você não vai pensar assim", Vovó lhe disse. "Você vai pensar que nenhuma dessas coisas está acontecendo, que você fez tudo para tornar a vida suportável, que é tudo imaginação. Vai duvidar de si mesmo e da sua sanidade. Talvez seja bom você levar aqueles cigarros que Anne encontrou, para que você passe a mão por cima de um e saiba que é real."

"Em vez disso, eu não poderia usar você?", perguntou Stan. "Você é a coisa mais alentadora que eu conheço."

Vovó não disse nada.

Anne disse, meio abatida, meio encantada: "Você não vai voltar com a gente?"

"Não existe *nada* nos livros de história sobre mim", disse a Vovó. "Sou completamente livre."

"E...?", Stan se esforçava para adivinhar, mas tinha quase certeza de que não conseguiria.

"Há uma lacuna em algum lugar à frente. Já fui além disso, então eu sei. Ninguém sabe o que aconteceu."

"Então você vai lá para descobrir. Não é arriscado?"

"Espero que sim", disse a Vovó.

Não apresse o rio (ele corre sozinho)

Achei bom incluir essa história. Talvez eu ponha outra mais adiante... Noto o meu prazer com as "histórias". Querer escrever ficção de novo é uma onda recorrente, mas não faço nada com ela. Talvez ainda não tenha chegado ao ponto de adquirir energia suficiente para superar o que *estou* fazendo, para dar uma força.

Fritz revitalizou a sede na noite de segunda-feira, e o efeito suburbano praticamente desapareceu. Suspendeu o oba-oba e exigiu mais seriedade. "Claro, a terapia pode ser divertida, mas não no começo." Eu gostaria que ele fizesse isso com mais frequência. Tenho liderado um grupo, com Hal de vice-líder, de manhã e de noite, das oito às dez. Quatro sessões, e estou recuperando o equilíbrio. Eu não sabia exatamente o que havia perdido nos *dez* dias em que não liderei e não participei de grupos, mas sabia que estava por fora. A sessão desta manhã me reequilibrou. Trabalhei com Neville e não o fiz passar do seu ponto de estagnação. Senti que nada acontecera. Então, Janet Lederman entrou e começou a me fazer elogios. Gosto dela. Quando parei, ela assumiu o comando junto com Neville, e pude me retirar com confiança. Pensei então: "Ela entendeu mesmo. Bem, não quero ser terapeuta de jeito nenhum" — não sou. Isso não me diverte por dentro — eu, que tenho aproveitado tanto desses grupos e não quero ser terapeuta. Assim é que é, e está tudo bem. Se eu tivesse de me decidir, estaria num dilema, mas não tenho. Nunca tenho, até que em algum momento eu tenha de decidir — e *então* não será um problema.

Janet também não fez milagre. Eu gostava de ver o trabalho dela e gostava dela. Neville avançou com ela para um local ligeiramente diferente.

Harriet disse que queria trabalhar e não trabalhava. Deixei-a sozinha. Ela disse que queria trabalhar a *awareness*. Fez um pouquinho aqui, um pouquinho ali. Eu disse a ela. Fritz chegou e trabalhou com ela, que fez um espetáculo cativante com marionetes. Ontem, ela acabou chorando mais do que se permitiria, mas não o tempo todo. Retirou um pouco o tampão, mas não totalmente. Progresso. Não retumbante.

Depois, os quinze ou mais do grupo, líderes e vice-lideres, tivemos treinamento avançado de uma hora com Fritz. Ele perguntou quem estava com dificuldade. Ruth estava. Ela disse que não se sentia plenamente no lugar, que se passava muita coisa dentro dela. Fritz lhe pediu que escolhesse uma pessoa do grupo com quem ela tivesse mais dificuldade e trabalhasse com ela. Ela escolheu Hal. Bill foi o seguinte, e escolheu Greta.

No trabalho com Greta, que Fritz assumiu, ele lhe pediu que dissesse a cada um de nós "tenho um segredo" e algo a respeito do segredo. Para mim ela disse: "Tenho um segredo: não gosto nada de você". Ela fez essa afirmação com desgosto e dureza. Arrepios quentes me percorreram os ombros e os braços e talvez outro lugar — rápidos demais para que eu os acompanhasse —, e então se foram, como uma luz de neon que pisca rapidamente e depois parece sumir. Foi apenas sob a pele, não mais fundo. Nunca sentira calafrios antes e gostei. Esse foi um "segredo" tão curioso. Conheço-o há meses.

No final dessa sessão, Neville se aproximou e pôs os braços em volta de mim, maravilhosamente quente, de um jeito que ele nunca teve — suave-quente — e disse que foi boa a sessão da manhã, como se ele só tivesse percebido isso mais tarde. Sem dúvida *foi* bom.

Ele me disse isso. Talvez tenha dito também para Janet e algo lhe abriu os olhos lá. Mesmo que não tenha dito nem soubesse se era verdade, Janet ainda assim pode tê-lo influenciado.

Deixei isso bem em ordem para ficar clara a sequência dos acontecimentos. Resumindo, digo: é como a vida. Não se pode analisá-la e, se for analisada, só se poderá juntar algumas peças de um jeito agradável. Se estiverem reunidas de um modo des-agradável, como tragédia ou martírio, essa forma continuará sendo agradável para quem a criou — do contrário, não teria sido definida assim — e não se fará nada a respeito, a menos/até que em certo ponto o prazer se transforme em des-prazer: não se justifica mais.

Curiosos, esses disparates que vivemos.

O padre episcopal Liebler disse-me que detestava admitir isto, mas usara o crucifixo pendurado no cinto como chamariz na conversa que teve com os navajos décadas atrás, na sua primeira visita a esse povo. Os navajos lhe perguntaram sobre o crucifixo e o padre explicou. Os indígenas não ficaram impressionados e disseram: "Aquele homem é louco. Eu? Eu não faria isso!" O padre Liebler me disse que os navajos desconhecem o conceito de sacrifício.

Certa vez, fui de Boston à capital Washington com várias pessoas, uma delas um entusiasmado jovem da Índia que estudava física. Conversamos sobre crenças. Mencionei o pecado original. Ele quis saber o que era isso. Eu lhe contei. Ele riu dessa crença absurda e disse: "Eu? Eu não me sinto culpado!"

Não apresse o rio (ele corre sozinho)

Quando morei no Novo México, um jovem morreu. Duas famílias estavam igualmente envolvidas na morte dele e o amavam igualmente. Uma das famílias era de protestantes escoceses. A outra era mexicana católica. Quase tudo que uma família dizia, fazia ou sugeria a respeito do funeral era terrível para a outra. Foi medonho — também muito divertido.
Disparates.
Condicionamento combatendo condicionamento.
Tortura.
Tortura sentida por gente.
Quando tudo é condicionamento, não *gente*.

Na cozinha, depois da sessão, Greta disse em tom amistoso, não muito à vontade — um pouco forçada: "Barry, me dá um cigarro?" Ela estava atrás de mim. Eu me virei, dei a ela o meu maço de cigarros e o isqueiro. Quando ela os devolveu, olhei nos olhos dela, pronta e disposta a estar com ela. Os olhos eram como uma casa à noite sem luzes acesas e de portas fechadas. Não sei o que acontece com Greta, mas talvez nos reconciliemos, agora que ela revelou não gostar de mim — em vez de só demonstrar — e tendo à frente o grupo avançado em que ela trabalhará comigo (gosto do constrangimento e do acerto da situação). Se eu estivesse tentando agradar a Greta, eu enlouqueceria, porque tudo que faço em geral dá errado. Não me senti assim com ela no dia em que estávamos no pomar de macieiras num sítio, e foi agradável: nada de antipatia, apenas Greta. Por alguns momentos.

Ontem, no grupo avançado, trabalhei com Fritz. Ofereci-me para ser paciente e escolhi Ray e Hal para serem meus coterapeutas...

Senti sono e fui dormir. Agora estou lenta. E faminta. Ah, quanta fome! Eu não deveria sentir fome. (Ainda não é hora de jantar.)

Estou com fome... Agora percebo que minha "fome" é de indigestão — frango recheado com pimentão-verde ao meio-dia — e lembro que tive diarreia hoje manhã. Isso foi surpresa.

Dei ao meu estômago um pãozinho de fubá com manteiga. Como ainda não quero escrever sobre o trabalho com Fritz, vou escrever *outra* coisa e verei como me sentirei.

Ontem à noite, na reunião da comunidade, eu disse que gostaria de duas horas sem falação sobre este lugar. Fritz: "Com todos esses iniciantes?! Eles fantasiarão o tempo todo!"

Não sei se ele pensou que eu quis dizer ficar em silêncio, o que não disse. Eu quis dizer fazer trabalhos por todo o centro — as rotinas de sempre, mas realizadas de modo não verbal. Ele sugeriu que hoje à noite, no jantar, não conversemos, "e talvez todos prestem mais atenção no que comem" — mastigar, provar, perceber o que acontece na boca e assim por diante.

Hoje de manhã... Não, só parecia. Ontem de manhã... Pensar em *hoje* me ajuda a entrar no assunto — e o que é essa precisão-sobre-o-que-não--importa?

Eu estava tremendo um pouco e deixei isso se desenrolar. Se eu me chacoalhar (se me fizer chacoalhar) ou é num padrão ou mudo para outro padrão. Quando é um chacoalhado organísmico, nunca é duas vezes a mesma coisa — movendo-se, desenvolvendo-se, mudando, e até o abrandamento é diferente. A princípio, estou *aware* da sala e das pessoas ao meu redor, do meu corpo na cadeira etc. — pelo menos de forma difusa — mesmo que eu feche os olhos. Então eu me torno o tremor. Nada existe além do tremor; eu sou o tremor. Isso aconteceu hoje também com a respiração, depois que o tremor diminuiu. Ray me perguntou o que estava acontecendo; respondi: "Respiração".

No verão passado, estive na Casa com Fritz. Ao caminhar de volta para o meu chalé, eu sabia que estava com raiva dele. Sabia que não precisava envolvê-lo em minha raiva para me expurgar, embora não soubesse como fazê-lo de outra forma. No meu chalé, deixei-me *sentir* a raiva, senti--la plenamente. Eu *era* a raiva. Estática, sem gestos, sem voz, eu *era* a raiva. Nada mais existia além da raiva. Quando tentei me conectar a quem ou àquilo de que eu estava com raiva, não consegui. Era como se meter num nevoeiro para pegar algo que não está lá. Era irrelevante "quem" ou "o quê". Boba. (Como algum conceito bobo dos nativos.)

Raiva.

Nada além da raiva. Senti-me bem.

Passou. Não estava mais com raiva. Tudo purgado. Não consegui voltar a sentir raiva de Fritz, mesmo tentando. Era como algo desejado há anos que não quero mais, nem consigo reaver a lembrança do querer.

Eu fora para a cadeira quente (inesperadamente) com "medo" e "escuro" em mente. Conheço meus medos no escuro e eles não me fazem nenhum sentido. Nunca fizeram. Tudo que consigo dizer a respeito deles tem exceções. A redução "medo" e "escuro" é a única coisa precisa. "Adoro o escuro e tenho medo do escuro" é verdade em grande parte, mas com exceções.

Fritz disse que gostaria de experimentar um atalho. Pediu-me que eu entrasse na barriga da minha mãe. Tive de pôr as mãos sobre os olhos para escurecer. (Esse ato se insinuou por si só com insistência; não foi decisão minha.) Só caí nessa em parte. O que aconteceu me interessou — cabeça abaixada e as costas encurvadas. Será que eu me obrigava a fazer isso, por causa de fotos que vi? Não parecia. Eu estava cética do mesmo jeito. Então os meus pés, que estavam um pouco estendidos à minha frente no chão, começaram a se mover para trás. Eu também fiquei cética quanto a isso, e pensei que conseguiria mantê-los onde estavam. Minhas pernas me davam um incômodo insuportável, o que aliviei flexionando os joelhos e deixando que elas se mexessem por conta própria.

Gostei de fazer isso no escuro, mas sons bruscos, como tosse forte e pés da cadeira raspando o chão, eram muito doloridos para mim — como perfurar os tímpanos. Sons suaves não incomodavam — pareciam a tosse suave de Fritz — e eram mais como água escorrendo por mim.

Quando tirei uma das mãos do rosto, para identificar os ângulos dos sons agudos que vinham a mim, a luz foi quase insuportavelmente dolorosa, dura. Fechei o olho de novo o mais rápido que consegui.

Hoje à noite tivemos um jantar mudo, durante e depois. Gostei muito da comida e, ao mesmo tempo, era como nadar no mar. Tanta *awareness* e percepção, e tanto *espaço*. Gostei dos sons que ouvi — gostei de ouvir, em vez de ser torturada pela audição.

Não prestei atenção nos outros. Fiquei muito feliz com a reunião da comunidade à noite; muitos queriam mais. Fritz sugeriu que fizéssemos silêncio o tempo todo do jantar. Algumas pessoas deram uma animada no ambiente (não na sala em que eu jantava) com movimentos de ordenhar uma vaca para pedir leite, e dando risada. Viagem do ego. Pensando, não sentindo. Uma garota contou que dissera "uma palavra" e duas pessoas pularam em cima dela (silenciosamente). Ela não mencionou que a palavra foi "bostão!" nem que a disse com um rugido. Porém, era claro que ela estava com um problema. Fritz sugeriu alguma modificação do não falar, para que fossem ditas palavras mais fundamentais. A maioria das pessoas realmente gostou, e algumas esperavam que as "poucas palavras" fossem ditas em voz baixa. Glenn disse que era como estar em outro mundo. Certamente foi.

Isso é muito mais do que eu esperava, apenas umas horas sem falar. Jantares mudos!

Cada pessoa disse algo diferente. Tom disse que em geral fica quieto durante o jantar e batendo na própria cabeça o tempo todo porque deveria dizer algo. Agora ele não consegue falar se não bater na cabeça.

Comi na sala; havia só outra pessoa lá. Duas vezes tive o pensamento (sic) "devo dizer alguma coisa", e foi preciso engolir para me livrar disso, para tirá-lo da minha garganta. Todo o resto foi maravilhoso, e lavar a louça foi mais tranquilo também, e eu pude apreciar os sons. Quando voltei para o meu chalé, notei o silêncio em mim e lavei lenta e silenciosamente a louça do dia anterior que estava na pia. Varri o chão com a mesma facilidade. Coisas que estavam por fazer foram feitas com alegria.

Uma mulher disse que não teve fantasias nem mesmo depois de ter saído da Casa e ido para o seu chalé. Alguns disseram que mastigaram mais a comida e comeram menos.

Estou perplexa.

Na sessão em que eu voltei para a barriga da minha mãe, contei a Fritz que, quando estou sozinha, fantasio ao ouvir sons no escuro — o que não faço quando está claro. Fritz recomendou que eu tentasse ouvir os sons e os ouvisse como vozes (ou algo assim). Faz algum sentido para mim — muito mais do que faz o escuro do medo-amor. Parece certo de alguma forma, como minha coluna dizendo "sim", embora eu não saiba quais vozes ou palavras conseguirei ouvir. Eu queria trabalhar isso ontem à noite e quero trabalhar agora, mas talvez precise estar num lugar mais vazio para fazer isso, ou talvez eu possa fantasiar que não há ninguém na porta ao lado e me permitir sentir medo, ouvir os sons e deixar que se tornem vozes.

Quando eu estava doente e me cuidando, uma das coisas que fiz foi pegar as palavras "eu não gosto de rosa" (que eu costumava dizer) e deixá-

Não apresse o rio (ele corre sozinho)

-las captar algo do passado que levasse à sua origem, porque sem dúvida não condizem comigo. O que eu pretendia era muito diferente do que aconteceu. (*Agora*, eu ficaria muito cética se alguma coisa saísse do jeito que eu pensava. Recebo a resposta, mas o modo como a recebo e o que recebo são muito diferentes do que eu esperava.) Ouvi "uma voz" nos ouvidos, dizendo não-gosto-de-rosa-não-gosto-de-rosa várias vezes e rapidamente. Escutei. Só isso; apenas escutei. A "voz" tornou-se três vozes, então todas as três se tornaram vozes femininas e depois elas se transformaram na voz da minha mãe, da minha irmã e da minha tia Alice. Não importa aqui o que aprendi com isso. Vi toda uma configuração e "eu não gosto de rosa" ficou claríssimo para mim. *Alguém* não gosta de rosa.

Sinto-me um pouco triste porque agora não posso mais trabalhar o amor/medo/escuro. Quando eu escrevia sobre isso antes, algumas das sensações voltavam para mim, e pensei que elas pudessem se desenvolver. Depois, veio um telefonema interurbano. Depois, depois, depois. Talvez neste fim de semana.

Quando saí do útero e voltei a estar com o pessoal, Fritz me pediu que voltasse a fechar os olhos. (Eu não estava plenamente com eles.) Fritz disse algo sobre "despersonalização". Não sei o que isso significa. Não me senti despersonalizada. Eu era eu e cada uma das outras pessoas era ele ou ela. Senti a mim mesma. Seja como for, eu fiz isso. Vi lábios de cabeça para baixo; então, viraram para cima e se movimentaram na direção da minha boca e desapareceram na minha boca. Eu tinha dois grampos nos ombros, um em cada ombro, que eram como aqueles que os homens usam para prender as pernas da calça quando andam de bicicleta, para que não fiquem presas na catraca. Eram brancos. Assim que eu disse que pareciam grampos de ciclista, eles ficaram escuros, quase pretos. Então, o do meu ombro esquerdo virou branco e quase desapareceu, restando só uma coisinha, como um ossinho de um dedo. Eu gostaria de saber do que é, mas sair atrás dele não me dará a resposta. Se eu fosse atrás, a resposta seria inventada por mim. A resposta ou virá ou não virá.

Sinto falta do "meu amigo" que sou eu.

Mas estou aprendendo mais a me deixar em paz.

No grupo pequeno de hoje à noite, Hal disse que estava com sono e preocupado com sua responsabilidade como terapeuta quando não conseguia reagir rápido. Alguém queria fazer o trabalho de *awareness*. Hal passou por isso primeiro, "agora estou *aware* de..." dentro e fora da própria pele. Quando parou, perguntei: "Está com sono?" Hal: "Não".

Eu, agora: sim, e estou empolgada (não tão empolgada) com o que poderá acontecer quando me deitar e fechar os olhos.

Ao entrar na sala do grupo grande, às dez da noite, era como um teatro com muita gente, cada uma diferente da outra, cores muito bonitas e uma espécie de fluidez entre as pessoas, e eu era ao mesmo tempo observadora e participante de tudo isso.

Quando fui para a cama, apressei o rio em vez de deixá-lo correr sozinho. Não de início. Mas então gostei do que estava acontecendo e, em vez de apenas me deixar levar pela correnteza, fiquei ávida e forcei — e perdi o que acontece-por-si-mesmo. Tentando mudar o que adoro, e matando-o.

A tentativa de fazer *mais* atua da mesma maneira que tentar fazer *menos*.

Não posso ter feito muito disso ontem à noite, porque hoje de manhã só há um pingo de tristeza, e meu corpo está mais solto — muito mais solto. Minha coluna parece fluir. Meus ombros se mexem com facilidade. A terrível rigidez que experimentei, "do tempo chuvoso", "do péssimo colchão vagabundo em que durmo" (esses eram os meus pensamentos às vezes), simplesmente não existe. O ar continua úmido. O colchão continua vagabundo. *Eu* mudei.

Fritz está certo a respeito dos músculos da minha barriga: a maioria deles morreu.

Hoje de manhã. Hoje de manhã... O que aconteceu hoje de manhã?

Ah! De manhã, no grupo de treinamento avançado, Fritz disse: "Tenho certeza quanto ao fenômeno. Não tenho certeza quanto às projeções. Permaneça com o fenômeno e trate as projeções do jeito que vierem a você."

Felicidade. Estou me sentindo alegre — alegre-ê. Nunca aprendi esse negócio de projeção — como lidar com projeções. Eu mesma não tinha certeza disso. Como líder de grupo e até certo ponto formadora gestáltica aqui, percebi que deveria saber tudo isso. Não me sentia assim sobre o meu trabalho com o pessoal; senti quando precisei transmitir informações sobre a Gestalt a outra pessoa. Quando Hal e eu começamos juntos, eu lhe disse que esperava que ele fosse forte no que eu era fraca. Hoje de manhã eu disse a ele que precisava saber mais de projeções. No grupo avançado, quando Fritz nos pediu que expuséssemos nossas dificuldades como líderes, Hal falou da sua limitação em projeções, ou algo assim, e Fritz disse o que citei no início.

Liberdade!

Para a qual eu tive todo o tempo, e não aproveitei. Não. Recebi, mas pensei ao mesmo tempo que fosse inadequado tomar essa liberdade, como algo que faltasse. E é claro que *havia* algo que faltou. Esse tipo de equívoco é muito confuso. Faltou alguma coisa, eu sabia que estava "faltando" o material sobre projeção. Minha percepção de "falta" se concentrou nesse material. De *fato*, qualquer pensamento sobre o que não estou fazendo, ou estou fazendo, tira a minha atenção da *awareness* dos fenômenos, e sinto falta da *awareness* do que está acontecendo em mim ou em outra pessoa. É como se eu tivesse sido convencida pelo meu marido de que eu era louca — e eu *era* louca, mas não da maneira que eu imaginava que fosse. O meu modo de achar que *era* louca não conseguia passar ou aflorar quando eu me concentrava na louca que eu *achava* ser e tentava concluir se era ou não.

O organismo *não toma decisões*.

Decisão é uma instituição criada pelo ser humano.

"O organismo funciona sempre com base na *preferência*" — Fritz.

Tenho me deixado acontecer mais do que antes. Não muito, mas um pouco. De manhã, deixei acontecer (com alguns minutos de atraso) a minha irritação com Harriet por manipular Hal, e com Hal por aceitar a manipulação. Isso precipitou um desentendimento entre ambos. Eles já haviam trabalhado por um tempo e estavam iniciando um período de calmaria (no qual já haviam entrado e de novo) quando Fritz entrou. Harriet parou. Eu queria que Hal dissesse ou fizesse algo para voltarem à atividade, porque (palavrão) *ele* era o terapeuta (aspas). Não agiu, então eu agi. Harriet e Hal voltaram à atividade. Pouco depois, Fritz entrou. Em geral, foi uma boa sessão para Harriet, pelo que ela conseguiu contatar. Depois do almoço, ela me procurou e me agradeceu por trazê-la de volta quando ela ia interromper o trabalho (a entrada de Fritz a deixou ainda menos inclinada a continuar).

No grupo avançado, Fritz pediu um fósforo. Ele não está fumando *tanto* quanto fumava. Eu estava prestes a jogar uma caixa de fósforos para ele, mas pensei: "Não vou conseguir acertar perto dele; vai voar para qualquer lado". Joguei a caixa de qualquer maneira, rapidamente, num movimento da minha mão saindo de onde estava (mão direita perto do quadril esquerdo), sem me pôr em posição e lançando-a do jeito que "deveria" ser jogada. Não foi para onde eu queria, mas ficou dentro do alcance e Fritz se mexeu e pegou os fósforos fácil — foi uma beleza. Que desempenho! Estou muito menos inclinada a procurar alguém com quem quero trabalhar como "paciente" ou como "coterapeuta", ou mesmo com quem quero estar. Estou mais disposta a pegar quem aparecer e começar aí o trabalho. Estou de novo vacilando com Hal como coterapeuta (novo fator), mas começo a recuperar o equilíbrio.

Fritz está fumando menos. Agora, na maioria das vezes em que o vejo, ele não está fumando. Antes era o contrário. Depois de trabalhar o meu tabagismo (e outras coisas) com Fritz em agosto, eu me liberei muito — chorando, me contorcendo, soluçando por uma hora ou mais — e depois disso, quando fumava um cigarro, o gosto era exótico. Por um dia e meio, percebi quando me sentiria assim e fumei um cigarro. Quando o gosto não era bom, não fumava — ou começava a fumar e apagava. Caiu bastante a quantidade de cigarros que fumo. Então eu me esforcei para "concluir as coisas" antes de sair daqui e viajar com uma Helen muito tensa e seu bebê mimado — na verdade, uma Helen negativa, expressando grande antipatia, desgosto — e eu não podia fumar (no carro) quando quisesse. Quando paramos, saí do carro e fumei, e fiquei acesa de novo.

Hoje, Fritz é quase sempre um velho cavalheiro muito caloroso e gentil. Passa mais tempo conversando do que costumava. Está bem mais paciente.

Quero muito ficar mais envolvida com a natureza e fazer outras coisas que não grupos — pintar, cozinhar, *fazer* outras coisas. Mas não quero sair daqui agora. Prefiro duas horas por dia de grupo a quatro horas. Entretanto, é assim que é, e talvez duas horas não seja o que eu quero. Aproveito muito nas sessões de quatro horas, e essa é uma maneira de saber mais de mim. Quero ter mais tempo para outras alternativas. Mas *não sei* se a redução e essa alternativa contribuirão para outras alternativas, em vez de atrapalhá-las. Quando *sei* que não sei, fica muito mais fácil aceitar o que é do que quando *penso* que outra coisa seria (certamente) melhor.

Hoje à noite confirmei com Neville e Hal o que Fritz disse.

Resumindo: projeção é uma teoria; fenômenos são realidade.

Concordo. Uma teoria é uma maneira de ver algo para poder fazer outra coisa com isso. Uma teoria nunca é realidade.

Fritz pareceu cansado hoje à noite. Disse na reunião comunitária que os grupos estavam muito parecidos com grupos de encontro. Também acho. Algumas semanas atrás, eu liderava o grupo nos moldes gestálticos. Então Fritz disse que eu deixasse outras pessoas participarem, não apenas o coterapeuta, "como os outros grupos estão fazendo". Parece que isso nos levou ao tema do encontro. Não acho que tenha sido tão ruim no meu grupo quanto em outros, pelo que ouvi. Sei que é mais do que eu quero e que também *eu* entro nisso. Quando Neville entra, ele é ótimo. Algumas pessoas não estão dispostas a aprender antes de falar.

Vou voltar para *mim* e ver o que acontece. Estou incomodada com algumas interrupções. *Eu* acho que "deveria" deixá-los falar — foram reprimidos e deve-se permitir que falem. Sinto-me ressentida porque eu "deveria" (o *meu* deveria) soltar os bebês e deixá-los crescer.

Eu fico confusa com o que dizem. *Eu* entro no mesmo modo de pensar/falar. *Eu* os deixo continuar quando não acho que chegarão a lugar nenhum.

Em algumas circunstâncias está certo soltar os bebês. Para mim, que tudo vá para o inferno.

Eu gosto muito de aprender ouvindo e *depois* participar, e *eu* quero que os outros façam o mesmo.

Tudo isso também é um monte de absurdos. Jogar tudo fora e começar do zero.

Ponha a mão na massa, guri. Isso basta. Culpar os outros é choramingar.

Não se trata apenas de uma declaração. Estou muito *aware* de tudo que isso implica. Epa! Tudo isso provocou uma ondulação mais ampla, que implica outras coisas. Agora, eu gostaria que nos encontrássemos amanhã para que eu possa fazer isso, em vez de esperar a segunda-feira.

A única "preparação" que posso fazer é ser mais participativa (não "inteligente") em tudo — mais *aware*, inclusive *aware* do que está acontecendo comigo, e *dizê-lo*, especialmente nos grupos.

Se não fizer isso, serei reprovada.

Acabei de ver outra ondulação em círculo que se abriu mais. Tudo nesse círculo sou eu — o meu sem-sentido-sem-sentir. Seguindo o que eu pensava (doença), eram as regras. Nem sei se eram as regras ou se eu mesma as instituí. (Minha interpretação do que Fritz disse.) De qualquer maneira, seguir regras quando isso não funciona é o maior *nonsense*, e deixar Fritz ser a autoridade no lugar da minha autoridade é o maior *nonsense* de todos. Acho que ele concordaria. E talvez até dissesse: "Já era hora". Hora de eu perceber.

Fique com os fenômenos — com o que eu realmente concordo. Os fenômenos da outra pessoa e os meus. Sempre mudando. Movendo-se com as mudanças.

Acabei de ver outra ondulação circular, abrangendo uma área ainda maior. Deus, que burra eu sou! Digo isso em reconhecimento. Um enorme holofote clareando o que é.

Sem choramingas agora.

Estou de volta ao "está tudo bem". Tudo bem que amanhã seja amanhã e segunda-feira seja segunda-feira e que sábado e domingo fiquem no meio. Não faço ideia do que acontece em qualquer um deles, e está tudo bem também. Além disso, não tenho de fazer nada acontecer. Apenas me deixem acontecer com o que acontece.

Sem fardo nas costas.
Sem análise.
Sem generalização.
Sem refletir.
Uma rosa é uma rosa é uma rosa.

Sinto vontade de inserir uma história aqui. Então, aqui vai ela. Eu a escrevi há vários anos. É mais lenta que "Janela para o volteado", e é diferente por outros motivos. Quando a leio rápido, acho que é uma história ruim. Quando desacelero a leitura, gosto e me sinto bem com o que ela transmite.

AQUI E ALI
Quando me disseram que eu tinha sido selecionado, fiquei feliz e assustado, mas estava mais feliz do que assustado, o que me acalmou. Quando apertei o botão, felicidade e susto quase se igualaram, e eu ainda estava bem. Quando cheguei lá, era outra a questão: eu estava tomado pelo medo de não ser capaz de voltar. Eu devia ter pensado antes. Minha mãe me dissera diversas vezes: "Cuidado com o que você guarda no coração, pois um dia será seu". Isso também tinha cara de que aconteceria. Mesmo assim, quando cheguei, senti que a coisa mais importante do mundo era voltar.

Eu fora preparado de todas as maneiras possíveis para qualquer coisa e para o que eu encontrasse na minha chegada ao futuro. Estava pronto, não sei para quê. E então, no momento em que cheguei, não havia nada — apenas eu e uma noite subtropical. Pode parecer fácil, mas não foi. Não conseguia acreditar. Não me atrevi a ignorar. É como esperar por algo muito tempo e, quando esse algo chega, está vazio.

Escolhemos o Havaí por diversos motivos. O clima era temperado. Eu podia chegar com qualquer roupa e talvez trocá-la por algo apropriado. Moradia não seria um problema imediato, nem comida, e eu poderia me lavar no mar. O povo havaiano era tão miscigenado que, mesmo que a minha aparência fosse estranha em 2164, é provável que eu não chamasse a atenção. Com tantos idiomas e sotaques diferentes, o meu não seria notado, ainda que os anos o tivessem suavizado. As ilhas são pequenas, e eu me orientaria nelas com facilidade. Ao mesmo tempo, a população tem contato com o resto do mundo e eu poderia receber notícias que me fossem úteis, e assim por diante. O computador estava abarrotado. Sabíamos que as coisas poderiam não ocorrer como pensávamos, mas tínhamos de seguir o nosso raciocínio e arriscar o resto, como acontece com todo mundo. Só que normalmente se vive um ano após o outro, não pulando 194 anos. Eu havia escolhido uma época que estivesse à mesma distância daquela em que estávamos no ano da Declaração da Independência[60]. Essa grande mudança parecia ser o máximo que eu aguentaria.

Quando apareci em 2164, eu estava em Kaneohe, no lado a barlavento de Oahu. Ou seja, estava na metade. Algo acontecera com a outra metade; não conseguia descobrir o que era. Só parecia não existir. Era noite, mas com um luar radiante. O trevo na estrada no sopé do Pali havia desaparecido. Consegui ver vestígios de onde ele estivera, mesmo à luz da lua, pela diferença na vegetação — uma espécie de contorno —, mas o crescimento da mata o fez sumir por completo. Então, parecia que as coisas tinham retrocedido, do mesmo modo que a estradinha de terra no Pali. Pensei ter visto um carro andando perto do topo, mas, se era um carro, estava sem faróis. Talvez eu estivesse errado. Certamente *ainda* estava por toda parte. Eu esquecera que podia existir um lugar tão silencioso.

Parecia ser melhor percorrer a estrada do Pali até o outro lado da montanha à noite e descer aos poucos em Honolulu perto da manhã, reconhecendo o caminho. Eu não temia nenhuma maldade porque esta não era perceptível, mas maldade não é a única coisa que machuca. Eu só deveria me anunciar depois de ter sondado tudo — se chegasse a tanto. Seria fácil me anunciar simplesmente fazendo ou dizendo coisas "erradas".

Fui na direção do Pali, com as campânulas desabrochando de um jeito bem peculiar, só que mais abundantes. Eu torcia para que fosse um bom sinal. Realmente, a gente fica num mato sem cachorro quando não pode contar com nada. *Talvez* esteja tudo bem, *mas...*

Tropecei em algo e, quando me levantei, estava de frente para uma direção um pouco diferente, e bem diante de mim havia uma casinha que eu não notara, na sombra de uma árvore-da-chuva. Não era bem uma casa. Subi me sentindo como um *voyeur* e espiei por um galho de hibisco para olhar por uma janela aberta. Não havia quase nada nessa casa, mas numa parede estava a tela de TV colorida mais bonita que eu já vira: a parede inteira. Então ri sozinho. A situação era exatamente a mesma: pessoas que moram em barracos com televisão. Esse era o tipo de absurdo que me fazia sentir-me em casa.

Nesse momento, porém, uma criança chorou na casa, e a mulher que estava na tela saiu dela direto para a sala e desapareceu do meu campo de visão. Ouvi palavras tranquilizadoras por algum tempo. A criança parou de chorar. E a mulher reapareceu, caminhou de volta, entrou na tela e continuou o que estava fazendo!

Então notei que não havia ninguém na sala assistindo à televisão. Isso me abalou. Eu precisava me lembrar de como George Washington se sentiria se andasse até uma casa de 1969 e olhasse pela janela, até mesmo uma janela da Casa Branca.

Eu enlouqueceria ali, sozinho ao luar, tentando destrinchar aquilo. Eu precisava obter mais fatos.

Não apresse o rio (ele corre sozinho)

Foi difícil subir pela sinuosa estrada de Pali, com a montanha se elevando abruptamente à esquerda e caindo vertiginosamente à direita, mas meus pés se firmaram bem na estrada de terra e percebi que gostava dela. Foi mais fácil caminhar do que quando a estrada era pavimentada, embora devesse ser ruim trafegar por ela num veículo, se é que alguém o fazia. Mas é claro que fazia! Havia marcas de pneus no chão. Bem, se viesse um veículo eu ouviria, mesmo que não tivesse faróis para me alertar.

No entanto, não ouvi. Não havia perigo, porque o veículo seguia bem devagar, mas eu não o ouvi. Ouvi só o ruído suave do cascalho quando algo passa sobre ele. Dei um passo para o lado para deixá-lo passar, mas o veículo diminuiu ainda mais a velocidade e um homem perguntou: "Você tem carne de porco?" Se eu dissesse "sim", talvez me enrascasse por não poder provar, então disse "não" e esperei o que viria a seguir. "Pegue!", disse o homem, que se inclinou um pouco para mim, mas não vi o rosto dele. Jogou algo para o meu lado; eu não sabia se deveria pegá-lo ou me agachar. Todavia, a voz soava amistosa; talvez por isso eu tenha pegado o que me jogaram, e me vi ali com um pedaço de carne de porco crua nas mãos enquanto o veículo prosseguia devagar, em silêncio. Pude vê-lo fazendo outra curva, depois desaparecendo, depois reaparecendo vagamente, enquanto pegava a curva seguinte. Um braço apareceu rápido ao luar e pareceu jogar algo do penhasco.

Heureca! Esse era o local onde, segundo acreditavam os antigos havaianos, o cachorro de Pele[61] ficava numa caverna abaixo da estrada; se alguém passasse por ali à noite, tinha de arremessar um pedaço de carne de porco ou o cachorro de Pele apareceria e morderia quem passasse. Não! Não era isso. *Se* a pessoa tivesse carne de porco no carro, precisava compartilhá-la para se proteger. Acho que se enganaram sobre o mito. Bem, já acontecera. Eu não acreditava nisso, de modo algum. Tirei um saquinho plástico do bolso da calça e pus a carne de porco nele. Poderia assá-la e comê-la antes de ir para a cidade. Que mundo! TV além da minha compreensão, carros que se esgueiravam de modo silencioso e pessoas que acreditam na mordida de um cachorro inexistente pertencente a uma deusa inexistente. Acho que não é mais louco que termos dado a volta na Lua e ainda existirem faculdades de quatro anos só porque a Inglaterra tinha faculdades de quatro anos no século XVII — o início das faculdades — e a Inglaterra tinha faculdades de quatro anos porque no século XII os ingleses ricos enviavam seus filhos à

Europa continental para ampliar a formação deles e decidiram que quatro anos era um período suficiente para as crianças ficarem longe de casa.

Quando cheguei ao topo do Pali, sentei por um tempo, olhando para o que eu avistava de Kaneohe. Vi que não havia luzes em Mokapu, onde estava instalada a Base Aérea Naval. Foi como o blecaute durante a guerra. Estremeci involuntariamente. De novo, não!

Eu precisava de mais indícios. Então me levantei e comecei a descer através do Vale do Nuuanu, na direção de Honolulu — se acaso Honolulu ainda existisse.

O vale mudara. Sempre houve um monte de plantas crescendo, algumas selvagens, outras aparadas. A parte aparada sumira. Sem imóveis; apenas mata. A estrada de terra estava enlameada e mesmo assim gostei dela. Fazia muitos anos que eu só percorria vias pavimentadas.

Continuei procurando pontos de referência que não existiam mais. Isso fez a caminhada parecer interminável. Desaparecera até o grande cemitério de Nuuanu, que ficava dos dois lados da estrada. Apenas mata. Ela realmente tomara conta do lugar. Não fossem o barraco, o carro e o homem do porco, eu teria pensado que talvez fosse a única pessoa na ilha.

Estava cansado depois da caminhada pela montanha. Caí no chão e dormi. Quando acordei, o sol estava a pino. Espalhou-se por mim atravessando as folhas dos mais belos jacarandás que já vi. As cores eram as mesmas, mas não dá para imaginar a diferença. A parte iluminada dos jacarandás era mais brilhante, radiante, e as partes na sombra, mais profundas. Dava para se fartar em ambos. Como eu. Fiquei ali deitado, olhando as folhas rendilhadas mexendo-se com o céu por trás, com uma sensação de eternidade e de eu mesmo unido à terra, às pedras, à relva, às coisas em crescimento e às que nunca crescem, como se todos estivéssemos vivos para sempre.

Talvez por isso não ouvi as pessoas se aproximando até que estivessem quase em cima de mim. Ouvi as vozes, mas preferiria lê-las num livro. Era inglês, tudo bem, mas o sotaque era outro e a palavra escrita não muda tão rapidamente quanto a fala. Tive de apurar o ouvido para entendê-las. As vozes eram agradáveis — suaves, cadenciadas, subindo, descendo —, uma variedade maravilhosa, mais parecida com uma canção.

Quando me viram, vieram e se sentaram perto de mim, na sombra. Nenhum cumprimento. Depois disso, eles meio que me assimilaram e me ignoraram, os dois ao mesmo tempo. Eu não sabia se estava "dentro" ou "fora".

Essas pessoas tinham roupas simples de cores bonitas. Pense nas suas cores favoritas; é assim que eram. Não havia muita diferença entre as roupas masculinas e as femininas. A cada vez que olhava para eles eu identificava algo que era diferente numa roupa masculina. Então eu procurava a mesma coisa numa roupa feminina, mas não nas de todas as mulheres. Desisti.

Depois de algum tempo, trocamos palavras de vez em quando, e ficou claro que era como em todos os lugares tranquilos, onde se dá um tempo para o outro pensar antes de responder, mesmo que só se diga "sim". Foi uma espécie de conversa vazia, mais pela melodia e pela simpatia do que pelo que se dizia. Então um deles me perguntou aonde eu ia.

"Pagar os impostos", disse eu, pensando que fosse uma resposta positiva em qualquer lugar, a qualquer hora. Eles caíram na gargalhada! Levantaram, então, como se estivessem me atrapalhando e eu tivesse acabado de reclamar, e saíram caminhando pela estrada. Não soube o que aconteceu. É fazendo uma pergunta idiota que se recebe uma resposta idiota? Pelo menos eles não se ofenderam. Eu me perguntei se algo *poderia* ofendê-los no pouquíssimo tempo que passamos juntos.

Eu estava faminto. Assei o pedaço de carne de porco e o comi com framboesas que cresciam ali perto. Então notei as roupas que *eu* usava, às quais eles não deram a mínima atenção. *Deveriam* ter dado. Foi tolice minha não vestir algo menos ostensivo, mas, como não o fiz, eles deveriam ter ficado surpresos, curiosos ou inquietos. Então percebi que, assim como o discurso deles era estranho para mim, o meu devia ter sido para eles, que também não deram atenção a esse detalhe. Será que eu estava invisível ou coisa parecida? Não. Não tinha sido assim quando estavam comigo. Achei que fui eu mesmo o tempo todo — eu do jeito que eu raramente me conhecia.

Bem agora eu sabia um pouco mais sobre gente, roupas e coisas assim, e que não devia ter mencionado impostos, a não ser que quisesse ser um comediante famoso. Talvez fosse um bom papel para representar: esconde muitas gafes.

Pare de pensar! É uma armadilha. E se essa gente não gostar de palhaços?

Já que era difícil dar uma boa olhada nas casas sem parecer enxerido, perambulei por trilhas e estradinhas. Alguns dos caminhos eram tão estreitos que tinham mão única só para carros pequenos. Vi gente trabalhando nos jardins e gente cantando, ou tocando um instrumento que era uma mistura de violão e violoncelo. O melhor foi ter uma sensação de bem-estar por toda parte. De repente ri ao pensar nas precauções que tomei quando eram desnecessárias. Bastava ir a essas pessoas e conversar com elas, talvez até pedir um café da manhã.

Então, fui a uma casa, e uma deusa nórdica de longos cabelos loiros e olhos verde-acinzentados veio à porta e perguntou: "Quer tomar uma ducha?"

"Opa! Lá estava eu, pronto para pegar no pesado", pensei, "e agora essa mulher"... Bem, era como ignorar o dia de hoje, pular para amanhã e então encontrar alguém que já está no depois de amanhã. E, ao mesmo tempo, o que eu queria naquele momento, mais que qualquer coisa, era um banho, e ele me foi oferecido antes mesmo que eu percebesse. Acho que a palavra que define o meu sentimento é "surpresa", mas nós a usamos tanto para não indicar nada que ela não transmite mais nenhuma ideia.

Por fora, a casa tinha apenas tábuas nuas, desgastadas para se mesclar com a paisagem, e o interior mantinha a simplicidade em geral, mas o chuveiro era imenso. Entrei, tirei as roupas, joguei-as num canto, girei uma maçaneta e a água caiu como chuva de todo o teto. Fiquei dando voltas lá dentro como criança nua em tempestade. Nunca me dera conta de que os boxes de chuveiro me apertavam e não deixavam ninguém se divertir muito lá dentro, mas eu realmente estava adorando aquela liberdade.

Então soltei um grito, porque deixara minhas roupas num canto que eu achava bom, mas nenhum canto era resguardado da água e as minhas roupas se encharcaram. Fechei o chuveiro e ia pensar no que fazer quando a porta se entreabriu e um menininho de olhos azuis amendoados e rostinho tranquilo — um Buda mirim, se é que se pode dizer — enfiou a cabeça e uma das mãos pela fresta, estendendo uma coisa dobrada, e perguntou: "Você quer?" A peça foi sacudida e virou um roupão, uma espécie de quimono modificado. Penteei o cabelo molhado para trás com as mãos, vesti o quimono e saí do banheiro. Havia uma saleta e depois dela uma sala comprida com janelas quase até o chão, voltadas para um jardim. O aroma de gengibre espalhou-se pelo cômodo — a sala quase vazia, com tapetes no chão e pilhas de travesseiros. Fui até os travesseiros para ajeitar alguns, me sentar no chão e me recostar na parede. Era como um sonho em que se sabe o que se deve fazer, embora nunca tenha feito antes.

Uma garotinha negra de cabelo afro entrou segurando um prato imenso de comida. Ela era como azeviche polido, resplandecente por toda parte. Não devia ter mais de 4 anos e reluziu de contentamento quando me entregou o prato. Peguei-o e ela se sentou ao meu lado. Olhou-me muito séria, durante um tempo que pareceu longo, e disse: "Você é diferente".

"Ahn?", reagi eu, que poderia tirar proveito dessa conversa. "Diferente em quê?"

Ainda séria, ela disse: "Diferente".

"Diferente de você?", perguntei.

Ela concordou com a cabeça.

"Diferente da sua família e dos seus amigos?"

Ela concordou com a cabeça.

Eu também me sentia assim e estava gostando, mas *de quem* ou *do que* eu era diferente? Nesse instante ela se levantou, deu uma cambalhota, gorgolejou para mim por cima do ombro e saiu correndo. Retornou logo com um copo alto de suco de frutas gelado, uma mistura que eu não conhecia. Então ela voltou a sair correndo e eu a vi brincando lá fora. Quando uma mulher que trabalhava no jardim se aproximou dela, a garotinha disse: "Ele é diferente". Prendi a respiração, esperando a resposta, mas a mulher só disse "hein?" e continuou a revolver a terra.

Depois de tomar o café da manhã, olhei com espanto para o prato vazio. Apreciei o sabor de cada alimento separadamente, a consistência, a cor e a mescla de tudo, sem sequer pensar no que eu comia. E, agora que acabara, não pude adivinhar. Só restou uma sensação de bem-estar e prazer. Peguei a louça e os talheres e procurei uma cozinha, onde os lavei e coloquei num escorredor para secar. Não havia pano de prato. Assim que coloquei todos no escorredor, um aquecedor se ligou e os secou. De onde eu vinha, aquele aparelho era usado só para secar as mãos em banheiros públicos, onde eu não gostava dele. Para pratos funcionou bem.

Saí para me sentar na escada, mas me lembrei das minhas roupas molhadas no chuveiro e voltei para buscá-las. Elas estavam penduradas num varal ao sol, todas limpas e cintilantes. Mas não gostei delas. Pareciam ter forma absurda, grotesca, como roupa de espantalho. Meu corpo rejeitava todas. Sentei-me num degrau da escada, com os ventos alísios soprando nos arbustos e no meu rosto, e senti que poderia ficar sentado lá para sempre. É melhor eu não me demorar muito neste templugar, ou... Mas o que isso importa, afinal? De onde eu me encontrava, a maior parte da atividade que *lá* pareceu tão significativa para mim era como camundongos tentando se achar num labirinto. Eu me via como um dos ratos. Só posso dizer que um tanto daquele tempo fora usado para me trazer para onde eu estava.

Ninguém prestou atenção em mim, o que foi ótimo. O trabalho continuou ao meu redor. Supus que fosse trabalho. Parecia o que chamamos de trabalho, mas havia um quê de brincadeira naquilo. Era como se todos fizessem o que deviam fazer, mas sem levar a sério. Quase se poderia classificar de brincadeira, a não ser pelo teor do *que* se fazia.

Uma criança se dirigiu à outra: "Vou ser mais lenta que você até a próxima árvore!" Elas se alinharam e começaram a se deslocar tão devagar que não se tinha certeza se havia algum movimento, mas, quando se olhava para os pés descalços, um deles rastejava lentamente pela grama, um pouquinho à frente do outro pé, e então o segundo pé rastejava para a frente. Era uma coisa aflitiva, quase como se o tempo não existisse mais. "Você parou!", reclamou uma criança à outra. "A gente vai recomeçar!", gritou ela, e as duas voltaram ao ponto inicial.

Uma moça de 20 anos que parecia ser havaiana veio na direção da escada fazendo do avental uma cesta de hortaliças. Olhei para ela e perguntei: "Do que sou diferente?" Ela respondeu como se a pergunta fosse boba: "Diferente de você", e entrou na casa. O cheiro das hortaliças pairou sobre mim quando ela passou; cheiravam tão bem que, mesmo que fossem nabos, eu os comeria. Não agora. Eu ainda estava saboreando o café da manhã, mas não queria perdê-las no almoço.

De repente, pensei no secador de pratos. Isso porque tinha acabado de notar que não havia nenhum cabo de energia elétrica que entrasse na casa e eu também não ouvia o zumbido de um motor.

A moça saiu da casa e sentou-se ao meu lado nos degraus, com muita naturalidade, como se fosse minha irmã.

"De onde vocês pegam a energia elétrica?", perguntei, com meu pensamento saindo abruptamente em palavras, como antes, sem as formalidades sociais, de uma maneira que eu não pretendia. Eu ia tentar conhecê-la primeiro. Por alguma razão, não consegui prosseguir mecanicamente, como costumava fazer. Parecia um desperdício de vida.

"De onde vem a eletricidade?", perguntou ela.

E eu lá sentado. Vem de geradores, pensei, mas *ela* está pensando em outra coisa e... o que é *isso*? Um porquinho veio pelos degraus, farejando, e a garota se inclinou e esfregou as orelhas dele, e eu me esqueci da minha

Não apresse o rio (ele corre sozinho)

pergunta. À medida que ele se afastava de mim, "terra do lótus" pairou na minha mente, e em seguida também sumiu. Eu apenas vivia — vivia em cada célula do meu corpo, de um modo que não me lembro de ter vivido antes. Tudo ao meu redor estava acontecendo e eu... acontecia também.

O resto daquele dia foi como um sonho, daqueles em que se faz tudo sem esforço. Cortei bananas e ajudei a carregá-las num dos carros silenciosos. Cavei uma vala para desviar um pouco de água. O que os outros faziam eu queria fazer também. Como uma criança, pensei, só naquele momento eu tinha a capacidade de ser útil. Quando todos nos sentamos na grama para jantar, eu não estava cansado, nem tinha aquela inquietação irritante, a necessidade de ir a algum lugar ou fazer alguma coisa.

> Ontem à noite sonhei que eu era uma borboleta, e agora não sei se sou um homem que sonhou que era uma borboleta ou uma borboleta que agora sonha que é um homem.

Foi uma luta fazer a minha mente recobrar o motivo de eu estar ali. Eu deveria reunir informações, na tentativa de entender o que acontecera. Contudo, por mais que tentasse, não consegui encontrar nenhuma forma ou ordem no modo como as coisas se deram. Sem padrão, rotina ou regra. No entanto, tudo correu muito bem e agradavelmente, como se jamais tivesse sido feito desse jeito. Uma colisão ou um contratempo provocava risadas espontâneas, nada mais, e também nunca saía da mesma maneira duas vezes. Ninguém tentou se prender a isso, fazer algo disso. Como um pássaro voando pelo meu ombro, ele veio e se foi. Esses "equívocos" pareciam fazer parte do todo, que seria incompleto sem eles.

Depois do jantar, da cantoria e de brincadeiras alegres, cujo prazer está na espontaneidade do momento e por isso não se pode repeti-las, uma mãe idosa disse: "O Governador virá aqui".

E de repente eu me enchi de arrepios. Apesar da cordialidade, comecei a suspeitar de que, afinal, nem tudo era o que parecia. Por que o Governador estava vindo? Eu me repreendi por ter esquecido por que eu estava aqui e a necessidade de ser cauteloso. Tinha sido tão bem formado e desprezei tudo em questão de *horas*. Como um garoto que abandona a lição e vai nadar. Eu não conseguia me entender. Meu esmero fora um fator para que me escolhessem. Deixei-o de lado, como se faz com um casaco quando a temperatura sobe. Eu fora formado para nunca ser pego de calças curtas, para estar passos à frente dos outros — e suspeitava de que eles estivessem pelo menos vários passos à minha frente.

"Por que ele virá aqui?", disse eu subitamente, bem nervoso, não por causa de qualquer coisa presente, mas por causa do mundo suspeito de onde eu vinha, que chegou aqui comigo — em mim.

"Ele vem", disse a mulher com suavidade. A moça das hortaliças inclinou-se e deu um tapinha no meu braço. Senti que ela fez aquilo como se faria com uma criança ou um cachorro que tem medo por nada. Todavia, tal gesto serviria para aplacar os meus medos ou as minhas suspeitas?

A garotinha que trouxe o meu café da manhã brincava perto de mim. Continuando com a brincadeira, ela disse: "Diferente".

Um veículo silencioso em mau estado apareceu; de dentro dele saiu um homem alto e esguio, primeiro com as pernas e a seguir com o resto dele. Enquanto caminhava em nossa direção, um aroma agradável de melão surgiu. De repente, percebi que cada pessoa tinha um leve cheiro de algo — não perfume, mas o cheiro *dela mesma* —, e o cheiro da garota das hortaliças — fraco, vago — era de nozes. Eu pensava que todos esses aromas viessem apenas dos jardins — cheiros de plantas, animais e pássaros —, mas eram de pessoas também. E eu? Eles devem ter me localizado na hora. E mandaram chamar o Governador? Quando os forasteiros dão na vista?

O Governador veio a nós e sentou-se na grama, falando dos arco-íris daquela manhã. Pareceu que eles eram formidáveis, e o Governador tinha uma predileção especial por arco-íris. Ele sorriu olhando na minha direção e disse: "Sabe como é, eles não podem ser colhidos".

Então houve uma pausa, uma espécie de comunhão que me envolveu. Todos ficaram em silêncio. Eu queria acabar com o silêncio com todas as perguntas que estavam na minha cabeça, mas, embora minha boca se abrisse, minha língua não se mexia. Minha mente começava a ser atravessada por ondas que eliminavam todos os medos, todas as perguntas, até não haver absolutamente nada, e esse vazio de alguma forma continha tudo que existe.

Foi o Governador que quebrou o silêncio e me sacudiu. "Você veio de um tempo distante?", perguntou. A fala dele não pareceu terrível, mas será que você sabe o que é ter um segredo dos mais profundos, desconhecido de todos exceto de você mesmo, exposto de repente em público?

Eu queria protelar, mas contra a minha vontade e contra todas as instruções programadas em mim, respondi "sim".
Ele assentiu com a cabeça. "Você deve ser o primeiro."
Se eu fosse o primeiro, como ele saberia...? Então eu entendi. "Acho que sim", disse eu. "Há outros aqui, de outros tempos?"
"Não..."
"Mas então..."
"Eles voltaram."
"*Daqui*?", reagi eu, incrédulo.
"Do *agora*", corrigiu-me. "As pessoas do passado não parecem ter o dom de viver o agora."
Eu ainda estava intrigado com isso quando o Governador se recostou numa árvore e fechou os olhos. "As ilhas eram diferentes quando você morava aqui", disse ele, voltando a me assustar. Ele respondeu ao meu tremor como se o tivesse ouvido e entendido. "Todos os que vieram para cá já viveram no Havaí. Ouvi dizer que árabes vão para a Arábia e nova-iorquinos, para Nova York."
Dei-me conta, primeiro facilmente, depois com dificuldade, que todas as nossas finas reflexões, todos os nossos cálculos se originaram disto: eu havia sugerido o Havaí porque era um lugar onde eu me sentia em casa. Isso tornou a coisa toda muito absurda — todo aquele trabalho, aquela discussão e todo o planejamento, que pareceram tão necessários para nós na época, para nos convencermos sobre o Havaí! Tudo partira de *mim*, do meu interesse. Era o que eu queria. Como nos enganamos com toda aquela checagem. Só teria sido diferente se quisessem que eu fosse para outro lugar. Então eles teriam fornecido informações diferentes e obtido outra resposta, de acordo com o que *eles* queriam. Por um momento tive um vislumbre da simplicidade das pessoas aqui e entendi sua sabedoria; em seguida desapareceu. Queria que as coisas corretas nem sempre escapulissem com tanta facilidade, e as incorretas não surgissem com tanta facilidade — e depois voltei a ter dor de cabeça quando elas formaram um turbilhão e eu não soube qual era qual.
"Todos os lugares são como aqui agora?", perguntei.
"Todos os lugares?" O Governador abriu os olhos para me observar e captar o sentido do que eu queria dizer. "Não. Existem outros como nós — lugares pequenos que perderam a importância por várias razões —, embora, claro, *também* sejam diferentes."

"Por que aqui é assim?"

"Nós gostamos de variedade", disse o Governador.

"Variedade!", exclamei, por causa da minha forte sensação de algo tão lindamente igual por toda parte. Porém, igual era a tranquilidade e o bom pressentimento, um terreno em comum. O diferente era... bem, algumas coisas simplesmente não combinavam. "O senhor parece tão interiorano", disse eu, "com melhorias modernas, claro. Eu vi uma tela de televisão — uma mulher saiu dela e..." De repente me senti tolo. Talvez eu tivesse entendido mal a coisa toda.

O Governador sorriu. "São interessantes, não são? Algumas pessoas gostam de tê-las."

"Mas quem as faz?"

"As pessoas que gostam de fazê-las."

"Mas suponha que não existam tantas pessoas que queiram fazê-las. Quero dizer, suponha que haja mais pessoas as desejem do que as que as façam?"

O Governador olhou para mim com compaixão. Deve ter sido isso, pois não me senti néscio ou ignorante, mas compreendido de uma forma que eu mesmo não compreendia. Era reconfortante — senti-me bem — ser compreendido dessa maneira. Fazia parecer possível que um dia eu me compreendesse. Mas não respondia à minha pergunta, e a fiz de novo com os olhos.

"Ninguém quer fazer a mesma coisa várias vezes", disse ele. "Não do mesmo modo; umas poucas vezes, sim."

"E se muitas pessoas quiserem?"

"Não querem. Se possuíssem tudo que apreciam, teriam demais. E se todas as pessoas, ou a maioria delas, tivessem as mesmas coisas, não haveria variedade entre uma casa e outra e não se poderia compartilhá-las... pois como se pode compartilhar o que se tem se todo mundo já o tem?"

Por um instante achei que entendera isso, mas perdi o sentido. Senti algo muito *errado* naquele lugar, que parecia tão correto. Era *bom* todo mundo ter tudo, assim como temos, e o único erro é que algumas pessoas ainda não têm.

Então a voz da menininha ressoou na minha cabeça — "você é diferente" — e eu ouvi a frase da moça: "diferente de você". Vislumbrei um aspecto da divisão em mim — confusamente —, pois queria fugir da correção do lugar, que parecia tão errado, e queria correr ao encontro da incorreção do lugar de onde vim, que agora parecia tão correto. Eu estava conhecendo em profundidade os meus afetos do modo como eram lá, e achando-os errados — uma ameaça —, como algo a que eu deveria resistir, do jeito que sempre resisti aos pensamentos rebeldes, que me faziam querer abandonar tudo que eu tinha e recomeçar do zero. Era ruim querer fazer isso, era irresponsável, ao contrário de ocupar o meu lugar na vida, construir o país e fazer um mundo melhor para todos. Assim, extirpei a dor e a alegria do *meu* conhecimento e segui cambaleante a vida medíocre de que todos falam.

No mundo de onde vim, todos eram diferentes de si mesmos. Tinham de ser, ou assim pensavam, o que dá no mesmo. Aqui, eu tive a oportunidade de ficar comigo. Minha mente clareou, e eu a vi — forte e decidida. Voltei à vida quando soube disso, eliminando dez anos dos meus ombros.

Nunca voltarei, pensei então, de repente. Esse pensamento estivera comigo antes, mas não tão claro como agora. Eles poderiam recolher a minha máquina, mas não havia como me obrigarem a entrar nela. Aquele mundo deprimente e sujo podia passar sem mim. Eu disse isso ao Governador.

"Você não sente necessidade de nos mudar?", perguntou ele. "Não pensa que estamos ociosos, desperdiçando o nosso tempo? Não pensa que poderia melhorar os nossos veículos desmontando-os e descobrindo por que são tão silenciosos e depois juntar isso ao seu conhecimento de como fazê--los andar rápido?"

"Não", disse eu. Então algo me fez sincero de novo. "Tive alguns pensamentos como esse", disse eu. "Posso tê-los novamente, vez ou outra. Contudo, eles desaparecerão. Não sei o que está acontecendo, mas eles continuam parecendo mais bobos, neste pouco tempo. Não só bobos; esquisitos. Eles não me pertencem. Talvez eu leve muito tempo para me livrar deles por completo, mas não vão lhe causar problema algum. Eu os impedirei."

Fiquei surpreso ao ver lágrimas nos olhos do Governador. Talvez fosse apenas uma miragem provocada pela estranha luz que parecia vir do céu.

"Ei!", gritei subitamente, pois tinha visto luzes se deslocando no céu, tão devagar que a princípio eu não percebera que não eram estrelas.

"Revoadores", disse o Governador.

"Aviões? Mas como podem se deslocar tão devagar? Como eles são?"

"Pássaros, creio que se possa dizer, ou talvez se pareçam mais com folhas flutuando na água."

Pedi-lhe que os descrevesse em detalhe, mas ele negou com a cabeça. "Não estou sendo relutante, mas o que posso dizer?"

"Que energia eles usam?" — eu quis saber, e ele respondeu: "Você conseguiria explicar para Benjamin Franklin o que é um avião a jato?"

"Mas eu sou da era atômica!", assinalei. "Nós sabemos muito mais agora, quero dizer, *então*."

"O suficiente para entender tudo?"

"Ora, claro. Não quero dizer que já sabemos tudo, mas sabemos o suficiente para interpretar e extrapolar, por mais complexo que seja…"

"Isso faz parte da dificuldade", disse ele levantando-se e se dirigindo para o seu veículo silencioso. O que é que me fez apegar-me à simplicidade? Antes que eu começasse a pensar nisso, uma luz piscou do veículo para o céu, apenas uma vez, e se apagou. Quase instantaneamente, o céu se encheu de botões de flor gigantescos — hibisco, tuberosa, jasmim-manga, *keni-keni* — abrindo-se em flores que desabrochavam, morriam e liberavam novos botões. As estrelas adquiriram um tamanho monstruoso, então explodiram, espalhando milhões de pequenas estrelas pelos morros do vale. Caíram sobre nós, brilhando, e não nos queimaram. Quando estendi as mãos para pegá-las, elas piscaram e sumiram. Sobre o Pacífico, foguetes zuniam dardejando para os paraísos, depois explodiam com estrondos que pareciam sacudir os morros ao nosso redor. Eu vibrava no corpo inteiro, abalado, vivendo uma empolgação tal que, por mais estupenda que fosse, senti que não suportaria mais. O céu clareou num instante. Apareceu um cacto que desabrocha à noite — crescendo, crescendo —, até que as pétalas brancas eram como canoas enormes, e o centro amarelo-ouro da flor brilhava. Fui inundado, abraçado, desorientado, invadido.

De repente veio o silêncio, que chegou muito rápido depois do barulho e da ação. À medida que o cacto desaparecia, começou a surgir nas pétalas das flores o que parecia ser um reflexo da ilha de Oahu — ou seria o contrário? Enquanto a ilha estava no céu se tornava mais real, aquela em que eu estava tornou-se menos real. Qual delas era ilusão? Então a música pairava na quietude, não em som, mas mais como um zéfiro brincando com a brisa, tão suave que não consegui ter certeza de que eu ouvia música.

Deitei na grama, depois rolei, aninhando a cabeça nos braços, e perdi… Eu estava prestes a dizer consciência, mas, se foi a consciência que perdi, o que então era aquilo que encontrei?

Quando voltei a estar consciente das pessoas e das coisas ao meu redor, foi como estar numa nuvem. As figuras eram indistintas; as vozes, murmúrios que mal se ouviam. Então senti uma leve fragrância de noz, e eu sabia que a garota das hortaliças estava aqui, ao meu lado. Aparentemente, eu estava deitado em algo familiar que me deixou triste.

"Lamentamos", disse ela, com uma voz que me transmitiu melancolia. "Mas não existiríamos sem você lá. Você faz parte do nosso devir." Vi a minha vida de modo inédito. Ela enxugou uma lágrima no meu rosto, e eu não sabia se era dela ou minha, mas depois soube que era nossa.

A moça pegou a minha mão e a colocou onde meus dedos reconheceram o botão de partida. Juntos, pressionamos o botão.

Hoje de manhã, Fritz encontrou-se com todo o grupo. Primeiro falou de sonhos. O que ele disse foi muito claro para mim, e eu me lembraria disso. Nada fiz. Não me lembro de *nada* do que ele disse. No entanto, eu de fato prestei atenção ao que ele disse, então é provável que eu esteja bem. O que ele disse, e eu recebi, foi para o computador interno, onde está à minha disposição conforme o necessário, convenientemente. Não posso contar a mais ninguém o que ele disse. Eu tiraria zero numa prova. Mas eu sei em que usá-lo, exceto provas.

Dona Chumley acaba de voltar. Aqui está outra história que ela escreveu sobre mim.

**CONTEM COM OS LÍRIOS DO CAMPO
— OU COMO JOGAR UM BOM JOGO DE CARTAS**

O título dessa história, se for esse, também poderia ser *O caminho do zen*, mas não é necessário passar pelo leste para chegar ao oeste. De qualquer maneira, trata-se mais imediatamente da dona Chumley, que voltou aos anos 1970 para visitar sua neta Anne. Alguns amigos de Anne perguntaram a dona Chumley como ela aprendera tudo que sabia da vida. As respostas eram tantas que dona Chumley teve de refletir qual delas seria mais aceitável para quem a questionava agora. Não significava que fossem *incorretas,* mas sim *muito* corretas. Se você pensa que só existe um caminho para Roma, não conhece Roma muito bem.

A esses amigos de Anne, dona Chumley preferiu explicar com um jogo de cartas. "Vocês podem obter as mesmas informações a respeito de viver jogando qualquer jogo", disse ela, "mas usarei o jogo de paciência para que vocês experimentem sozinhos, sem precisar procurar outra pessoa. Afinal, vive-se sozinho a própria a vida. É só então que vocês se juntam de fato a outra pessoa. Outra vantagem do jogo de paciência é que não se pode culpar um adversário por esse ou aquele resultado, nem lhe dar crédito. O jogo transcorre entre cada um de vocês e as cartas".

Ela embaralhou as cartas, primeiro pelo modo chamado "científico" e depois pelo método amador. Este lhe parecia ser a melhor maneira de misturar as cartas por completo, embora às vezes ela se perguntasse se esse novo embaralhamento não levaria de volta ao ponto de partida. Todavia, nunca pareceu terminar assim, então ela deixou de se questionar tanto a respeito — apenas na medida certa, para ter certeza de que não excluíra nada.

A seguir, ela passou a colocar as cartas na mesa, começando com uma fileira de oito cartas viradas para cima.[62] Pôs outra fileira de cartas encobrindo parte da anterior, para não esconder as cartas da primeira fileira, e continuou fazendo isso até que todas as 52 cartas estivessem na mesa com a face para cima — pelo menos a metade superior. Havia apenas quatro cartas na última fileira, é claro.

O modo de distribuir as cartas é uma das regras, disse dona Chumley. Se não se obedecer a ela, não se jogará paciência, mas outro jogo. Os jogos em geral não têm muitas *regras*. Neste, os ases, quando se consegue pegá-los, principiam o jogo no alto do "tabuleiro", como ocorre na maioria dos jogos de paciência, e se acrescentam cartas de acordo com o naipe e com a sequência normal. Na parte de baixo, imagine quatro vagas de estacionamento para cartas. Vocês podem passar qualquer carta exposta para uma dessas vagas temporariamente, a fim de tirá-la do caminho, desimpedindo o jogo, e depois conseguir outro lugar para ela.

As narinas da dona Chumley começaram a ficar molhadas, como ocorria às vezes, quando ela e os germes da terceira idade no século XX se juntavam. O lenço saiu rápido da bolsa, que estava aberta do outro lado da sala, e caiu na mão dela. Devolveu-o rápido à bolsa e disse à neta: "Anne, pode me trazer o meu lenço? Esqueci-me de onde estou".

Não apresse o rio (ele corre sozinho)

Quando o baralho é posto na mesa, prosseguiu ela, parece um caos. O trabalho do jogador é pôr as cartas em ordem, colocando-as nas quatro pilhas no alto. Apenas uma carta pode ser mexida de cada vez, a menos que haja cartas em sequência. Nessa situação, deve-se mover toda a sequência ou não mover nada, a menos que se queira colocar as cartas, uma por uma, nos montes de passagem.

Vejam bem, as regras são realmente poucas. São necessárias porque *sem* regras não se desfaz o caos. *Sem* regras, que não passam de limitações, nem mesmo se reconheceria o caos. Se não existem regras, será preciso inventá-las. Elas não restringem o jogador, mas tornam o jogo possível.

As *convenções* são outro assunto. Quem espera encontrar *o Caminho* cria convenções para poder jogar sem pensar, usando ainda outro conjunto de regras. Isso leva o jogo a ser trabalho em vez de jogo. Essa é a modalidade errada do não pensar, e chegarei à correta mais adiante. As convenções são probabilidades e, quando o jogador se limita a elas, perde as possibilidades. O resultado é monotonia. Além disso, num jogo com mais de um jogador, as convenções só funcionam se todos as cumprirem. Mesmo que se juntem duas pessoas que seguem convenções diferentes, o resultado pode ser assassinato, literalmente, embora em regra a morte seja lenta — o que não torna a morte melhor.

Quando um lado obedece às convenções e o outro não, o lado obediente perde. Um menino de 6 anos me venceu no xadrez uma vez porque conhecia as regras do jogo, não as convenções. Ele jogou com a rainha como se fosse um peão, o que me pegou desprevenida, porque eu vinha jogando com pessoas que seguem convenções. Perdi. Não consegui ficar brava com ele, embora tenha ficado por um momento, porque na época eu jogava com os cavalos e abria mão de qualquer peça para salvá-los. Meus parceiros ficaram furiosos quando perderam, porque as convenções se tornaram regras para eles, que entraram numa fria quando desobedeci ao que parecia ser uma regra, e ainda assim eles não podiam me acusar, porque não era uma regra. Sabe, é como um policial que não pode prender uma pessoa só por achar que ela infringira uma lei, quando não infringiu. Nesse caso, só se desobedeceu a uma convenção. Claro que, caso se "pense" como os policiais — pode-se até ouvir a dona Chumley pôr essa palavra entre aspas —, vai-se humildemente para a cadeia para cumprir uma pena por algo que nunca se fez, para expiar uma culpa que não passa de fantasia.

Depois de ter jogado com os cavalos até me entediar, porque não havia muito mais para aprender, passei para os bispos, depois para as torres e assim por diante. Cheguei ao ponto em que podia fazer uma farra com os peões. Quando passei por todos eles, eu usava da melhor maneira possível qualquer peça que servisse. É por isso que não jogo mais xadrez. Meus parceiros me abandonam porque ficam bravos, o que é uma tolice. Veja, eles continuam tentando me vencer com o que acham que é o estilo deles, que na verdade é o estilo de todo mundo, em vez de reagir ao meu estilo com o deles — na verdade, é o estilo de todos —, o que torna o xadrez muito interessante e fascinante. Ocorre o mesmo com *bridge* ou tênis.

A pessoa que me ensinou esse jogo de paciência me ensinou também algumas convenções como se fossem regras. Quem ensinou as regras a *ele* apresentou as convenções ao mesmo tempo, e nenhum deles fez uma distinção entre regras e convenções. As instruções "disponha as cartas em oito fileiras" e "nunca preencha as quatro 'vagas' de passagem de uma vez" foram ensinadas ao mesmo tempo e postas na mesma categoria. Porém, enquanto a primeira é certa, a segunda não passa de probabilidade. Às vezes, as probabilidades simplesmente não tiram o jogador da situação em que se encontra, de modo que ele precisa procurá-las — o que, claro, não poderá fazer se achar que não existem. Então ele fica empacado. Depois, pensa que o mundo está contra ele, o que de certa maneira é verdade, mas quem está contra ele é apenas o mundo fictício das convenções. Quando ele tenta sair dessa situação, os espectadores gritam "isso é proibido!" — e estão tão convictos de que o jogador não pode fazer aquilo que este provavelmente se amedrontará. Então, continua na mesma situação. E isso prova a todos que não existe saída, porque ninguém tentou sair.

Quando alguém desconsidera uma convenção e fica impune, diz-se que teve sorte. Entretanto, o jogador estava sendo preciso, agindo de acordo com a realidade do momento. É ilusório agir com base em qualquer outra coisa. Como jogar *esse* jogo levando em conta a disposição das cartas usada antes ou talvez no futuro? Passado e futuro não existem na realidade, porque o único momento em que se age é agora. Pode-se pensar no passado ou no futuro, mas isso não é *vivenciar*, porque apenas se *reflete* sobre eles — não se pode *fazer* nada com nenhum deles.

Dona Chumley percebeu de repente sua localização presente e acrescentou: "A não ser que se esteja lá, mas é claro que se está aqui, no espaço equivalente ao tempo agora.

Não apresse o rio (ele corre sozinho)

E aí, disse ela, observando as cartas na mesa, esse é o jogo. É o único que podemos jogar no momento. Ao contrário da maioria dos jogos de cartas, pode-se ver onde está cada carta. Isso se aproxima mais do conceito de vida. Tem-se sempre todas as informações relevantes para agir aqui-agora. Não sabemos o que fazer quando nos mesclamos com o futuro e o passado e outros lugares. Contudo, não precisamos nos preocupar com todos os outros tempos e lugares. E, de todo modo, o passado acabou, e o futuro cresce a partir do presente, de maneira que, se tomarmos a atitude certa agora, o futuro também se sairá bem.

Dona Chumley observou novamente as cartas e explicou: se houver algum ás exposto, coloque-o na parte de cima e depois, em cima desse ás, ponha quaisquer cartas expostas que completem a sequência a partir desse ás, e assim por diante. Não é obrigatório fazer isso imediatamente, mas é como lavar a louça: não existe mal nisso. Tiram-se algumas cartas do caminho, o que deixa tudo mais claro para outros movimentos.

Depois disso, se houver uma carta que possa ser posta sobre outra carta, não o faça de pronto. O campo ainda não foi ocupado por inteiro. Isto é, tenta-se resolver uma questão sem contar com todas as informações relevantes disponíveis, o que só pode causar problema.

"A propósito, o que acham desse jogo em particular?", perguntou ela à meia dúzia de pessoas ao seu redor.

"Sem saída", disse uma. "Impossível", opinou outra.

Outra ainda, mais precavida, afirmou: "Não me parece muito possível".

"Para mim também", disse a dona Chumley. "Não parece fácil — não que tudo que pareça fácil seja fácil. Mas, se eu pensar nisso, sem dúvida abandonaria o jogo e recomeçaria. Por isso, deixo de pensar."

Um dos jovens afastou-se da mesa bufando. Um homem mais velho fez o mesmo, embora não tenha bufado, porque gostava da dona Chumley. Uma menina mais nova também se afastou bufando porque gostava do rapaz.

"Quando paro de pensar", prosseguiu a dona Chumley, "não tenho opinião. Isso possibilita muitas coisas. Quando não tenho opinião, não sinto necessidade de fazer nada — nem de desmanchar o jogo nem de brigar com ele. Só estou interessada em dar uma olhada, sabe, como uma criancinha que nunca nos viu antes. Primeiro, antes de decidir como interagir conosco, ela faz uma análise — um sinônimo disso é rastreamento".

"Começo ao acaso, notando uma carta, digamos, este sete de espadas. Ele tem de ir sobre um oito de espadas ou haver na mesa um seis de espadas. Então eu olho para a mesa e localizo o oito e o seis. Só os *localizo*. Não tentem se prender a isso porque farão o mesmo com todas as outras cartas, e a parte do cérebro com a qual vocês fazem isso não consegue se lembrar de todas. Então, apenas localizo as cartas, o que fica registrado em algum lugar da mente. Quando todas as cartas estão na mesa, elas me dizem o que fazer."

"Ei!", disse o jovem que se afastara e agora voltava à mesa. "Ela está se programando!" A jovem voltou à mesa e ficou ao lado dele. Ele pensou em como ela era maravilhosa, sempre harmonizada com ele. O homem mais velho ficou onde estava, de costas para os outros, mas ainda ouvindo.

Dona Chumley continuou a localizar as cartas até cobrir quase todas as do baralho, e umas poucas que não vira de primeira apareceram indiretamente. "Agora", disse ela, "tenho toda a mesa do jogo na cabeça, embora não saiba onde, e então sei o que fazer, embora não saiba como farei. Nem sempre me parece conveniente movimentar as cartas. Às vezes me sinto boba, e às vezes me sinto muito precipitada, me encaminhando para um desastre. Mas o impulso do computador *interno* vem com tanta certeza que tenho de fazê-lo. Porém, sem disciplina primeiro, o impulso vem de outro lugar. Tudo pode parecer lindo, mas acaba em bagunça".

Nas mãos dela, as cartas se movimentavam com tanta rapidez que ninguém conseguia acompanhá-las, mas também nenhum dos que observavam o jogo atentamente conseguiu pegar um erro. De repente, toda a mesa estava completa e as cartas podiam ser levadas às quatro pilhas no alto.

"Mesmo trapaceando, ela não conseguiria fazer isso!", disse o jovem interessado em programação. "Consegue fazer isso de novo?"

Dona Chumley embaralhou as cartas e as dispôs na mesa. "Essa parte do começo é cansativa", alertou ela, quando as cartas estavam em posição. "Quero dizer, é cansativa até se acostumar, o que pode ocorrer no mesmo momento. Vocês querem *fazer* alguma coisa. Estão tão acostumados a fazer que se sentem culpados quando não fazem nada. Há um erro aí. Vocês sentem que devem começar já, mas, se estão em contato consigo mesmos, sabem que isso não é verdade, e o que realmente temem é que, se não começarem logo, outra pessoa o fará. A maioria teme que uma pessoa sem

Não apresse o rio (ele corre sozinho)

estímulo não faça nada. Isso talvez resulte de explicações mecanicistas da ciência: uma máquina não se autorregula nem se autoperpetua. Ela precisa do estímulo de forças externas; do contrário, ficará parada. Quando os seres vivos são concebidos de acordo com o mecanicismo, nós nos sentimos obrigados a mantê-los em funcionamento e a verificar se continuam funcionando, ou reiniciá-los se parecem ter parado."

"Não tenham medo de parar. O coração continua batendo e os pulmões continuam respirando. Ainda assim, quando vocês fazem o que definem como parar, é tão diferente do que vinham fazendo que parece errado — como a garotinha que teve deficiência por tanto tempo que, quando o médico a curou, ela reclamou: 'Você me deixou torta!'"

"Claro, existe um não fazer errado, assim como existe um não pensar errado. É isso que torna as coisas tão confusas. Vocês podem se obrigar a não fazer nada obrigando-se a isso, o que é errado. O jeito certo é afastar-se de todas as pressões, inclusive de si mesmos. Parece um pouco com andar para trás, mas é apenas uma desaceleração. Se andam devagar na rua enquanto outras pessoas passam correndo, é como se vocês estivessem andando para trás — se vocês mesmos estiverem acostumados a se apressar."

Ainda enquanto falava, a dona Chumley pôs um dedo numa carta e em outra, indicando que ela as localizara. Começou a movimentar as cartas, de um modo que às vezes fazia sentido para quem assistia, outras não. As cartas estavam todas em ordem, tanto nas quatro pilhas sobre os ases como nas colunas, todas finalizadas e prontas para ser levadas para cima.

"Isso nunca falha?", perguntou uma mulher que não dissera nada antes.

"Sim, falha", admitiu a dona Chumley, que não tinha dificuldade de admitir nada. "Depois, nunca sei se o jogo era impossível ou se eu falhei — ou se falhei para perder alguns jogos, porque estava cansada de ganhar."

"Cansada de ganhar!", disse uma voz fraquinha.

"A maneira mais fácil de vencer é não se interessar pela vitória", disse a dona Chumley. "Cada um de vocês deve ter notado isso na própria vida, em um momento ou outro. Quando não lhes interessa, vocês dizem o que pensam, e as coisas funcionam do modo que vocês achavam que nunca aconteceriam se tivessem dito o que pensavam. Pode ser bom dizer o que pensam quando *se importam*, ou pelo menos melhor do que não dizer, mas não sai da mesma forma, ou demora mais para chegar ao mesmo lugar. E o mesmo ocorre com o *fazer*".

"Também existe a sorte de principiante, quando o sujeito sabe que não sabe nada, não tem uma reputação por zelar, não tenta impressionar ninguém, nem a si mesmo; apenas arrisca e zás! Vocês entenderam. Só então se tenta repetir isso, e *tentar* não faz nada acontecer do mesmo jeito. Da primeira vez, vocês não têm uma imagem do que aconteceria. Apenas agiram no momento, aconteceu e surpreendeu vocês. Da segunda vez, vocês tentam reproduzir o que aconteceu da primeira e fazer o corpo reagir da mesma maneira. Tudo acontece numa parte da cabeça que não é muito boa nisso. Se vocês se aplicarem bastante, poderão ter sucesso, mas também se desgastarão, porque usarão uma parte de vocês para forçar a outra parte, em vez de deixar a coisa toda acontecer através de vocês."

"Quando se tenta fazer algo só por ser atraente, não se trata exatamente de uma tentativa. O indivíduo como um todo se movimenta conforme a concepção de si mesmo; não interfere em si próprio. Quando *tenta*, o sujeito descobre coisas na mente ou 'se recompõe' para descobri-las. Ao ser bem-sucedido, o sucesso vem apesar do modo de conquistá-lo, não por causa dele, e ocorre um autodesgaste no processo. É como operar uma máquina sem óleo: ela emperra e range."

"Acho que isso tem relação com os nossos dois sistemas nervosos", disse a dona Chumley. Ela não podia dizer que sabia de verdade, porque do contrário teria de relatar o que sabia, e as palavras e os conceitos que poderiam ser usados para esclarecer convenientemente ainda estavam no futuro Então ela precisou falar disso por alto, sem exatidão.

"Nossos dois sistemas nervosos consistem na verdade de um sistema", disse ela, "porque trabalham juntos. Tentar separá-los é como a libra de carne e o cristão[63]. Um deles faz o coração pulsar e os pulmões respirarem, queiramos ou não. Age por si só, como um computador interno. Fritz usa 'computador' em referência à mente do conspirador ou do planejador, da qual posso facilmente me tornar *aware* se já não estiver — aquilo a que se chama 'pensamento', o eu-computador, aquele que *eu* posso usar. Esse é o *outro*, aquele que age ou exagera de acordo com intenções próprias. Alguns o usam para pintar a esmo ou fazer um bolo sem receita. Não enxergam o absurdo de ser *intencionalmente* 'espontâneos'. Absurdo? É *impossível*, assim como 'estou sendo espontânea'."

"Quando um exagera, ocorre uma interferência no outro, em vez de os dois funcionarem bem juntos, do modo que eles sabem fazer e eu não.

Não apresse o rio (ele corre sozinho)

Quando 'saio dessa situação' ou 'não tenho desejo', não o faço *por completo*. Continuo interessada, mas não excessivamente. E tudo em mim funciona da maneira como eu me constituí para fazer. Então, um sistema me mantém em contato com o tempo e a consciência, e o outro, com o atemporal e o inconsciente, e me encontro exatamente no lugar que é meu, em todo lado, ao mesmo tempo. Harmonia e exatidão juntas. É *tolice* distinguir negócios de arte", disse ela. "Tudo depende de *como* se faça."

Então ela suspirou, o que não fazia com frequência, mas os dois jovens ao lado dela pensavam que soubessem o que é o amor e se afogavam nele, esquecendo-se do mundo e tudo mais.

"OUÇAM!", disse ela, tão subitamente que assustou a todos, exceto Anne, que compreendeu. Cada qual, exceto Anne, procurou nos sons escutados algo que já ouvia ou deveria ouvir, e perdeu a sinfonia de sons — piados, motores, respiração, o farfalhar das folhas, raspagem, murmúrios, às vezes uma buzina ou um tinido — sem perceber também o silêncio por trás de tudo. Mas o silêncio da dona Chumley e Anne prosseguiu, primeiro circundando os outros, depois penetrando neles, até que se tornaram o próprio silêncio, continuando a ser eles mesmos. Eram e sabiam ser ao mesmo tempo átomos rodopiantes, com um vasto espaço entre eles, e as pessoas nas quais se podia tocar, sentir, esbarrar. E então se ouviu a sinfonia. Na sala havia amor, um amor ilimitado, sem dimensão nem restrição, sendo cada pessoa ela própria, inesperada e maravilhosamente.

Os olhos do jovem estavam um pouco úmidos quando ele disse à garota: "Eu pensei que soubesse…"

E ela respondeu: "Eu sei… Achei que eu soubesse também".

O homem mais velho disse com suavidade: "E um relógio parou e entendeu o significado do tempo."

Agora quero pôr aqui outras histórias, escritas por outras pessoas.

"Não!", diz o censor. O espaço entre as suas histórias está cada vez menor. Elas devem ficar mais espaçadas.

Quem diz isso? Quem é esse ditador que dita regras para reger por regulamento, confirmando que é o regulador?

"Eu! Eu sou o regulador! Sou as regras e tenho dito!"

Hã-hã! Você não é mais que um monte de palavras que chama de reflexões. Falso!

"SOU PODEROSO."

Hã-hã! Seu poder repousa em mim. Você o tem apenas enquanto eu deixar que o tenha.

Estou com vontade de inserir outra história; ei-la. Os direitos autorais de Tolstói já devem ter expirado[64] e por isso vou usar um conto dele. Gostaria de saber se alguém já fez isso antes. Eu não fiz, e gosto da minha surpresa por fazer isso.

TRÊS PERGUNTAS
Liev Tolstói

Certa vez ocorreu a um Rei que, se ele sempre soubesse a melhor hora de começar tudo, se soubesse quem eram as pessoas mais indicadas para ser ouvidas e evitar, e, sobretudo, se ele sempre soubesse o que era mais importante fazer, jamais falharia em nada que realizasse.

E, assim que essa reflexão lhe ocorreu, ele proclamou por todo o seu reino que daria um grande prêmio a quem lhe ensinasse qual era o melhor momento para cada ação, quem eram as pessoas mais indicadas e como ele poderia saber o que era mais importante fazer.

E homens instruídos foram ao Rei, mas todos responderam às suas perguntas de modo diferente.

Não apresse o rio (ele corre sozinho)

Em resposta à primeira pergunta, alguns diziam que, para saber o momento certo de cada ação, seria preciso traçar com antecedência um painel com dias, meses e anos e viver estritamente de acordo com ele. Só assim, diziam eles, tudo poderia ser feito no devido tempo. Outros declararam que era impossível decidir de antemão o momento certo de cada ato, mas, sem se deixar absorver em passatempos, era preciso prestar atenção a tudo que acontecia e depois fazer o que fosse mais necessário. Outros ainda diziam que, por mais atento que o Rei fosse ao que estava acontecendo, era impossível um homem decidir corretamente o momento certo de cada ato, mas ele deveria formar um conselho de sábios que o ajudassem a fixar o tempo certo para tudo.

Por outro lado, diziam que havia coisas que deveriam ser apresentadas o mais rápido possível a um concílio, mas seria preciso decidir imediatamente se as realizaria ou não. Contudo, para decidir é preciso saber de antemão o que vai acontecer. Somente os magos sabem disso. Portanto, para saber o melhor horário de cada ato, deve-se consultar os magos.

Igualmente variadas foram as respostas à segunda pergunta. Alguns diziam que as pessoas indispensáveis ao Rei eram seus conselheiros; para outros, eram os sacerdotes; para outros ainda, eram os médicos, enquanto alguns diziam que os soldados eram imprescindíveis.

À terceira pergunta, sobre qual era a ocupação mais importante, alguns responderam que o mais importante no mundo era a ciência. Outros concluíram que era a habilidade na guerra e outros, o louvor religioso.

Como todas as respostas foram diferentes, o Rei não concordou com nenhuma e não deu o prêmio a ninguém. Porém, ainda desejando encontrar as respostas certas para os seus questionamentos, ele decidiu consultar um eremita muito conhecido por sua sabedoria.

O eremita vivia num bosque do qual nunca saíra e só recebia pessoas do povo. Assim, o Rei vestiu roupas simples e, antes de chegar ao eremita, desmontou de seu cavalo e seguiu sozinho, deixando seu guarda-costas para trás.

Enquanto o Rei se aproximava, o eremita cavava o chão na frente da sua cabana. Vendo o Rei, ele o cumprimentou e continuou cavando. O eremita era frágil e fraco; cada vez que enfiava a pá no chão e despejava um pouco de terra, respirava com dificuldade.

O Rei chegou mais perto dele e disse: "Vim a você, sábio eremita, para pedir que responda a três perguntas. Como posso aprender a fazer o que é certo no momento certo? Quem são as pessoas de que eu mais preciso, às quais, portanto, devo prestar mais atenção do que às outras? E quais são os assuntos mais importantes, que precisam da minha maior atenção?

O eremita ouviu o Rei, mas não respondeu nada. Ele apenas cuspiu na mão e recomeçou a cavar.

"Você está cansado", disse o Rei. "Deixe-me pegar a pá e trabalhar um pouco por você."

"Obrigado!", reagiu o eremita. Entregou a pá ao Rei e sentou-se no chão.

Depois de cavar dois canteiros, o Rei parou e repetiu as perguntas. De novo, o eremita não respondeu, mas se levantou, estendeu a mão para pegar a pá e disse: "Agora descanse por um tempo e deixe-me trabalhar um pouco".

No entanto, o Rei não lhe deu a pá e continuou a cavar. Uma hora se passou, e mais uma. O sol começou a se pôr atrás das árvores, e o Rei finalmente enfiou a pá no chão e disse: "Vim até você, sábio, para que respondesse às minhas perguntas. Vou voltar para casa".

"Aí vem alguém correndo", afirmou o eremita. "Vejamos quem é."

O Rei se virou e viu um homem barbudo sair correndo da floresta. Ele estava com as mãos apertadas contra a barriga, e sangue escorria por baixo delas. Quando chegou ao Rei, gemia baixinho e caiu desmaiado no chão. O Rei e o eremita afrouxaram as roupas do homem. Era grande a ferida na barriga dele. O Rei lavou-a o melhor que pôde e cobriu-a com seu lenço e uma toalha que o eremita tinha. Mas o sangue não parava de aflorar, e o Rei trocou várias vezes o curativo encharcado de sangue quente, lavou e cobriu de novo o ferimento.

Quando enfim o sangue parou de correr, o homem se recobrou e pediu algo para beber. O Rei trouxe água fresca e deu a ele. Enquanto isso, o sol se pusera e estava mais frio. Então, com a ajuda do eremita, o Rei carregou o ferido para dentro da cabana e o deitou na cama. O homem fechou os olhos e ficou quieto, mas o Rei estava tão cansado da caminhada e do trabalho que fizera que se agachou na soleira e também adormeceu — tão profundamente que dormiu durante toda a curta noite de verão. Quando acordou de manhã, demorou muito para se lembrar de onde estava ou quem era o estranho barbudo deitado na cama e olhando fixamente para ele, com olhos brilhantes.

"Me perdoe!", disse o barbudo com voz fraca, quando viu que o Rei estava acordado e olhava para ele.

"Eu não o conheço e não tenho nada para perdoá-lo", disse o Rei.

"O senhor não me conhece, mas eu o conheço. Sou aquele seu inimigo que jurou vingar-se porque o Rei executara seu irmão e confiscara sua proprie-

Não apresse o rio (ele corre sozinho)

dade. Eu soube que o senhor havia ido sozinho falar com o eremita e decidi matá-lo no caminho de volta. Mas o dia passou e o senhor não voltou. Então, saí da minha tocaia para encontrá-lo e topei com os seus guarda-costas, que me reconheceram e me feriram. Escapei deles, mas sangraria até a morte se o senhor não tivesse tratado da minha ferida. Eu queria matá-lo, e o senhor salvou-me a vida. Agora, se eu viver e se o senhor quiser, eu lhe servirei como o mais fiel escravo e mandarei os meus filhos fazerem o mesmo por si. Perdoe-me!"

O Rei ficou muito feliz por ter feito as pazes tão facilmente com seu inimigo e por tê-lo ganhado como amigo, e ele não apenas o perdoou, mas disse que enviaria os seus servos e o seu médico para atendê-lo; também prometeu restituir-lhe a propriedade.

Depois de se despedir do ferido, o Rei foi à entrada da casa e procurou o eremita. Antes de partir, desejou mais uma vez implorar uma resposta às perguntas que fizera. O eremita estava do lado de fora, de joelhos, semeando os canteiros cavados no dia anterior.

O Rei se aproximou dele e disse: "Pela última vez, sábio, peço que responda às minhas perguntas".

"Já foram respondidas!", disse o eremita, ainda agachado sobre as pernas finas, olhando para o Rei, que estava diante dele.

"Como assim? O que você quer dizer?", perguntou o Rei.

"O senhor não percebe?", retrucou o eremita. "Ontem, se não tivesse pena da minha fraqueza nem cavado esses canteiros para mim, mas tivesse ido embora, aquele homem o teria atacado e o senhor se arrependeria por não ter ficado comigo. Portanto, o momento mais oportuno foi quando o senhor cavou os canteiros. E eu era a pessoa mais importante; e me fazer bem era o seu negócio mais importante. Depois, quando aquele homem correu para nós, o momento mais importante foi a sua atenção a ele, pois, se o senhor não tivesse cuidado da ferida dele, ele teria morrido sem fazer as pazes com o senhor. Assim, ele foi a pessoa mais importante, e o que o senhor fez por ele foi a sua ocupação mais importante. Lembre-se, então: só existe uma vez que é importante, agora! É o momento mais importante porque é o único em que temos algum poder."

Os olhos de Dick estão inquietos e esbugalhados. O que ele vê balança e pula. A essa altura, ele tem tantos problemas *com* os óculos, que usa desde os 7 anos, quanto sem eles. Quer marcar uma consulta para receber uma receita nova, mas deseja viver sem óculos. Ele me procurou para fazer alguns exercícios de Bates-Huxley. Um deles é imaginar uma bola macia presa entre o polegar e o dedo médio. De olhos fechados, aproxime esses dedos, como se estivesse apertando a bola; imagine que de circular ela se transforma lentamente em oval, enquanto você a aperta; afrouxe o aperto devagar. Quando Dick fez isso, seus dedos ficaram tortos e rígidos. (Dick sempre parece estar solto.) Ele notou isso e o seu esforço. "Pela primeira vez estou ligando o cansaço pessoal ao cansaço ocular!" Fritz dissera que existe uma ligação entre globos oculares e bolas. Dick estava disposto a reconhecer essa possibilidade, mas não conseguia senti-la. Agora que ele conseguiu associar as mãos e os olhos, eu me pergunto como será.

Fritz considera "ruim" a confluência — claro, se isso for feito o tempo todo. Um terapeuta também é um péssimo profissional se confluir com seu cliente, paciente (a pessoa que o procura). Se não se perder nisso, o terapeuta será bom, sobretudo se a confluência for com tudo que existe e não só com uma pessoa, o que provavelmente trará complicações. Gosto da descrição de Kenneth L. Patton[65] a seguir:

> As palavras, nossas ou dos outros, nunca serão mais que um comentário sobre a experiência vivida. A leitura nunca pode substituir a vida. O que sei eu de uma árvore? Subi nos galhos e senti o tronco balançar ao vento, e me escondi entre as folhas como uma maçã. Deitei-me em meio aos galhos e os cavalguei como se fosse outro galho, e rasguei a pele das mãos e o tecido da calça subindo e descendo pela casca áspera. Retirei a cortiça do salgueiro e acariciei a suave madeira branca, e o meu machado penetrou nas fibras puras, e a minha serra desnudou os anéis dos anos e o cerne. Através do microscópio, copiei o rendilhado das células e sacudi as radículas como se fossem cabelos na mão; e mastiguei a seiva e enrolei a língua ao redor do melado, e rasguei as fibras da madeira com os dentes. Deitei-me sobre as folhas outonais e minhas narinas sorveram a fumaça de seu sacrifício. Aplainei a madeira amarela e cravei-lhe pregos, e poli a lisa madeira com a palma da mão.
>
> Dentro de mim há agora uma granulação, uma folhagem, uma convergência de raízes e galhos, florestas acima e ao longe, e um solo leve, feito de mil anos

Não apresse o rio (ele corre sozinho)

de decomposição, e esse sussurro, essa memória de dedos e narinas, o frágil broto das folhas tremendo dentro dos olhos. O que sei eu das árvores senão a realidade que está por trás destas míseras palavras? Assim, lábios, língua, ouvidos, olhos e dedos unem sua voz e apelam interiormente à compreensão. Se sou sábio, não tento levar outro àquele lugar estranho e errante dos meus pensamentos, mas o conduzo à floresta e perco-me dele em meio às árvores, até que ele encontre as árvores dentro de si e se ache dentro das árvores.

Como podemos ser livres para olhar e aprender quando a nossa mente, do momento em que nascemos ao momento em que morremos, é moldada por uma cultura particular no estreito padrão do "eu"? Durante séculos, fomos condicionados por nacionalidade, casta, classe, tradição, religião, idioma, educação, literatura, arte, vestuário, convenções, propaganda de todos os tipos, pressão econômica, pelo alimento que comemos, pelo clima em que vivemos, pela família, pelos amigos, pelas experiências — todas as influências que imaginemos, de modo que as nossas reações a cada um dos problemas são condicionadas.

Você está *aware* de que é condicionado? Isso é o que primeiro se pergunta a si mesmo, não como se livrar do condicionamento. Talvez você nunca esteja livre dele e, se disser "devo livrar-me dele", poderá cair em outra armadilha de outra forma de condicionamento. E então, você está *aware* de que está condicionado? Você sabe que, mesmo quando olha para uma árvore e diz "isto é um carvalho" ou "isto é uma figueira", a denominação da árvore, que é do saber botânico, condicionou a sua mente de tal maneira que a palavra se insere entre você e a verdadeira imagem da árvore? Para entrar em contato com a árvore é preciso pôr a mão nela, e a palavra não o ajudará a tocá-la.[66]

 Estou limpando bem a casa, arrumando as coisas que sempre carrego comigo. É como tê-las todas numa maleta conveniente. Mas não é por essa razão que faço isso. A conveniência é secundária. O motivo principal era querer essas coisas aqui, quando surgiram no meu mundo — saíram do arquivo onde por muito tempo não foram nem sequer lembrados — e neste livro. Quando a primeira apareceu, eu não sabia que outras a seguiriam. Agora, tenho vontade de olhar nesse arquivo e ver o que mais está lá. *Isso* é primário; o que acontece depois é secundário.

 "The listener" [O ouvinte], de John Berry, apareceu sem que eu fosse olhar no arquivo; agora olho. Eu o tenho. No crepúsculo, vejo o céu com nuvens, que na maior parte parecem transformadas em manchas e sombras, e um trecho claro de céu onde rodopiam nuvens cinzentas, as árvores nos morros ainda lembram uma pintura, a água do lago ondulada em alguns pontos, rodopiando em outros, movendo-se como riacho em outros, as folhas secas de bordo acarpetando as margens, e digo: "Sim. É verdade".

O OUVINTE
John Berry[67]

 Era uma vez um pequeno violinista tcheco de concerto chamado Rudolf, que morava na Suécia. Alguns dos amigos achavam que ele não era o melhor músico porque era inquieto; outros achavam que ele era inquieto porque não era o melhor dos músicos. De qualquer maneira, ele encontrou um meio de ganhar a vida sem concorrentes. Por opção ou por necessidade, costumava

Não apresse o rio (ele corre sozinho)

navegar pela Escandinávia em seu pequeno barco, sozinho, dando concertos em cidadezinhas portuárias. Se encontrasse acompanhantes, ótimo; do contrário, tocava obras para violino solo. E uma ou duas vezes aconteceu que ele queria tanto um piano que o imaginou e passou a tocar sonatas inteiras para violino e piano, sem que se visse o piano.

Certo ano, Rudolf navegou até a Islândia e começou a percorrer aquela costa rochosa de uma cidade a outra. Era uma terra sólida e obstinada, mas o povo desses lugares inacessíveis não se esquece do costume da hospitalidade para com estrangeiros, pois o Deus dele pode decretar que também essa gente se torne estrangeira na face da terra. As plateias eram reduzidas. Mesmo que Rudolf fosse realmente de primeira categoria, o público não demonstrava muito sua aprovação. Desde tempos ancestrais, a energia dos islandeses fora reservada, em primeiro lugar, para um trabalho valoroso. Às vezes, os habitantes eram convocados pelo professor, que lhes lembrava do seu dever para com o nome de Beethoven, de Bach e de Mozart e um ou dois outros cuja música talvez não fosse muito ouvida naquelas paragens. Era comum os espectadores ficarem impassíveis assistindo ao pequeno violinista barulhento e voltarem para casa sentindo-se bastante edificados. Mas eles pagavam.

Enquanto Rudolf navegava de uma cidade a outra ao longo de um litoral pouco habitado, lá para o nordeste o céu estava escuro e ameaçador. Desabava uma tempestade sobre a Islândia. Rudolf contornava um cabo lúgubre e perigoso, e seu mapa lhe dizia que o porto mais próximo estava a meio dia de viagem dali. Ele começava a se preocupar quando viu, a menos de um quilômetro e meio da costa, um farol numa ilhota rochosa. Na base do farol havia uma enseada estreita e profunda, protegida por penhascos. Com alguma dificuldade, entrou lá na maré enchente e amarrou o barco a uma argola de ferro que pendia da encosta. Uma escada escavada na rocha levava ao farol. No alto do penhasco, destacado das nuvens rápidas, havia um homem.

"Você é bem-vindo!", ecoou uma voz mais alta que o barulho das ondas, que já começavam a quebrar na ilhota.

A escuridão desceu rapidamente. O faroleiro conduziu seu convidado pelas escadas em espiral até uma sala no terceiro andar e então se ocupou com os preparativos para a tempestade. Acima de tudo, ele precisava cuidar da enorme lâmpada na torre, visível em toda a região. Era uma luz contínua, intensificada por refletores e ocultada por venezianas em intervalos regulares. A duração da luz era igual à da escuridão.

O faroleiro era um velho enorme com uma barba grisalha que lhe descia sobre o peito. Lento, voluntário, forte como um urso, ele se mexia sem desperdiçar movimentos no mundo restrito do qual era o senhor. Falava pouco, como se as palavras não tivessem tanta importância comparadas com os outros esforços que formavam a sua vida. No entanto, ele era comedido, coisa que as forças da natureza não eram.

Depois de jantarem pão de centeio, batatas cozidas, arenque, queijo e chá quente na cozinha acima da sala, os dois homens sentaram-se e contemplaram a presença um do outro. Acima deles ficava a sala de manutenção e, acima dela, o grande farol transmitia mensagens de luz dignas e silenciosas para as embarcações no mar. A tempestade martelava como aríete nas paredes do farol. Rudolf ofereceu tabaco, sentindo-se de repente imaturo ao fazê-lo. O velho deu um breve sorriso ao recusar o fumo com um leve movimento da cabeça. Era como se ele conhecesse bem os usos do tabaco e a obrigação de oferecê-lo e ratificasse tudo, mas — e aqui também ele meio que se desculpava — era autossuficiente e já não sentia falta de qualquer coisa que não possuísse ou de que não abdicasse. Ficou sentado, amável e reflexivo, com as grandes mãos de operário repousando sobre as pernas estendidas.

Pareceu a Rudolf que o faroleiro conhecia por completo todos os sons da tempestade e de seu violento impacto sobre o farol, mas ele os conhecia tão bem que nem precisava pensar neles; eram como os movimentos involuntários do próprio coração e do próprio sangue. Da mesma maneira, por baixo da simples cortesia que o fazia falar e ouvir o hóspede de diversos modos, ele já era, calma e misteriosamente, uma parte dele, tão certo como o continente estava ligado à ilhota e todas as ilhas às outras, com total conforto, sob o oceano.

Aos poucos, Rudolf recolheu informações esparsas da vida do velho. Ele nascera naquele mesmo farol oitenta e três anos antes, quando seu pai era o faroleiro. A mãe — a única mulher que ele conhecera — o ensinara a ler a Bíblia, e ele a lia diariamente. Não tinha outros livros.

Por ser músico, Rudolf também não tivera tempo para ler muito, mas na época morava na cidade. Abaixou-se e tirou seu amado violino do estojo.

"Para que serve isso?", perguntou o velho.

Por um segundo, Rudolf pensou que seu anfitrião estivesse brincando, mas a serenidade da expressão dele o tranquilizou. Não transparecia nem mesmo curiosidade sobre o instrumento, mas sim um grande interesse pela pessoa dele, o que abrangia o seu "trabalho". Na maioria das circunstâncias,

Rudolf teria achado difícil acreditar que pudesse existir alguém que não soubesse o que era um violino. Porém, agora ele não tinha vontade de rir. Sentia-se pequeno e inconveniente.

"Eu faço música com isso", gaguejou em voz baixa.

"Música", disse o velho arrastadamente. "Já ouvi falar. Mas nunca vi música."

"Não se vê música; escuta-se."

"Ah, sim", admitiu o faroleiro com humildade, por assim dizer. A música também estava na natureza das coisas, na qual todas as obras eram maravilhas e todas as coisas eram conhecidas pela eternidade e pungentes na sua brevidade. Seus grandes olhos cinzentos repousaram sobre o pequeno violinista e lhe conferiram toda a importância de que qualquer indivíduo é digno.

Então, algo na tempestade e no farol e no velho exaltou Rudolf, cheio de compaixão, amor e de uma imensidão infinitamente além de si. Ele queria arrancar do violino uma obra de fogo e estrelas para o velho. Com o acompanhamento da tempestade, levantou-se e começou a tocar a *Sonata Kreutzer*, de Beethoven.

Os momentos passaram, momentos que foram dias na criação daquele mundo de fogo e estrelas; abismos e picos da luta apaixonada, a ideia de ordem e a resolução destes na grandeza do espírito humano. Nunca antes Rudolf tocara com tanta perícia, nem com tal acompanhante. Ondas e vento batiam na torre com mãos gigantes. Firme acima deles, o farol brilhava em ciclos certos de treva e luz. A última nota cessou e Rudolf deixou a cabeça tombar no peito, respirando com dificuldade. O mar batia furioso contra a ilha, com um rugido de várias vozes.

O velho permaneceu sentado imóvel durante a obra, com as mãos largas e nodosas apoiadas nas coxas, de cabeça baixa, ouvindo com atenção. Por algum tempo ele continuou sentado em silêncio. Então, olhou para cima, ergueu aquelas mãos calmamente, sabiamente, e assentiu com a cabeça.

"Sim", disse ele. "É verdade."

Caro Fritz. Eu o convidei para tomar chocolate quente comigo hoje à noite. Logo depois que entrou, ele disse: "Penso que afinal eu vou..." Setenta e seis anos de idade.

"Pela primeira vez na vida, estou em paz, e não lutando contra o mundo", disse ele. Quando penso no que isso significa... Fiquei confusa, preocupada, e houve momentos em que guerreei contra o mundo, mas não é assim que descreveria a minha vida... De certa forma, estive em guerra com o mundo a vida inteira, mas a seriedade era diferente. Por longos períodos era mais uma subcorrente, não tão forte para ser uma ressaca, e muitos nadavam na superfície banhados com a luz do sol, que se refletia na água, e o sol brilhava em mim.

É lindo estar com Fritz por perto em paz.

"Não é maravilhoso que na nossa idade possamos..." É, com certeza.

Lasha é muito querida — inteligente também. E também é tão intelectualizada, tão sensata, tão distante dos sentimentos e confusa. Fritz disse hoje à noite que ele a ensinou a beijar, que ela corou, e então disse algo como "por que eu não deveria me sentir assim?" Seja qual for o velho desagradável que ele talvez tenha sido (não sei quanto disso é lenda ou ostentação), ele não era assim com Lasha. Para mim é fácil me imaginar fazendo o mesmo.

Fritz apertou minha mão ao sair. Eu me senti beijada.

Ontem à noite, tendo vindo por conta própria depois de cumprido o meu papel de líder de grupo e, até certo ponto, professora — da perspectiva de aluna/professora —, Fritz disse: "Preciso encontrar uma maneira de ensinar isso" (Gestalt). Eu me senti bem para fazer a minha exploração. Gestalt, eu conheço. Gestalt é um meio de ajudar as pessoas a conquistar uma experiência gestáltica e continuar o trabalho por si sós. Essa é a minha definição de "terapia", que eu queria redefinir e não sabia de que modo quando iniciei este livro. Posso aprender melhor a "ensinar", trabalhando em mim e ao mesmo tempo com os outros, observando o que acontece.

O problema é o mesmo de sempre — com Jesus, Buda (santificados por séculos) —, o problema que o zen-budismo tentou superar ao não dizer nada que se pudesse apreender intelectualmente: o problema da "árvore do conhecimento".

Não apresse o rio (ele corre sozinho)

• • •

• • •

• • •

A proposta do problema dos nove pontos é interligá-los com quatro linhas, que podem se cruzar, mas nunca voltar por cima delas mesmas e sem levantar o lápis do papel. Para fazer isso, deve-se partir dos pontos que delimitam a figura. Deve-se ir além dos nove pontos que representam o Intelecto, apesar de o intelecto *parecer ser* a única maneira de resolver o problema. Então se vai para cá, para lá, para acolá e não se sai *do lugar*.

Agora estou procurando algo que sirva para entrar aqui — uma página de *Escarafunchando Fritz* composta em letras góticas. Não consigo encontrá-la. Talvez eu a tenha devolvido a Fritz. Lembro-me de tê-la guardado com cuidado. Desse modo, mais vale me esquecer dela.

De qualquer maneira, encontrei umas coisas que escrevi no ano passado e podem ser jogadas fora. Dispensadas! Gosto de jogar fora.

Aqui está a página de Perls que eu procurava!

É óbvio que o potencial de uma águia se atualiza quando ela perambula pelo céu, mergulha sobre animais menores para se alimentar e constrói ninhos. É óbvio que o potencial de um elefante se atualiza no tamanho, na potência e na falta de jeito. Nenhuma águia quer ser elefante; nenhum elefante quer ser águia. Eles "aceitam" a si mesmos; aceitam o próprio "eu". Não, eles nem mesmo aceitam a si próprios, pois isso poderia ser a base para uma possível rejeição. Eles se tomam pelo que são. Não, eles nem se tomam pelo que são, pois isso abriria a possibilidade de serem outra coisa. Eles simplesmente são. Eles são o que são o que são.

> Seria um absurdo se eles tivessem fantasias, insatisfações e autoilusões como fazem os seres humanos! Seria um absurdo se o elefante, cansado de caminhar pela Terra, quisesse voar, comer coelhos e pôr ovos. E se a águia quisesse ter a força e a pele grossa do paquiderme.
> Deixem para os humanos a tentativa de ser algo que não são, ter ideais inalcançáveis, ser condenados ao perfeccionismo para se safar de críticas e abrir caminho para uma infindável tortura mental.

Encontrei um cartum. É uma reprodução. Sei quem me deu. Não sei quem o desenhou. Quero entregá-lo a Fritz, colocá-lo no quadro de avisos e enviá-lo a Russ Youngreen[68] para que faça um melhor, a nanquim, para usá-lo aqui. Prefiro a terceira alternativa. Farei isso quando esta folha de papel sair da máquina de escrever.

Agora minha cama emerge, aconchegante e quente. Tentadora. Atraindo-me para longe do chão frio. Cedo à minha sonolência, da qual surgiu a imagem da minha cama.

Meu humor está diferente esta manhã. Não sei por quê.
O lago está meio místico e apagado agora. Será que serei uma mística apagada hoje de manhã?
Uma gaivota passa voando e grasnando.
É mais importante (para mim) (agora) dar vida a alguém do que ser moralista.
Agora estou confusa.
Dois patos passam voando. Ou serão gansos?
Mas é claro que o indivíduo deve saber o que faz.
Não deve procurar a própria vida por intermédio de outra pessoa e pensar que faz isso por ela.
Então, quem sabe o que ele está fazendo, e quantas vezes eu sei o que fiz só depois de fazê-lo?
Reconhecer. Reconheça que "estou fazendo isso por mim".
Cuidado! É o que diz quase todo mundo, sobretudo pai e mãe aos filhos. Cuidado! Não cometa erros ou algo terrível vai acontecer. Sua vida estará arruinada. Você nunca será aceito pela sociedade. Você não vai chegar a lugar nenhum na vida.
Você não será aceito. Você não vai chegar a lugar algum. Cuidado. Esteja *presente* é o que significava originalmente.
Esteja *presente*, realmente *presente*, e não será preciso preocupar-se com nada. Sem medo. É aí que está o não medo. Não cuidado! (Seja cauteloso.) Apenas esteja *presente*.

Deke disse que o pessoal aqui teria levado duas semanas para se livrar das loucuras que aconteciam, suspensas por Fritz — ou bastante modificadas, a ponto de a realidade ser diferente agora —, falando pouco e fazendo poucas mudanças em poucos minutos.
Qual é "melhor"?
Alguém sabe? Alguém *consegue* saber?
Num *workshop* de quatro semanas, com uma semana já bagunçada, duas semanas para se dar conta e mudar é exagero.
Exagero.
Além da conta para mim.

Nunca saberei como tudo teria acontecido se eu tivesse feito de outro jeito. Nunca poderei voltar e provar isso. Descobri isso quando estive doente, quando o médico e eu queríamos começar de novo, para ver o que aconteceria se fizéssemos de outro jeito. Não foi possível. Tudo que aconteceu do jeito que *fizemos* produziu mudanças. Não poderíamos voltar para trás. Só poderíamos solucionar as coisas a partir daquele momento.

"Nunca se entra no mesmo rio duas vezes."

A maluquice da "prova", de provar algo fazendo de novo. A maluquice das palavras, como "fazer tudo de novo". Nunca se pode "fazer de novo". Algo já mudou.

Estou adorando este dicionário pequeno e gorducho hoje de manhã. Minhas mãos o sentem de verdade. Meus olhos o veem de verdade. Sinto afeto por ele quando o vejo, quando o pego, quando o largo.

"Provar" vem de uma palavra que significa "testar".

Procuro "teste". Surpresa! Vem de uma palavra que significa "panela de barro", "azulejo, jarro, concha etc." *Esse* tipo de teste. Como juntar amido e iodo.

Não posso enfiar o dedo na água de uma jarra hoje e descobrir como ele estava ontem, ou minutos atrás. Só posso saber como está *agora*.

Não posso saber como *eu* estive ontem. Só posso abstrair algo de mim ontem. Quando abstraio algo do meu dia de ontem e você abstrai algo do seu dia de ontem, e eu abstraio da minha experiência de ontem com você e você abstrai da sua experiência de ontem comigo, tudo isso pode dar em briga…

Uma jovem estava irada, magoada, agressiva, atacando com palavras. "Você queria sair imediatamente e eu me esforcei (e trabalhei tanto) para deixar tudo pronto para que pudéssemos ir, e agora você não quer mais sair uns dias." "Eu fiz tudo isso *para você*" estava em tudo que ela dizia. O marido passou a se manifestar: "*Quem* queria sair imediatamente?" — quando as férias começaram. Então fez um gesto com a mão e disse: "Deixe isso pra lá". Com uma voz sem emoção, ele perguntou: "O que você quer agora?" Ela não respondeu nada. Nem precisava. Seu rosto mostrava que ela queria sair imediatamente, como sempre quis, e pressionava a si mesma e a ele para conseguir o que queria.

Ontem à noite eu disse a Fritz que gostaria de preparar o café da manhã para ele hoje. Expressão de vontade. Sem grupos hoje. Nada de acordar cedo. Ele disse algo de que não me lembro. As palavras não formaram uma frase, mas fizeram sentido. Ele gosta de preparar o próprio café da manhã.

Nuvens nas montanhas.

Uma gaivota está pousada num dos grandes troncos que sustentam o cais. Outro pássaro está voando. Quantos pássaros voam agora em todo o mundo?

Tristeza. Água nos olhos. Mãos muito leves e suaves na máquina de escrever. Minha natureza ainda existe, apesar de todas as tentativas de destruí-la. Suaves, suaves palavras. Ternura. Eu me sinto dissolvendo nos ombros. Dissolver. Dissolver a couraça. Afiado, quase doloroso, muito bom, requintado, sentimento delicioso, como antes do orgasmo. Meus genitais estão pulando. Pulsando. Dissolver. Dissolver. Meus calcanhares nus estão duros e frios no chão. Dissolva-os. Faço isso eu mesma (mentira) até que a dissolução aconteça por si só. Então deixe-os em paz. Não toque. Nem mesmo de leve com a mente. Meus pés ganham vida, como que passando da dormência para o formigamento. s s s s Vejo a letra de olhos fechados. Algo quer se aproximar dela, letras que se misturam com o *s* e não consigo distingui-la bem. Aconteceu sozinho. Eu as tiro de onde estão para separá--las. *r e* É isso. Continuo de olhos fechados. Percebi que não dei espaço (a campainha faz triiiiim) e eu trago o carro de volta(não tenho certeza desse parêntese, nem se bati as teclas certas. *s r e*. O intelecto chega e diz: "É isso! *ser*". A palavra da moda hoje em dia. Vou ver se aparece algo mais que se forme sozinho aqui. Agora está riscada alguma coisa que veio depois. Não consigo ler atrás dos riscos. Saltou para o meu campo de visão; vejo-o como que escrito com uma fita de máquina de escrever nova. Agora, sem palavras. Luz lavanda luminosa, matizada de rosa. (olhos abertos) Continuei olhando por muito tempo, e nada se formou. Apenas uma linda luz lavanda matizada de rosa.

Acabo de notar que aqueles sensacionais fogos de artifício pré-orgasmo pararam. Não sei quando. Agora, é como se tivessem se dispersado por mim, como carne de vida/alegria, que antes não me parecia morta, mas agora, olhando para trás, cheira mal. É como se nem mesmo sangrasse. Onde estou agora não é o fim... Mais alguns saltos genitais, agora, como a dizer "sim" — e sinto a minha testa ganhar vida, minhas costas, meus ombros e meus seios. Reprimir isso seria insanidade. Deixar ir e vir. "Isso" se refere ao organísmico, que sabe muito mais do que eu... Meus ombros. O que está acontecendo nos meus ombros. Como mãos fortes sobre eles, movendo-os circularmente. Como massagem. É assim que parece. Mas que massagem!

Como as mãos de um gigante massageando os meus ombros — mãos fortes, agradáveis e enormes; enormes em relação às mãos humanas, exatamente para caber nos meus ombros. Agora essas mãos, sem sair dos meus ombros, massageiam o meu peito. *Penso*: "Mas e os músculos da minha barriga? Eles precisam mais disso". Estou contente de deixar meu organismo — *meu* — mover-se como quiser. Não preciso de instruções, muito menos do *eu*... Líquido se acumula nas minhas pálpebras inferiores, não o suficiente para transbordar. Quando pisco, meus globos oculares parecem banhados.

Agora essas mãos parecem estar simplesmente segurando os meus ombros com força. Ninguém mais está fazendo isso. Meus ombros fazem isso. Como me sinto forte. Como sou forte. O pescoço e a cabeça vão se fortalecendo. A força entra no meu peito — meus quadris, minhas coxas, minhas pernas abaixo dos joelhos, meus tornozelos, meus pés. Eu me levanto e me alongo. Minha mão direita e meu braço tremem loucamente. Deixo-os tremer em amplos movimentos agitados. Paro de datilografar, faço aquilo de novo, deixando todo o lado direito do meu corpo ser envolvido. Percebo que o meu lado esquerdo, até a sola do pé, parece forte — fraqueza no lado direito. Ainda não consigo igualá-los, mas algo se passa no meu lado direito que não me lembro de ter acontecido antes. Movimento. Movimento interno. Algo está acontecendo.

Basta disso por ora. Não apresse o rio; ele corre sozinho. Neste ponto, eu estaria forçando, querendo mais. Retiro-me e deixo a receita para *mim*.

Voltei à máquina de escrever. Quando a deixei, comecei a caminhar para o banheiro. Parei e comecei a oscilar de um lado para o outro, com suspiros curtos, algumas aberturas dos braços com um movimento contínuo para cima e para baixo, no ritmo da oscilação.

Meu pescoço está ótimo! Meu pescoço sente.

Saí da máquina de escrever de novo e, depois de dar os mesmos poucos passos, minha barriga começou a se distender para a frente, depois os meus quadris para trás. Os pés ficaram no mesmo lugar quando me dobrei no meio, para a frente e para trás, braços soltos, acompanhando os movimentos. Nunca foi igual. Se os movimentos começassem a se igualar, saberia que *eu* estava fazendo isso. O eu organísmico é variedade infinita; move-se com as mudanças: nunca o mesmo rio, sempre me surpreendendo.

Durante dois dias não quis ser Gestalt-terapeuta, nem *tenho sido*. Hoje de manhã, Fritz trabalhou com Lasha, depois com Tom. Lasha — por mais de três meses tão dura consigo mesma, sem se soltar, sem se permitir ser mulher — se soltou, chorou e amou, e foi tão lindo. Amei Lasha desde o dia em que ela chegou. Ela rejeitou todas as respostas imediatas e sinceras que lhe dei — perceptível na rigidez, quando pus a mão no ombro dela; nas palavras, quando eu lhe disse: "Estou contente por vê-la de novo". ("Você está sendo sarcástica?" Eu: "Se você ouviu sarcasmo, seus ouvidos devem estar doidos".) Quando a concha dela se rompeu, de manhã, e ela ficou tão sensível, tive medo (em pensamento) de ir a ela, como eu queria. Suponha que a *minha* ida a ela a atrapalhe, faça-a se fechar de novo. Eu suportaria que me bloqueassem, como já ocorreu; não suportaria que Lasha voltasse a se fechar. Pelejei por um bom tempo (*parecendo* mais longo do que foi, tenho certeza), depois permiti que eu, o meu amor, emergisse e fui a Lasha. Ela hesitou um instante — a hesitação estava no olhar dela — e depois me deixou entrar. Pus os braços ao redor dela e, abençoada Lasha, parte dela pôs os braços ao meu redor, segurando minha cabeça como num acalanto, como uma carícia, como se ela estivesse aninhando um bebê. A *verdadeira* Lasha. Agora, água me vem aos olhos e a luz do sol parece dançar naquelas poucas lágrimas, uma das quais agora escorre sobre o meu nariz, enquanto outras gotejam dentro dele. E agora, choro. Nada de lágrimas sentimentais. Nada de reflexões a respeito. Só choro, e chorar também é bom.

Uma gaivota anda numa tora de madeira. Refletida na água, ela prossegue de cabeça para baixo. Pula de uma tora para outra — de vinte a vinte e cinco centímetros — tanto de cabeça para baixo quanto de cabeça para cima. Repete o movimento. Desta vez era um pássaro em cima e uma sombra na água. Chove e a água mudou — já não reflete muito; está toda salpicada de gotas de chuva.

Aqui é um ótimo lugar para conviver com mudanças, viver mais agora. As pessoas também estão mudando. Um homem diz um dia que está aqui inteira e unicamente para aprender o que poderá usar quando voltar aos seus pacientes. Talvez um dia ele descubra que também está aqui para si mesmo. Quem sabe já descobriu. Continuar a encontrar alguém onde já se *esteve* é não entender onde se está agora. Tenho de encontrar pessoas agora ou não as encontrarei em lugar algum. Se as encontro na memória, não *as* encontro e *eu* não encontro. Memória é encontro, e memória não é *eu agora*.

Sinto que hoje estou me arrastando e acho que o meu texto deve ser monótono. Mas agora eu tenho de me arrastar, e tudo bem se arrastar ou ser monótono... Ao dizer isso, realmente me senti assim, e a *monotonia* solta fagulhas à sua volta! O que aconteceu com a monotonia?

Agora o lago reflete tudo — em cores.

Glenn: Para agradar Fritz, você precisa fazer o que não consegue.

Shawn: Para agradar Fritz, você precisa fazer o que *acha* que não consegue. E você não precisa dar a mínima para agradar Fritz ou não.

Sei o que preciso fazer para agradar Fritz. Ou seja, agradará Fritz quando eu o fizer. Em outras palavras, o agrado já está presente. Mas tenho de fazê-lo para agradar a mim, não a Fritz, pela minha percepção, pelo meu desejo. Enquanto eu não o fizer, será apenas fantasia. E agora é melhor eu não pensar mais nisso ou não o farei. A reflexão sobre isso pode durar uma eternidade, colhendo cada vez mais detalhes do que nunca aconteceu, do que *não pode* acontecer enquanto eu pensar nisso.

O PRIMEIRO PRINCÍPIO[69]

Quando se vai ao templo de Obaku, em Kyoto, vê-se esculpido no portão o lema "O primeiro princípio". As letras são extraordinariamente grandes, e quem gosta de caligrafia sempre as admira como obra-prima. Elas foram desenhadas por Kosen há mais de duzentos anos.

O mestre as desenhava em papel, com o qual os artífices faziam o entalhe maior em madeira. Enquanto Kosen desenhava as letras, ao seu lado estava um aprendiz ousado que fizera vários litros de tinta para caligrafia e nunca deixava de criticar o trabalho do mestre.

"Não está bom", disse ele a Kosen após a primeira tentativa.
"Que tal este?"
"Pobre. Pior que o anterior", criticava o aprendiz.

Kosen escreveu pacientemente numa folha após a outra, até que reuniu 84 dos primeiros princípios, ainda sem a aprovação do aprendiz.

Então, quando o jovem saiu por instantes, Kosen pensou: "Agora é a minha chance de escapar daquele olhar aguçado", e escreveu apressadamente, com a mente livre de distrações: "O primeiro princípio".

"Uma obra-prima", sentenciou o aprendiz.

Lodo, lodo, lodo. Eu me sinto como uma marreta atolada — como caminhar por uma estrada com um fardo pesado nas costas. Perdi o jeito e não sei se estou me arrastando ou galgando degraus. Um voo para o segundo andar é fácil e me sinto bem estando lá, mas ainda preciso voltar e construir as escadas. Sem...

Estou pensando nisso! Estou pensando. Inventando o meu trabalho. Lodo, marcha pesada. FORA!

Venha o que vier.

Amo Van. Liguei para ele na primavera passada e disse: "Estou ligando para o George, que não sabe o que fazer com a mãe". "Dê um tiro nela", disse Van amavelmente, sem conhecer nem George nem a mãe dele.

Onde começou o trabalho de Lasha hoje de manhã? Determinar um começo é voltar ao início dos tempos, que, suponho, tenha sido quando o primeiro organismo — de qualquer espécie — tornou-se *aware* do tempo. Arbitrariamente, escolho o momento em que Fritz fez um zumbido imitando a voz dela e lhe pediu que fizesse o mesmo com algumas pessoas. Ela fez, então começou a espantar mosquitos dela mesma, o modo como ela vivenciou o zunido. Então ela passaria a ser um mosquito para várias pessoas, e foi o que ela fez para talvez oito pessoas antes de se aproximar de Deke. Com base no que aconteceu, Fritz pediu a ela que fosse a terapeuta de Deke. Este lhe pediu que voltasse para a cadeira quente e para o terapeuta que ela escolhera de início. Lembro-me de que ela lhe disse: "Você é sempre tão bacana. Quando você vai começar a exigir?" Não me lembro do que se disse a seguir, mas foram palavras suaves, em baixo volume, e terminaram quando Lasha tornou-se real.

Quando vejo algo assim, penso: "Desista agora. Você não tem mais tempo para aprender". Entretanto, sei que não são apenas os meus anos de terapeuta: é onde estou em mim. Preciso trabalhar em mim mesma, e o resto virá sozinho. Enquanto eu mantiver o bloqueio, a *awareness* continuará sendo interrompida. Cem anos como terapeuta não me farão tão bem quanto me desbloquear agora. A variedade no trabalho de Fritz como terapeuta provém da sua *awareness*. O que ele *sabe*, por tanto tempo — uma vida inteira — como terapeuta, provavelmente atrapalha a trajetória dele com a mesma frequência que se mostra útil. Equiparam-se. Fritz diz que tenta ao máximo não pensar. *Durante* a terapia, ele é como Carl Rogers — mesma conclusão: Carl diz que *durante* a terapia as teorias só atrapalham o terapeuta.

Quando me calo, começo a pensar. Para mim, é assim que o problema começa: na infância. Hoje de manhã, larguei as reflexões depois que me fechei ao deixar as coisas acontecerem aqui dentro. Senti-me muito mais forte depois disso, e estava aqui sem refletir, apreciando o trabalho de Hal com Bob. Eu estava muito presente. Mas ainda não sinto inteiramente que tenho uma boca.

Q: Você tem orgulho de si mesmo?
Fritz: Não, não tenho orgulho de mim mesmo, mas não me desprezo mais.

Pat: Fritz, tenho medo de você. Não posso contar com você.
Fritz: Pode contar com o meu amor. Você não pode contar com o meu apoio.

Hoje de manhã, não tive sucesso no grupo de treinamento avançado. Karl ficou na cadeira quente e pediu a Romily e a mim que fôssemos coterapeutas. Ele começou a falar no pretérito. Em vez de lhe dizer que eu estava impaciente com ele porque ele não entendera o modo de falar, tentei ser paciente e mostrar em que ele estava errando. Fiquei toda abalada e fiz o mesmo de novo quando ele prosseguiu falando no tempo presente, mas ainda contando uma história, deixando de abordar o sonho, e me abalei outra vez. A partir daí, duvidei de tudo que observei.

Romily mudou para melhor. Notei e me senti bem. Percebi que Karl ficou bonito quando Fritz assumiu, e me senti bem com isso. Mas eu *ainda* estava presa ao meu erro e cometi outro. Quando Karl terminou, eu disse a ele que fui falsa no início. Usar o pretérito é *falar de*. Sei disso. Fico toda con… Não, são apenas palavras. Não me senti confusa… Senti-me esclarecida e ao mesmo tempo incapaz de ver uma coisa. Como se estivesse olhando para o lago e alguém visse um hidroavião na água e eu não o visse… Fritz me disse que eu estava "falando de". Reconheci que sim e não soube o que fazer com essa informação. Ele me deu uma pista ao dizer "eu sou-eu era". Fique no agora. Tentei encontrar uma maneira de falar do passado (que não estava mais presente) no tempo presente. Não consegui descobrir como fazer isso. Eu ainda estava agarrada ao passado, que não estava presente em mim. Qualquer coisa que eu sentisse *agora* se apagava pelo meu apego ao passado (memória), que não estava presente em mim, exceto ao mantê-lo lá. Fantasia.

Não me lembro do que Fritz me disse para transmitir a cada pessoa. Era algo como "perco o momento por…" ao que acrescentei: perco o momento tentando ser o que não sou; perco o momento me contendo; perco o momento raciocinando, e outras situações. Quando procurei Glenn, não falei com tanta intensidade, porque com ele me sinto mais no momento. Foi "oportunidade" — talvez eu tenha "perdido a oportunidade".

A única coisa que tenho para dizer em minha defesa é que fiquei com isso — não me qualifiquei, não me modifiquei e assim por diante. *Realmente* fiquei com isso. Só mais adiante percebi que não dissera "não faço isso com…", "não faço sempre", "não fiz hoje de manhã", "não fiz ontem à noite", nem mesmo disse: "Fritz, sabe que ontem à noite, quando você me disse que eu não estava à vontade com parte da minha fisiologia, referindo-se a 'ir ao banheiro', eu disse, em claro e bom som, 'EU GOSTO DE IR AO BANHEIRO'."

Eu estava com o agora bem perto para não pensar em nenhuma dessas coisas na época. Ainda me contive, demorei para dizer o que me veio à mente. Desperdicei todos os momentos — o mesmo que fiz quando Ray perguntou o que as minhas mãos estavam fazendo nos braços da poltrona:

percebi e *retive* a percepção (para me certificar dela) antes que eu me deixasse expressar a minha experiência. O mesmo que fiz tantas vezes na semana da *awareness* em junho: devo soltar a voz, deixar cantar o sentimento que eu tiver. Levei instantes para perceber os sentimentos — momentos (que pareceram ser cinco minutos, embora eu achasse que não foram) para deixar esse sentimento expressar-se pela voz. Ao circular pelo grupo hoje de manhã, eu também não disse o que acabei de lembrar: "Eu estava indo *bem* e feliz com o que fiz até você designar Hal como meu coterapeuta". Foi bom não ter dito! Ou ruim. Pois é claro que eu devo resolver essa questão com Hal. A dificuldade de fazer isso me deixou confusa por algum tempo. Eu me programo para dizer algo. Ao menos (eu me parabenizo um pouco) não gasto muito tempo nisso. Então, na próxima sessão, estarei habilitada, e o pessoal chega todo atarantado por causa da saída de Don e do jeito como ele saiu, e *eu* entro *nisso* — *nem* percebo o que me incomoda na voz de Hal quando ele entra na fofoca. Estou na minha zona tagarela. Perdi o contato de mim para mim mim mim mim mim mim MIM MIM MIM MIIIIIIM.

Colei três cartazes.

NÃO PENSE

SEJA IR-RAZO-ÁVEL

DEIXE PASSAR OS ERROS — JÁ NÃO VALIAM NADA DESDE O INÍCIO

Fritz disse que são programas. Ele pareceu gostar do último, embora também seja um programa.

Perdi o contato com a ideia de que os erros não importam.

Se eu não tivesse cometido o primeiro, não cometeria o segundo. Se não tivesse cometido o segundo, o que viria depois não teria acontecido, o que me deixa (neste instante) num beco sem saída e com dor de cabeça, e os dois ao mesmo tempo — estou demorando para começar a enfrentar a dor de cabeça. Adiando. Pondo de lado. Mas a dor de cabeça é o que *emerge*.

Dei atenção à dor de cabeça. O que veio à tona então foi o que eu não conseguira lembrar: Fritz pediu-me que dissesse... Esqueci de novo, exceto a expressão de *ambos*, como fiz ontem à noite com Pat quando lhe disse: "Quero fazer uma pergunta, e eu a anotei porque não quero que você responda, mas sim pergunte", e entreguei a ela a pergunta. Agora a dor de cabeça está vindo novamente... Revela tanto o que quero dizer *quanto* o que faço com isso.

Liberar. Não *de*liberar.

Não apresse o rio (ele corre sozinho)

Quando terminávamos e Fritz já tinha se virado para sair, eu disse "ei!" Consegui me exprimir muito rápido. Parei enquanto as palavras estavam presas na minha garganta, retendo-as (mais ou menos isso): "Não gosto que você relembre aquela coisa do banheiro (que ele voltou a mencionar) quando o que causou isso aconteceu depois". Ele se virou e disse "obrigado" como se fosse da boca para fora, mas talvez tenha captado o sentido mais tarde. Imagem: Fritz acha a luz no fim do túnel! Como são engraçadas essas palavras.

Inferno. Eu *sei*. Sei que viver com o que sei é significativo, autêntico, real. E sei que apenas o ego fica arrasado, "doído". Ele realmente quis agradecer, mesmo que estivesse magoado naquele momento. Senti algo parecido a respeito de Jesus e da cruz. Meu conhecimento — estou só começando a entrar em contato com ele. Ego-eu está acabando comigo, me dando dor de cabeça, e eu quero que o ego *morra*... Levantei-me e estrangulei um travesseiro. Ao fazer isso, o "ego" pareceu tão bobo quanto a ponta molenga do travesseiro nas minhas mãos. Enchimento e tecido em volta. Tecido com enchimento. Enchimento com tecido em volta com enchimento nele.

Tsi! Um silvo passa através dos meus dentes.

Só ego. Do que eu quero me livrar. A única "pessoa" que eu quero que morra, que eu quero estrangular e matar é o ego, não que o ego me estrangule. A única maneira de eu fazer isso... Lutar contra o ego mantém o ego vivo, porque lutar em si é ego — é ser submisso... O que achei que viria a seguir não veio. Em lugar disso, quando me submeti — ao estrangulamento do ego —, tanto o ego quanto o estrangulamento desapareceram. Não me submeti ao que o ego *diz*, mas ao que o ego *causa*. Quando me submeto ao que o ego *diz*, continuo sendo ego. Quando me submeto ao que o ego *causa* — dor —, a dor vai embora e o ego também.

Então, obrigado, Fritz, pela dor. Obrigado, Barry, pela dor.

Mesmo ferida, agradeço a você, Fritz.

O que com certeza soa como da religião cristã — a parte que abomino. Não a abomino agora que a entendo. Ainda acho que seria melhor jogar fora a Bíblia e recomeçar tudo.

Jogue tudo fora e recomece.

Parece certo, certo mesmo, mas ainda dói um pouco — ainda sem aceitar a dor... Fico com ela — não a retenho —, só me deixo senti-la, sem fazer nada, e ela des-aparece. Enquanto fico com ela, não penso nela.

Instituto de Gestalt do Canadá — escola cristã, judaica, budista, hinduísta. Percebo que me coloco em primeiro lugar. (Sou cristã da mesma forma que Fritz é judeu. Somos classificados dessa maneira. Crescemos com isso onde vivemos. Não vamos à igreja ou ao templo e não *acreditamos* nisso.) Bem, que bom. Minha voz amiga não está tão forte quanto antes, mas ouço uma espécie de sussurro: "Já estava na hora". Talvez ela se sinta um pouco asfixiada agora — ou desasfixiada e se recuperando, mas ainda sem muita voz. Tenho saudades dela.

Na semana passada e nesta, no "meu" grupo (isso significa que, quando Fritz pede aos líderes de grupo que se levantem, eu me levanto), eu ansiava mais pelo fim deste *workshop* do que pela continuação. Agora, sinto-me feliz que esteja prosseguindo. Em todo esse tempo me senti como se estivesse enterrada sob alguns palmos de terra — escavando um caminho para fora, *muito* lentamente. Agora, estou mais perto da superfície — começo a ver a luz.

Fritz! Você não sabe como eu me saí num *troço*. Não sabe o que eu descobri ontem, e funcionou bem. Você *não sabe* o progresso que eu fiz. (Estou me dando dor de cabeça novamente.)

Fritz (o meu Fritz): Então? Não vai dizer mais nada? Eu fico por aqui sabendo a resposta sem dizê-la.

Não! Enquanto eu *de*liberar, quero continuar.

Fritz, você tem escorregado ultimamente. Raciocinando, analisando. Você perdeu a paz. Ontem à noite, mencionou um *deveria* seu. *Seus* deverias são ridículos para mim. Só o ego poderia ter um deveria desses.

Fritz (o meu Fritz): Então o seu é a imaculada concepção?

Fritz está esperando o lançamento de *Dentro e fora da lata de lixo*. Seus amigos gostaram. Ele está impaciente para saber o que dirão seus inimigos — ou seja, ele próprio. Quanto tempo ele gasta com isso eu não sei — só quando me vem à cabeça, como aconteceu de novo agora mesmo ao encontrá-lo na subida para a Casa. "Alguma carta?" — querendo dizer "algo sobre" (aqui me meto numa enrascada; pare e pense; agora sigo em frente) — "Algo sobre o *Dentro e fora*?"

Só sei que isso é *pensar sobre* — a zona intermediária (Fritz), a zona tagarela (eu), e não posso estar nessa zona tagarela com apenas *um* fiasco. Quando estou nela, estou nela, e qualquer outro lixo de lá pode me atingir também.

Normalmente, quando Fritz vem na minha direção, mesmo que eu queira tocar nele, espero que ele dê o primeiro passo. Desta vez me aproximei dele, coloquei as mãos nos ombros dele e nos beijamos. Quando ele parece feliz, ele parece *feliz*. Belezura. Não me sinto muito mais forte, mas um pouco.

Com certeza não foi um erro cometer um erro.

Hoje de manhã, quando fui ao grupo avançado — não gosto desse "avançado"; o grupo das dez horas; o grupo-10...) —, levei comigo um lenço de cabeça para vendar meus olhos. Se eu tivesse feito isso — de olhos vendados —, tudo teria saído diferente. De que modo diferente, não sei. As possibilidades são todas as possibilidades que existem nessa situação. Elas não abrangem a Rússia, o México e Lake Cowichan. Dentro daquela sala — todas as possibilidades —, com dezesseis ou dezessete pessoas, a coisa ultrapassa a minha capacidade de imaginação. Vendar os olhos com essas limitações poderia resultar qualquer coisa. Não fiz isso. Queria, e não fiz. Eu aguardava; aguardava o "momento certo". Desconfio que nesse caso signifique "quando a atenção de ninguém estiver voltada para mim". De todo modo, foi um belo exemplo de aguardar o momento certo, que nunca chega.

Louca, louca. Eu estava pronta para enfrentar Hal na primeira oportunidade. Nada de oportunidade. Não retive nada. Senti-me à vontade.

Jerry Rothstein chegou hoje de San Francisco quase dançando de empolgação por vir para cá, por estar aqui. Na sexta-feira, ele estará num grupo que trabalhará com miopia. Glenn disse que Karl não participaria, pois não acreditava que os olhos pudessem mudar. Eu disse a Glenn que isso foi ontem. Ele respondeu: "Ah não, hoje de manhã". Eu disse que ele agora está com o livro sobre Bates (pegou comigo ontem à noite) e vai conseguir

The art of seeing [A arte de ver], de Huxley. Glenn: "Mas *de manhã*... Ah, não! Isso foi *ontem* de manhã. *Hoje* de manhã ele falou de alongamento dos globos oculares" (de Bates).

Esta é uma das melhores coisas daqui: você só sabe onde alguém *está* se estiver junto. Fora isso, é provável que seja *estava*, o que obviamente é, só que aqui fica tão evidente que é inescapável. Com certeza, a fofoca passa a não ter sentido quando se sabe que, no momento em que se revela uma coisa, talvez não seja mais verdade.

Fritz pegou pesado com Melissa ontem no grupo-10 e hoje de manhã no grupo do meu chalé; arrasou com as tentativas dela de controlá-lo e com os jogos de palavras que reduziam a nada tudo que ele dissesse. Às vezes ela chorava, às vezes enfrentava. Quando mudou de uma situação para a outra, Fritz disse: "Esse é o seu outro esquema" — sem aceitar nem um milímetro das manipulações dela. Hoje à noite, no chalé, Fritz, inquisitivo, não solícito, perguntou a Melissa como ela estava, que respondeu: "Diferente". A voz dela também estava diferente.

Por experiência própria, sei que preciso mudar quando os meus velhos hábitos não funcionam. Não acho que eu possa esculachar alguém como ele às vezes faz, nem vejo erro da parte dele. Além disso, as pessoas que o procuram — que o escolhem — são responsáveis por suas escolhas, assim como eu. Quando veio para cá, Melissa sabia que queria romper com o seu roteiro de vida pré-planejado, e escolheu Fritz para fazer isso com ela. Tenho certeza de que ela não queria o que sucedeu ontem e hoje. Fora isso, agora ela está conseguindo pela primeira vez algo que desejava.

Bob D. é bem simpático, bastante simpático. E é bem dócil. Não tenho ideia do que fazer a esse respeito e não seria nada bom que eu fizesse. Estou começando a perceber a utilidade da frustração quando as pessoas se veem numa situação que não se coaduna com elas. Gosto do modo como Carl Rogers provoca frustração, sem dar respostas, *junto com* outra coisa... Percebo também em que Bob D. *não* é complacente, o que eu não notara por um tempo. Sinto-me um pouco mais esperta do que era ao perceber isso.

Fritz mencionou o meu dilema: espontaneidade *versus* deliberação. Não resta dúvida de qual eu quero, em qual confio.

Vou para a cama sem deliberar.

Não apresse o rio (ele corre sozinho)

Ontem, em algum momento, eu realmente quis prosseguir com os grupos. Talvez às vezes. Em outras, nem queria permanecer aqui. Agora mesmo, nesta manhã, quando o lago e os morros estão presentes — são presentes — que palavras, quais palavras? Veja. São sete horas da manhã no horário do Pacífico e tão perto do norte para...
Tentar novamente.
Há alguma luz no céu, não muita.
Sinto-me bem por estar aqui agora que não estou, e quando penso em uma hora à frente começo a discordar de mim.
Algo está acontecendo nos meus ombros e nos meus pés que não é dor e eu não sei que diabos é, mas gosto.
A pele do meu rosto está ardendo como se fosse queimadura de sol. Continua acontecendo isso depois de dez dias ou mais.
O que está acontecendo nos meus ombros e pés não é dor, é movimento; movimento bastante amplo. É como empurrar areia molhada com a mão.
Este lugar é uma loucura, sabe? Dois hectares e meio de terreno, com construções baixas e gente em grande parte dentro de casa, e trinta e quatro pessoas subindo/descendo deste/daquele lado e nunca se sabe se dentro ou fora de onde há alguém, seja acima da pele, seja embaixo da pele, a não ser Fritz, que percebe muito mais do que qualquer um de nós e, depois da reunião da comunidade, passa algum tempo jogando xadrez ou examinando atentamente sua coleção de selos. Faz isso mesmo? Só sei que às vezes o vejo pela janela sentado à sua escrivaninha, onde estão alguns dos seus grandes álbuns de selos, e tanto não faço ideia do que se passa nele quanto outras pessoas faziam a meu respeito quando eu jogava paciência. Por que precisamos saber? Por que precisamos fingir que achamos que sabemos? Por que precisamos julgar se o que acontece é bom ou não?
O que posso dizer de um lugar onde a visão/experiência de cada pessoa é diferente e continua mudando, e o bom se torna ruim e o ruim se torna bom e não gostar se torna gostar e gostar se torna não gostar e agora mesmo agora mesmo agora mesmo já passou antes que eu consiga dizer.
Dona McGillicuddy foi a Alberta visitar a irmã. O presidente foi jogar golfe. Dona McGillicuddy conversa com a irmã. O presidente conversa com o seu parceiro de Eu fui à Lua. Será que... oqueeucomprei?? O presidente estava de terno azul. Dona Mac estava de vestido florido. O zendô é mais ou menos eficaz do que um instituto de Gestalt? Se for, o porquê

ninguém sabe nem pode saber. Não há como descobrir. Pessoas diferentes procuram ambos em primeiro lugar; em segundo, as pessoas que vão a um e depois a outro para comprovar algo não são as mesmas pessoas que eram em primeiro lugar. Trata-se de uma situação que tenho visto, não uma situação em que esteja pensando. Esta escola é melhor, a outra escola é melhor, e se uma é pior isso pode ser modificado e ela se tornar melhor. Nada importa, a não ser... Nada importa. Não mesmo. Ao mesmo tempo, importa. Não me peça que lhe diga; descubra por si só, seu preguiçoso.

Sou a fonte de toda a sabedoria.

O ser humano não é uma fonte de informação. É uma pia.

Quais informações eu tenho *realmente*?

É um pouco mais de dois quilômetros daqui a Lake Cowichan.

Gosto dos grupos?

Às vezes.

Não gosto dos grupos?

Às vezes.

Estou aqui há muito tempo?

São quase dois quilômetros e meio até Lake Cowichan.

Eu gosto dos grupos?

Prezado Larry,

Prezado senhor,

Prezado sr. presidente, eu gostaria que o senhor não levasse o maldito mundo tão a sério a ponto de precisar fazer algo com ele.

Cara Barry, eu gostaria que a senhora não levasse o maldito mundo tão a sério a ponto de tomar uma providência.

Eu gostaria que você não se levasse tão a sério a ponto de tomar uma providência. Isso soa como a minha voz amiga. A voz entrou nas palavras enquanto elas se escreviam. Você não consegue ouvir aquela voz em que as palavras foram escritas. Você lê as minhas palavras com sua voz e me diz o que eu disse. É a sua voz, portanto *escute*, não me diga.

Cada vez que me apego a uma coisa e me sinto brilhante, tudo que escrevi antes parece bobagem. Não sinto vontade de jogá-lo fora por esse motivo. *Eu* estou começando agora, de onde estou. Sem tudo que precedeu a isso, como eu poderia estar onde estou?

Fritz nos pediu hoje de manhã que escrevêssemos um ensaio sobre o "deveriísmo". Tenho certeza de que ele não disse "ensaio". Eu disse. Agora

Não apresse o rio (ele corre sozinho)

tenho dois significados de "ensaio" na cabeça, e gosto de um e não do outro: um é uma tentativa que não requer esforço, deixando rolar as coisas para que eu descubra o que são; o outro é uma composição literária, organizada de certa forma e esculpida em certo estilo.

Vou tentar o primeiro significado de "ensaio".

O deveriísmo vem do poderiísmo. Poderia ter sido diferente. Eu poderia ter sido diferente. Você poderia ter feito outra coisa. O tempo poderia estar bom. Eu poderia ter nascido de pais diferentes. Meu filho poderia ter uma carreira e feito um grande nome e montes de dinheiro para ele (e para mim). Você poderia ter chegado na hora. Eu poderia não ter cometido aquele erro. (Como eu poderia, se não parecia um erro até tê-lo cometido) "Você poderia ter, eu poderia ter" leva direto para "você deveria ter" e "eu deveria ter".

Um linguista chamado Harrington[70], cujo primeiro nome esqueci, disse que conheceu um indígena fluente na língua do seu povo e também em inglês. Harrington perguntou ao indígena se na língua dele havia palavras (sentidos) como "poderia" e "deveria". O indígena ficou calado por um tempo, depois balançou a cabeça. "Não", disse ele. "As coisas simplesmente são."

Acho que essa ausência também ocorre em outras línguas indígenas (conceitos), porque com certeza já vi indígenas perplexos quando os brancos lhes diziam que poderia ter sido diferente, que poderiam ter se comportado de outra maneira ou deveriam ter feito outra coisa. Também vi brancos perplexos quando os indígenas continuaram a fazer algo depois de lhes terem dito que não deveriam fazer, e a perplexidade dos indígenas quando os brancos ficaram perplexos com a perplexidade dos indígenas.

Fritz disse que, se alguém desse uma saída para esse deveriísmo... Duvido que haja *uma* saída, mas uma das saídas que podemos experimentar é perceber os nossos "poderias", não apenas os "deverias". Não gosto deles. Prefiro tirar o poder e o dever da nossa linguagem e ver o que acontece. Nada "mal". Apenas "não quero mais usar essas palavras". Acho que todos concordariam com isso se os *outros* as abandonassem, e a maioria acharia mais difícil abandonar os seus. No entanto, se as abandonássemos, talvez começássemos a perder os conceitos, e, se alguém o fizesse, certamente não aceitaria os poderias e os deverias dos outros. As palavras desaparecem dos idiomas, em geral não deliberadamente, mas, se as pessoas considerassem que isso as libera, muitas (nós) o fariam.

Cansei desse falar de.

Precisaremos de uma mudança na linguagem, nos conceitos, se quisermos ir além deles. Lá vou eu de novo.

No grupo amplo desta manhã, uma coisa levou a outra e eu fiquei com Bart, que disse ter aversão à minha suavidade. Momentos depois, eu me senti forte e o meu corpo ficou ereto — só isso. Bart recuou — os ombros dele recuaram bastante. Bart disse que era uma "transição súbita". Eu afirmei: "Tudo bem. Estou aqui. Vou ficar ereta". Fiquei ereta. Bart: "É difícil confrontar você". Eu não tinha um motivo para dizer/fazer isso. O pensamento me veio e eu me interessei por descobrir o que acontecera. Fiquei bastante surpresa. Nesses dois momentos, nós dois aprendemos muito ao *fazer* em vez de falar. Fazer algo de um jeito diferente. O que aconteceu com Bart me surpreendeu. O que aconteceu em mim me surpreendeu. Bart teve a surpresa *dele*. *Eu me sinto diferente*, como se algo tivesse despertado em mim.

Devíamos escolher alguém de quem *des*gostamos, fosse lá o que fizéssemos. Não desgosto de ninguém totalmente. Saí em busca de alguém à solta; vi Bart sozinho e fui até ele. Não sei se Bart achou que eu o escolhi por não gostar muito dele. Em todo caso, isso aconteceu, e me parece que algo semelhante ocorreria se, em vez de escolher no grupo uma pessoa de que desgosto (para fazer o que fosse), eu fechasse os olhos e tentasse pegar alguém.

Agora mesmo terminaram doze horas de sono. Sol resplandecente, reflexo na água deslumbrante. Ombros tensos. Tensos? A carne ao redor dos ombros e nas costas parece que está sendo sovada.

Pelo menos eu me livrei do "tenho de". Como me livrei do "tenho de"? Dando-me conta dele em cada vez que eu pensava "tenho de" e reconhecendo o que eu não tinha de, só *pensando* no que tinha de e, quando descartei os tinhas de (não os fazendo), o que sobrou foi o querer. Sem dúvida, os quereres não se misturam mais com os deveres.

Estou confusa agora de manhã. Na quinta-feira, em grupo com Fritz, eu me expressei com a mesma voz (alta e clara)... Isso que se dane. Eu me meto no problema assim que começo a descrevê-lo. Confusão. Nada claro. Tudo tênue e borrado, dissolvendo-se no nada. Sinto que não há um deveria para que isso volte.

Não apresse o rio (ele corre sozinho)

Fritz, você não está percebendo os passos que dei, aqueles passos arriscados que dei e não são arriscados, reconheço, mas me *parecem* arriscados e portanto são. Sinto que você me pressiona para dar mais. Não apresse o rio; ele corre sozinho. Não quero que me diga se estou indo bem. Só me deixe em paz. Estou indo. Deixe-me ir no meu ritmo. Perceba que *estou* avançando agora, de um modo novo, timidamente, mas estou, coisa que eu não fazia antes. Deixe-me dar meus passos tímidos e perceber se são bons, ganhando confiança por experiência própria. Não dê um pio quando digo que estou resolvendo o problema dos grupos muito pequenos — o *meu* problema nos grupos muito pequenos; que as outras pessoas tenham o delas. Realmente não dou a mínima importância para eles, a não ser no que eles reforçam a minha afirmação sobre a *minha* dificuldade. Esses problemas estão por aí, não aqui, não meus.

Qual é a minha dose de impaciência com os mesmos passos tímidos dados pelos outros?

Não tenho impaciência. Noto os passos dos outros e gosto deles. Os dois Bobs deram alguns passos tímidos e eu gosto deles, desses brotinhos delicados. Não quero pressioná-los. Acho que deveria. Não que precise, mas deveria. Neste Instituto de Gestalt com Fritz como chefe. Ele quer que eu pressione. Talvez queira mesmo que eu o faça. Talvez não queira que eu o faça. Não *sei* disso; *penso* nisso. Posso *saber* apenas de mim. Não quero. Meu peito se expande quando digo isso. Estou estupefata, sem esperar me sentir tão forte e bem.

Às vezes eu faço pressão (a meu modo), queira ou não, às vezes me deixo levar. Como gagueira. Falsa/verdadeira/falsa/verdadeira. Sem dizer o que estou fazendo, nem mesmo para mim. Não sendo clara, comigo ou com outra pessoa. Com Fred, tão morto esta semana, pensei que deveria assumir a liderança e fazer alguma coisa, e algumas vezes fiz. Não queria.

Então eu mudo o meu "deveria", e o significado da palavra resulta diferente. Apaga-se, na verdade; não está mais aqui em mim. Eu "deveria" fazer o que quero fazer? Boba! (Sensação de absurdo, não decisão "sensata" nem ponto de vista.) *Quero*. É tudo que tenho de fazer e tudo que deveria.

Quero.

Não quero.

Percebo.

E sem as malditas explicações.

(Eric Berne diz que só precisamos de três palavras: "sim", "não" e "uau!")

Como uma carta para Jordan que tentei escrever três vezes. A primeira parte — sete linhas —, em resposta a três perguntas de duas cartas dele. A segunda parte tenta responder a uma pergunta. Cada vez escrevo cerca de vinte e cinco linhas, não gosto do que escrevi e sei que não respondi à pergunta dele. Então jogo fora o papel e tento outra vez. Não *quero* responder a essa pergunta, além de dizer "estou aqui e estou gostando". Acho que eu *deveria* transmitir mais informações sobre o instituto e o meu entusiasmo com ele. Isso *acontece* quando escrevo cartas entusiasmadas sobre este lugar. Não me forço a escrever. A escrita flui. Com essa carta para Jordan: estou me obrigando a escrevê-la, e o texto sai péssimo. Quando me obrigo a reescrever, fica cada vez pior e fico mais frustrada.

Espirro — nem sei quantos foram. Uma torrente de espirros. A luz do sol entra pela vidraça. Noto que estou quente e pegajosa com uma camisola de flanela. No meu chalé, sozinha e ninguém do lado de fora, estou de camisola. Eu a tiro e me sinto bem. É tão fácil dizer "eu quero".

Eu não "deveria" escrever para Jordan sobre o instituto... não só não "deveria" como, quando não estou para isso, não estou para isso, e qualquer coisa que eu escreva fica confusa, sem o entusiasmo espontâneo que sinto quando me sinto assim.

Eliminei *um* "deveria". A carta para Jordan vai sair fácil agora, em oito linhas, e seguirá o caminho dela em vez de ficar empacada na minha mesa.

Não consigo saber se Fritz está ou não me pressionando, mesmo que ele me diga; depende de eu acreditar nele ou não, quando estou onde estou agora. Às vezes é uma *sensação*, então passo a saber. Nenhuma interferência do meu raciocínio.

Se Fritz está me pressionando é irrelevante. *Eu* é que me pressiono. Quando me livro da minha pressão em mim, a pressão de qualquer outra pessoa não me pressiona — e então eu não me sinto pressionada. Não "resisto". Apenas existo. Como os navajos quando não deixam a nossa pressão influenciá-los e não se pressionam.

Sinto o meu corpo "por dentro", para distinguir da sensação de pôr as minhas mãos em mim. Mas "por dentro" parece bobo: eu sou o meu corpo, e meu corpo (eu)... Estou viva. *Agito ergo sum*.

Que gramática ruim a nossa para exprimir a verdade, exprimir o que é. Quando me exprimo, estou presa à linguagem. O lago não está "lá fora";

eu o sinto fluir em mim. Os morros e as árvores não estão "lá fora": sinto a quietude deles em mim. O céu não está "lá fora"; sinto a mesma imensidão e leveza em mim. O chão não está "lá fora"; estou em contato com o chão. A cadeira em que me sento — hum... Quando me referi à cadeira, notei que fiquei presa à linguagem outra vez, ou ainda. Esta cadeira e eu. Sinto uma corrente entre nós *e* o contato (tato).

Ou/ou — a cisão intelectual que formou nossa linguagem, ou da qual a nossa linguagem foi formada. Posso usá-la para dizer "a máquina de escrever está na mesa" e "estou sentada na cadeira" e "estou datilografando", mas não para expressar o que se passa em mim em meio a nós.

Hum... *Minha* experiência não é a *sua* e, não fosse a armadilha da linguagem, não haveria razão para eu exprimir a minha. Na verdade, eu a *exprimo* através do meu corpo, que é eu. Olhos, cor da pele, postura... *Todas* essas expressões e suas alterações são óbvias. Não preciso dizer palavra. No entanto, tendo vivido tão presa à linguagem, *eu* perco o contato com o que vivencio. Ao tentar descrever o que *é*, exploro a armadilha. Aquilo que a nossa linguagem *diz* estar "prosseguindo" distorce a realidade, e quando uso as palavras e a gramática, eu me distorço. Na minha luta, torno-me mais *aware* da distorção, do des-ajuste das minhas palavras e de mim.

Márcia acaba de entrar. Eu a vi chegando e tive um breve pensamento/menção para sair da cadeira e pegar um quimono. Deixo para lá.

O sol está quente; estou quente. Sou aquecida pelo sol. O sol me aquece. Neste primeiro dia de novembro no Canadá, onde nunca estive no primeiro de novembro, estou morna tendendo para quente.

Estive pensando: acho que deixei muitas situações inacabadas no meu texto. Não me importo. Onde comecei o parágrafo anterior não foi onde terminei. Situações inacabadas existem por toda parte, no mundo inteiro. Apenas aquelas a que me agarro precisam ser "acabadas" para que eu as abandone, para que sejam "passadas". Comecei o parágrafo anterior com "o sol está quente". Estou quente. Sou aquecida pelo sol. O sol me aquece... Eu ia continuar falando da gramática, mas apareceu outra coisa.

Sol. Eu quente. Diz tudo e me dá muito mais tempo para curtir: "Eu quente. Sol".

Quando Rick não estava disposto a desistir de Shakespeare para *ser*, pensei que ele estivesse louco. Descubro a minha relutância para desistir do fluxo de palavras e adotar o inglês simplificado. Esteja *aware*. Quando contenho o fluxo de palavras — acabei de fazê-lo — fico *muito* mais *aware*. Minha percepção torna-se tão ampliada, além do habitual, que sinto um prazer um tanto *doloroso*... e agora reluto em retomar as palavras.

"Mas elas podem ser úteis para os outros."

Os outros que encontrem um caminho.

"Mas você tem livros usados..."

Mais alguns argumentos me passam pela cabeça na forma de fantasia. Não me agarro a ela. Não existe mais.

Crianças brincando com a água.

Crianças e água brincando.

Preencha o resto com o que quiser. Você já faz isso mesmo.

Quem pega em *De pessoa para pessoa* algo que não queira?

Crianças e água brincando.

Isso é real. Qualquer coisa com que eu prossiga é fantasia. Prossiga com a sua. O que a minha realidade de "crianças e água brincando" provoca em você?

Um dia, na biblioteca pública de Honolulu, vi uma mulher corpulenta com um guarda-chuva embaixo do braço...

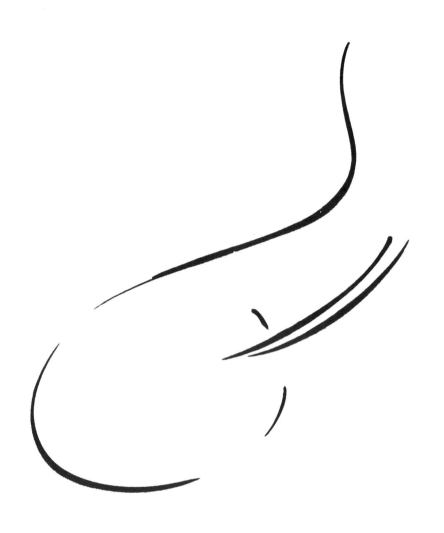

Pedra

Pensei mesmo que tivesse encerrado o livro na página anterior. Foi apenas uma parada idiomática.

Uma coisa continua idêntica: todos os domingos eu desejo que haja outro dia de fim de semana.

Ontem Jerry disse que queria voltar o mais rápido possível (ele já foi embora) para estar comigo e com Fritz e então nós dois iríamos embora. Avisei que talvez a escrita não ficasse pronta e por isso eu ficaria mais tempo. Jerry disse que isso o incomodava, porque queria que eu ficasse e queria que eu terminasse o livro.

Acabei de passar pela mesma coisa com o meu filho, e é como quando eu costumava dizer "eu gostaria que a chuva parasse", e os outros diziam "ah, isso não! Precisamos da chuva para as lavouras". Que diferença faria? A chuva pararia ou continuaria, independentemente de mim. Se as pessoas conseguem fazer chover, essa aptidão não vem de onde vem o meu desejo.

Sei por que este livro muitas vezes parece lodo para mim: é lodo. Quando terminei *De pessoa para pessoa*, eu disse: "Agora preciso viajar e aproveitar tanto quanto possível". Não é fácil. No final daquele livro, vi a árvore de Natal. Agora estou me esgueirando pelo mato para chegar a ela. Não posso me *obrigar* a chegar a uma experiência mística.

Sem dúvida, as drogas poderiam fazer isso. Não experimentei drogas. Experiência mística não é o meu objetivo. Desisti disso. De verdade. Não estou reprimindo isso. O desejo não está aqui. Não tenho uma meta, além de uma bastante imediata às vezes. Nesse sentido, eu corro com o rio, sem tentar apressá-lo. Por outro lado, ainda estou aprendendo a me liberar, o que é complicado. A complicação agora aparece para mim sobretudo ligada àqueles saltos genitais que mencionei. Durante o dia, eles não costumam acontecer. Quando me deito à noite, na maioria das vezes eles pulam. Quando não acontece, percebo que estou me preparando, e não quero isso.

Esse ensaio geralmente não é intenso: desaparece quando olho para o meu corpo. Uma noite, recentemente, eu não conseguia parar de ensaiar. Continuei ensaiando e me cansando cada vez mais. Imagem espontânea: um retângulo preto, como os apagadores usados nas lousas escolares, movia-se de um lado para o outro na minha testa. Isso foi como um sonho, pois a minha testa não estava realmente lá. O apagador apagou meus pensamentos. Fiquei à vontade. Então os pensamentos voltaram. Agora mesmo, parece-me que eu poderia tentar (experimentar) ser a observadora desses ensaios.

Quando estive doente, uma das coisas que aconteceram foi que o mundo inteiro — todo ele — estava repleto de pessoas amistosas sendo amistosas; eu me sentia à vontade e feliz com isso. Em seguida, clique! (como o clique de uma máquina fotográfica) — o mundo inteiro estava lotado de pessoas se matando, e eu amedrontada, revoltada, e não conseguiria mais viver nesse mundo. Todas essas palavras demoram e não são compatíveis com a experiência que era flique/clique/flique clique/flique clique/flique/clique flique/clique muito rápido, diversas vezes. Eu me senti aturdida, puxada daí para o êxtase, depois puxada daí para o aturdimento. Alegria/desespero/alegria/desespero, e assim por diante. Emoções fortes, ambas, e uma sacudida na mudança de uma para a outra. *Tive* de fazer uma coisa: tornei-me observadora do que acontecia; observei o que acontecia como se acontecesse "lá fora".

A máquina de escrever parou. As luzes se apagaram. Tomei um banho e a água logo gotejou. Então fiz o que pude que não exigisse eletricidade ou água, me interessei por isso e perdi o interesse pela escrita. Agora me sinto outra vez com vontade de escrever. Também sinto que estou decolando de outra aterrissagem — sem saber o que era a outra ou esta.

Um jovem japonês que não queria ficar na cadeira quente e falava muito pouco ficou em pé (de costas) e trabalhou um monte de problemas a partir de sua percepção do próprio corpo, deixando acontecer o que quisesse acontecer. Sempre me impressiono com os resultados dos experimentos da Gestalt-terapia. Não fiz todos eles. Pegá-los da maneira como estão escritos no livro é como tirar da lama diversas peças e tentar juntá-las quando ainda estão molhadas. Sinto vontade de reescrevê-los. Acho que isso é como tentar escrever um livro de receitas infalíveis. Mas não tento torná-las infalíveis, e sim legíveis.

Não sinto vontade de dar continuidade a isso. A quem eu ajudaria ao reescrever os experimentos gestálticos em inglês simples ou algo assim? "No momento em que você acha que está 'ajudando', perde tudo que conquistou" — Swami Vivekananda.

Sessão matinal absurda. Ontem à noite também foi ridículo, mas de outro jeito. No final, eu não conseguia me lembrar de nada, mas tinha uma forte sensação de que a coisa toda era uma loucura, doideira. Aprendi muito e não sei o que foi. Não importa. Faz parte da minha experiência, e é com ela que aprendo.

De manhã "ninguém quis fazer coisa alguma", no linguajar dos grupos. Sugeri algo, Stella vetou, ninguém mais disse nada. Fritz entrou. David começou algo por sugestão de Fritz e não foi muito longe. Não acho que nunca aconteça *nada*; sei que sempre acontece alguma coisa. "Nada aconteceu" significa que nada de espetacular aconteceu ou eu não percebi.

Algumas pessoas do grupo começaram a falar de um coquetel. Eu disse que estava entediada. Quando disse isso, ouvi na minha voz que eu estava *irritada*. Isso *é* tédio — o que tédio é.

Tentei inverter as coisas — *qualquer uma* — e tudo empacou. *Eu* estava empacada. E disse isso. Neville pegou um dos meus prismas para virar as coisas de ponta-cabeça para mim. Fiquei fascinada; foi como olhar para outro mundo. Quando eu olhava as pessoas pelo prisma, elas ficaram interessantes num sentido puro — nada de opinião, julgamento, avaliação ou exigência. Só aproveitei com elas.

Percebi uma coisa que eu mesma poderia fazer: estava sentada ("o que se faz" nos grupos). Levantei, atravessei o piso e voltei. Esse movimento simples foi bom. Comecei a vagar e fazer coisas, como esvaziar xícaras de café na pia, juntar cartas espalhadas pela minha mesa para escrever as respostas. Fui ao banheiro. Na volta notei um colar de uma cowichan, pensei "Natalie gostaria disto" e dei-o a ela. Joguei fora algumas coisas e dei outras.

Eu estava marginalmente *aware* do que os outros faziam. Desinteressada. Não entediada. Interessada no que eu fazia, mas sem intenção.

Não me lembro agora de muitas outras coisas que aconteceram em mim. Eram como abrir uma janelinha e ver uma janela maior, abrir essa e ver uma janela ainda maior e abri-la.

De repente... LUZ.

Não uma coisa após a outra, mas tudo de uma vez. Sem "ordem dos fatos". Preciso colocá-las em ordem porque só posso fazer isso, mas você, recebendo-os dessa forma, não terá contato com a minha experiência. Então, misture-as de qualquer modo — não importa como — e é isto:

Eu não me sentia mais "amarrada" pelo grupo, por ter de me comportar de determinada maneira.

Fazia coisas que me davam vontade de fazer no meu chalé. Tudo no meu chalé estava à disposição de todos. Eles podiam fazer o que quisessem. Tintas, pincéis, papel, canetas de feltro, uma cama para dormir ou deitar e ver as folhas do lado de fora da janela, alguns pratos na pia para lavar, livros para ler ou folhear — e também tinham liberdade de sair do chalé. Não havia por que dizer a eles que se sentissem livres, porque assim não o seriam: "livres" com a minha permissão.

Escola. Estou ressentida com a escola. Isso se manifesta de várias maneiras. O que se faz quando se está entediado com a escola?

Eu rompo. Não fui ao seminário de supervisão ou ao treinamento avançado nem seja lá o que for.

A prorrogação do meu fim de semana, como eu queria!

Leio as palavras, que não dizem nada. É tudo pensamento, sem expressão alguma do meu *sentimento*. Então misture tudo com luz e ar e sol e visão e brisa e sinta tudo isso e risos e...

Ufa! Liberdade. Bem aqui/agora, neste centro de treinamento chamado Instituto de Gestalt do Canadá.

Não tenho *tirado* a minha liberdade, que é o único modo de dá-la a outra pessoa. Então, culpo o *lugar* por me prender. Meu *conceito* do lugar — não a realidade.

Meu conceito do lugar. Meu conceito do papel. Minha concepção dos "grupos" e do que "deveria" acontecer neles. O que eu "deveria" "fazer pelos outros". O que eu "deveria" fazer acontecer.

Ainda ontem eu disse ao Tom: "Como ser espontânea indo a grupos das oito às onze horas da manhã e das oito às dez horas da noite?" Aaaah. Eu não *precisava* ir a eles... Eu deveria ter previsto. Pensei em algumas pessoas: "Bem, você não *precisava* vir". Mas *eu* "tinha de" estar aqui e me comportar de determinada maneira.

Pensei nos lugares onde fui mais espontânea do que sou aqui, sentia saudade deles e sabia que queria resolver isso *aqui*. Mas como é que eu poderia fazer isso? Aaaaaaaaaah!

Por algum motivo, enquanto eu fazia o que quisesse de manhã, dentro da variedade de opções deste chalé, disponíveis para todos — e quanta coisa há aqui para fazer para quem quiser —, elas não são suficientes para dias e mais dias e para todos — agora, não tenho certeza disso —, mas sim para sete pessoas por duas horas, disso estou certa.

Por algum motivo, enquanto eu fazia coisas e falava e algo acontecia com Deke, ele se deu conta (exprimiu-se, como se isso fosse novo para ele) de como seria uma "escola" (no sentido de "instrução") em que realmente existisse instrução, e o que ele disse foi o que Fritz dissera sobre a "faculdade" que ele gostaria de ter.

Agora vejo quase tudo de maneira diferente.

E agora estou com sono.

Dormi e sonhei.

Agora sei que este lugar é bom para mim e ruim para mim, o que eu sempre soube. Em julho, não tive dificuldade de matar aula, nem dificuldade para chegar a matar aulas. Simplesmente faltei. Percebi que passei a aceitar alguns dos conceitos de Fritz que discordavam dos meus — eles se tornavam parte de mim, e *não* eram o meu ponto de vista... Toda essa porcaria de *quem* você introjeta — e *por que* o faz? Por que alguns psicólogos não percebem o que *estão* fazendo e descobrem o que é?

Uma fala do sonho: Fritz com maldade real e desgosto intenso: "Carl Rogers é um *mentiroso*". Talvez fosse: "Eu *odeio* Carl Rogers porque ele é um *mentiroso*". No sonho, "eu" pensei: "Não é de admirar que Carl não queira se encontrar com Fritz". Tentei tratar disso na cadeira quente. Não deu certo.

Vou tentar outra coisa gestáltica. Vou perguntar ao "meu Fritz".

Eu: Pensava que esses dois homens poderiam se encontrar. Agora vejo que não podem. (Eu pulo o meu Fritz e obtenho uma resposta sem ele.) Fora de mim eles *não* se juntam. Nenhum deles quer. Dentro de mim...

Não é "meu Fritz"; é "minha Barry". O que devo fazer a respeito? Estou com dor de cabeça. Sei como dissolver essa dor; aprendi com Fritz. Se eu dissolvê-la, não saberei o que o sonho me diz.

Minha Barry: Então conte o sonho.

Eu: Sonho, você me atazana. *Não* me sinto malvada nem odiosa desse jeito, e não tenho ódio de Carl, nem sou malvada.

Sonho: Eu lhe disse isso?

Eu: Não, Fritz disse isso, como *sempre* acontece nos sonhos. "Cada coisa no sonho é algum aspecto de si mesmo."

Sonho: (silêncio).

Eu: Então me deixe sozinha para eu encontrar a minha resposta. Mas foi você quem me deu a pista, não foi?

"Submissa" também estava no sonho. Fui submissa com dois caras; não gostava muito de nenhum deles. Eram dois, mas na realidade um só. Andavam juntos como se fossem um. Eles me disseram o que fazer e eu fiz, para lhes agradar. "Para lhes agradar." Sim. Não me incomodei de fazer; só não senti uma vontade especial de fazê-lo e não o teria feito se não quisessem.

Ainda fazendo isso, como sempre procedi. Se me desgostava de fazer algo — desgostava *fortemente* — eu não fazia. Em caso contrário, "querem que eu faça, e daí?"

Não foi pelo amor desses caras. Eu não gostava deles, a não ser pelo fato de serem pessoas, e eu gosto da pessoalidade deles.

Hummm. Também fiz isso "para mostrar" que eu era "livre" — capaz de fazê-lo.

Como ontem à noite.

A coisa toda foi ontem à noite.

Para agradar aos outros, fiz o que não tinha vontade de fazer, embora não fosse tão contrária a isso. Mas eu não *queria*. Fui submissa. Submissa ao grupo. Em parte gostei. Lutei contra algumas coisas de que não gostei. *Des-gostei* a ponto de agir para afastá-lo de mim, devolvê-lo para o lugar de onde veio, *não* o aceitaria. Senti-me bem com isso, ao me livrar dessas coisas. Porém, ao mesmo tempo, não me senti bem com isso porque... Não vi o porquê. Agora vejo. Eu não teria entrado nisso se não tivesse sido submissa aos *outros antes de mais nada*.

Huuuum.

Não apresse o rio (ele corre sozinho)

Deixei-me que me pusessem na cadeira quente — Fritz disse na noite passada ter notado que ainda não estamos prontos para a língua inglesa. A língua inglesa *ainda não está pronta para mim*. Obviamente, eu me coloco na "cadeira quente", mas isso *não* transmite tudo que esse ato abarca. Fiz de má vontade. A boa vontade sou *eu*.

A boa vontade — a única a que eu deveria ser submissa — não me tirou da poltrona em que estava sentada.

Fui a Lake Cowichan com Deke. Conversamos sobre o que conseguimos no instituto e como continuamos chegando à mesma coisa — perder, reencontrar. Depois de voltarmos, sentada na cozinha, achando difícil perseverar no que sei, percebi que continuamos perdendo porque a sociedade em que vivemos é contrária ao nosso apego a ela. A linguagem está contra nós; a etiqueta está contra nós; os hábitos estão contra nós; as convenções estão contra nós. Precisamos de outro tipo de comunidade, na qual sejamos mais fortes, com mais disposição para mudar, mais compreensão da mudança *fundamental* (ou "mudança radical", para Krishnamurti). Precisamos fazê-la e desejamos fazê-la. Não um *deveria*. *Eu quero*.

Quando Deke disse que ia a Lake Cowichan, eu sabia que queria ir também. Então pensei: "Talvez ele queira ir sozinho". Pus essa suposição de lado e perguntei: "Você se importa de ter companhia?" Ainda a abordagem tímida e indireta. No estilo indígena, eu poderia ter dito "quero ir a Lake Cowichan", deixando que Deke lidasse com a questão, e aceitar o que ele decidisse.

A caminho de Cowichan, contei isso a Deke e praticamos um pouco. Foi bom, como tirar dos meus olhos um véu de teias de aranha.

É isto que eu quero: um lugar para praticar e parceiros para praticar. Fizemos isso mais em junho e julho. Em agosto, quando tantos novatos vieram, essa prática acabou. Em setembro, pensei: "A Gestalt ficou diluída demais".

No grupo da manhã, algumas pessoas brincavam com o tema "que tipo de avanço você teve?" "Passei por um progresso freudiano", "fiz um progresso reichiano" e assim por diante. Eu disse: "Fiz um progresso de Barry". Natalie quis saber o que isso significava, e eu não soube responder. Só consegui dizer algumas coisas que faziam parte da minha ruptura. Minutos depois eu soube o que era um "progresso de Barry" e guardei a resposta, porque "eu não seria entendida". Contei ao grupo o que se passava comigo, rechacei o meu censor e disse: "Usei a Gestalt (ao trabalhar o meu sonho), transgredi as regras da Gestalt, e isso é Gestalt".

Ninguém deu sinal de ter compreendido, e não fiquei chateada.

Esse é o meu diploma.

Ainda não saí do campus, mas estou a caminho da ilha Hornby por uma semana, para me hospedar e examinar um lugar para o qual Fritz planeja mudar-se e expandir. Parece uma possibilidade para o que Fritz tem em mente: um sistema "satélite", com uma sede no centro e ao redor dela, como pétalas, "movimento", "terapia", "arte" etc. Não é o que eu quero. Quero um lugar... O meu é muito mais difícil de explicar. O dele é fácil de entender. Isso faz o meu parecer confuso, mas não é. Sem forma, sim. Que todas essas atividades nasçam de nós, à sua própria maneira, seja o que for, com a Gestalt contribuindo para a libertação. Todas essas coisas surgiram de nós no início — foi assim que começaram. Quero um novo começo.

Barry Stevens

CALIFÓRNIA, 1970

A vida não se desenrola do modo como contamos ou escrevemos sobre ela — ou achamos que deveria ser, ou tentamos transformá-la. É mais ou menos assim:

A preocupação de Fritz era que a maioria das pessoas em formação não compreendesse a Gestalt. Eles usaram as técnicas sem entendê-las. Ao fazê-lo, coisas boas podem acontecer, mas isso não é Gestalt. Pode se tornar antiGestalt.

No meu chalé, numa noite de novembro, Fritz disse: "Estão jogando jogos da Gestalt". Bebeu um pouco do chocolate quente com chantili adocicado, do qual ele gostava muito. "Preciso encontrar uma maneira de ensinar que Gestalt não são técnicas", disse ele, querendo dizer ensiná-los de tal modo que isso não aconteça.

Eu também estava incomodada com o que chamei de "Gestalt diluída", que parecia se distanciar cada vez mais da Gestalt. Na minha comunidade gestáltica, eu sabia que isso não aconteceria. As pessoas que chegassem lá estariam comprometidas com um engajamento *verdadeiro* — apenas para si mesmas.

Em Vancouver, poucas semanas antes da mudança para Cowichan, Fritz me levou à casa de Stan Fox[71] para ver trechos de alguns dos filmes instrutivos da Aquarius feitos a respeito de Fritz e da Gestalt. Depois, conversamos sobre um *kibutz*, que era... o que ele queria.

Fritz comprou um imóvel em Cowichan porque adorou a localização junto ao lago. O pagamento inicial foi de apenas doze mil dólares e ele

Não apresse o rio (ele corre sozinho)

podia promover algo lá até conseguir o que queria. Havia semelhanças no que queríamos e diferenças também. "Você é psicoterapeuta e quer um centro de treinamento", eu lhe disse. "Não sou terapeuta, nunca quis ser terapeuta e quero uma comunidade gestáltica." Afirmei que, se eu encontrasse um imóvel bem grande, ele poderia abrir seu centro de treinamento nele. Visualizei o centro distante da comunidade, com muito espaço entre eles.

Em Cowichan, percebi que um centro de treinamento na mesma propriedade acabaria com a comunidade. Os dois eram incompatíveis. Eu não entendia disso; simplesmente sabia, da mesma maneira que sabia que algumas coisas em Cowichan me ajudavam a florescer e outras me abatiam. Agora entendo isso também.

No inverno passado, às vezes o problema de Fritz com a formação de Gestalt-terapeutas me vinha à mente. Escrevi para ele em Berlim: "Você quer encontrar uma maneira de ensinar a Gestalt. Como a aprendemos?" Essa me pareceu uma boa pergunta, que poderia levar a "como ensiná-la".

Ontem, uma senhora de 76 anos do Oregon veio me ver. Ela tinha ouvido falar de mim — e da Gestalt — por intermédio de um amigo dela na Austrália, que eu conhecera lá em março. Ela lera *Gestalt-terapia explicada* e queria que eu trabalhasse com ela um sonho que a perturbava. Ela fora paciente de um psicanalista e teve grande dificuldade de conviver com o sonho. Quando começava a revivê-lo, quase imediatamente se desviava para "associações livres" ou a história do caso — explicações, interpretações. No sonho, o jovem e a floresta a lembraram de uma experiência em Bali, e ela passou a me contar a esse respeito. Foi muito difícil para ela interromper o relato e retomar o sonho. O jovem era um pouco parecido com Jesus, e ela começou a me dizer o que pensava de Jesus, sobre sua formação religiosa e assim por diante. A mulher que vinha na direção dela no sonho lembrou-a uma grafologista que ela não conheceu pessoalmente, mas lhe enviou uma interpretação da caligrafia dela. A senhora me mostrou essa análise.

Ela compreendia seu comportamento e queria romper com ele, mas tinha grande dificuldade de fazê-lo. Passamos mais tempo voltando ao sonho do que com o sonho durante a hora que ela permaneceu aqui. Ela tirou uma conclusão dos dois movimentos e partiu com a confiança de que agora conseguiria trabalhar seus sonhos. Ela fará isso, sim. Não estava preparada para aceitar a mensagem que recebeu no sonho, que era "pare de lutar!"

Quantas horas poderíamos ter passado na floresta de Bali, com sua formação e suas crenças religiosas, e com a grafologista sem chegarmos a essa mensagem simples e direta do sonho, dela para ela mesma?

Depois do tempo que passei com ela, por alguma razão que não compreendo, subitamente percebi que, se algumas pessoas que vivem na minha comunidade gestáltica — as que *realmente* moram lá — quisessem ser terapeutas, seriam Gestalt-terapeutas de primeira qualidade, usando recursos que dominam bem.

Não quero formar terapeutas e não formarei terapeutas, e disso sairiam terapeutas realmente bons — existem pouquíssimos por aí.

"Como ensinar" não é ensinar.

Como a vida é simples. Viva com *awareness*, não conforme regras, condicionamentos, pensamentos ou deverias e não deverias. Como é difícil ver todas as regras, condicionamentos, reflexões e deverias e não deverias que se interpõem entre mim e ti e entre mim e eu. Claramente, essa não é a *humanidade*, pois tudo varia de um lugar para outro, de tempos em tempos, de cultura para cultura, de subcultura para subcultura. E, quando tentamos romper com isso, é provável que caiamos em outra armadilha. A reação da convenção continua presa à convenção. Indo de uma opinião a outra, continuo presa.

A *awareness* de que tenho opinião é *awareness*. Se eu tiver uma opinião sobre isso, estou presa de novo e não *aware*. "A música está alta e me cansa" não é opinião; é constatação. É estranho que viver com fatos seja animado — mudança constante — e viver com ilusões se torne monótono, repetitivo e chato. Vivemos com ilusões na esperança ou na expectativa de que em algum momento futuro algo tire o tédio de nós.

Awareness.

Acontecimento.

Contentamento.

Meu novo começo já começou. Ainda quero uma fazenda ou um sítio onde, com outras pessoas, eu consiga fortalecer o meu começo e onde o que acontece entre todos nós seja desconhecido.

Não apresse o rio (ele corre sozinho)

Entrevistador: Como posso ter certeza de saber o que fazer?
Krishnamurti: Você não pode saber o que fazer; só pode perceber o que não fazer. A negação total desse caminho é o novo começo, o outro caminho. Esse outro caminho não está no mapa nem pode ser posto em mapa algum. Todo mapa é um mapa do caminho errado, o caminho antigo.

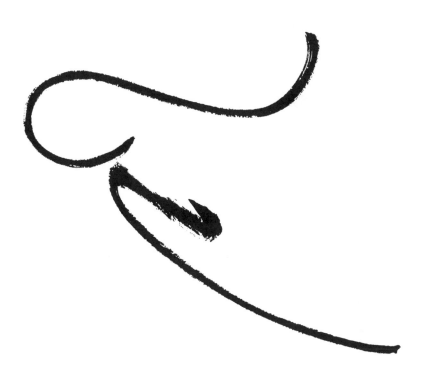

Barry Stevens

Se o episódio humano
      agora sobretudo autoflagelado
Continuar a não se expor
      à natureza pura
Morrerá de podridão.

E a pura natureza não se importará.

   — Galeria Puma
     San Francisco

Notas

LAGO

1 Janie Rhyne (1913-1995), americana, formou-se em Arte e em Ciências Sociais. Foi pioneira da arteterapia; nos anos 1960, no Instituto de Gestalt de São Francisco, trabalhou com Fritz Perls e integrou sua arteterapia à Gestalt-terapia. [N. T.]
2 Wilfred Pelletier, ou Peltier (1927-2000), chamado Baibomsey (viajante) pelos nativos norte-americanos *odawas* ou *ottawas* (hoje reduzidos a 15 mil pessoas), considerado sábio por seu povo, foi filósofo, escritor e educador. [N. T.]
3 O método Bates indica diversos exercícios para curar problemas de visão. Foi apresentado em 1891 pelo médico americano William Horatio Bates (1860-1931). É também chamado de "método Bates-Huxley", com acréscimo do sobrenome do famoso escritor inglês Aldous Huxley (1894-1963), que praticamente perdera a visão nos dois olhos, voltou a ler após os exercícios de Bates e passou a divulgar o método. [N. T.]
4 O escritor inglês Alan Watts (1915-1973) usa esse ditado num artigo seu de 1946, "The meaning of priesthood" [O significado do sacerdócio], e o atribui aos chineses. [N. T.]
5 "Poor Butterfly" [Pobre Borboleta] é o título de uma canção popular americana composta por Raymond Hubbell e John L. Golden no início do século XX e gravada por estrelas como Judy Garland, Sarah Vaughan, Tony Bennet e Julie Andrews. Dona Borboleta é uma menina japonesa que aguarda num jardim alguém que a ame. Aparece um americano que lhe promete mostrar o "jeito americano de amar" e garante que voltará depois da sua viagem pelo mar. Apaixonada, Borboleta passa anos à espera dele e conclui: "Se ele não retornar, / não vou suspirar nem chorar. / Vou é morrer". [N. T.]
6 Edição brasileira: *Liberte-se do passado*. São Paulo: Cultrix, 2015. [N. E.]
7 Trecho da canção "The old gray mare", atribuída tanto ao folclore dos Estados Unidos quanto ao compositor Stephen Foster (1826-1864), "o pai da música americana". [N. T.]
8 Verde Valley School, em Sedona (Arizona, EUA), é ainda hoje uma escola de ensino médio que prepara os alunos para o ensino superior. [N. T.]
9 Hosteen Yazzie (1867-1945) foi um curandeiro navajo que trabalhou no Serviço Tribal desse povo. [N. T.]
10 Quando Barry Stevens escreve "Gestalt" e "gestalt", pode-se acreditar que há nessa distinção uma influência dos Estudos CTS (Ciência, Tecnologia e Sociedade), abordagem que estuda as interações e as correspondências entre o saber científico, os sistemas tecnológicos e a sociedade. Essa abordagem tem inspiração em Thomas Kuhn, dentre outros, e ganha um desenvolvimento significativo a partir dos anos 1960. Postula que as descobertas científicas e suas aplicações tecnológicas têm relação com o desenvolvimento social, legal e político, com a convivência social e cultural e com o meio ambiente. As investigações científicas não seriam exatamente objetivas, mas configuradas pelo campo no qual se dão. A teoria (Gestalt) e a prática (gestalt) mantêm mútuo diálogo e influência. [N. R. T.]
11 Ayn Rand, nome literário de Alisa Zinovievna Rosenbaum, depois Alice O'Connor (1905--1982), escritora e filósofa russo-americana criadora de uma corrente filosófica que cha-

mou de objetivismo, oposta ao altruísmo, ao coletivismo, ao anarquismo e ao estatismo. [N. T.]

12 Alan Wilson Watts (1915-1973), escritor inglês radicado nos Estados Unidos que dizia ser um "animador filosófico", autor de livros sobre filosofia e religião, responsável pela divulgação das filosofias orientais, inclusive o zen-budismo, para a incipiente contracultura *hippie* nos anos 1950. [N. T.]

13 Oscar Droege (1898-1983), gravurista e pintor alemão cujas xilogravuras coloridas eram muito apreciadas na Alemanha e no exterior e vendidas por ele próprio, que era avesso ao mercado da arte. Dizia que pintava para ele mesmo e não expunha suas obras, tanto que suas 200 pinturas só passaram a ser conhecidas depois da sua morte. [N. T.]

14 James Solomon Simkin (1919-1984), psicólogo canadense, doutor em psicologia clínica, foi uma das principais figuras da Gestalt-terapia, pela qual se apaixonou depois de um trabalho terapêutico com Fritz Perls no Instituto Esalen, nos anos 1950; em 1969, abriu o instituto que leva seu nome em Big Sur, Califórnia. [N. T.]

15 Bertrand Russell (1872-1970), filósofo britânico, um dos mais importantes lógicos do século XX, cuja obra influenciou várias áreas do conhecimento, como matemática, computação, linguística e inteligência artificial. [N. T.]

16 Edição brasileira: Rogers, Carl; Stevens, Barry (orgs.). *De pessoa para pessoa – O problema de ser humano*. São Paulo: Thomson Pioneira, 1991. A partir de agora, o título do livro será grafado em português. [N. E.]

17 Edição brasileira: Perls, Fritz. *Gestalt-terapia explicada*. São Paulo: Summus Editorial, 1977. A partir de agora, o título do livro será grafado em português. [N. E.]

18 "Curtain raiser" [Puxador da cortina] é o primeiro capítulo do citado livro *De pessoa para pessoa*. [N. T.]

19 Brincadeira oral que estimula a memória. O primeiro participante começa dizendo "Fui à Lua e levei…" e escolhe um objeto para completar a frase. Por exemplo: "Fui à Lua e levei um boné". O próximo participante deve repetir o item mencionado pelo anterior e adicionar mais um: "Fui à Lua e levei um boné e uma caneta", e assim por diante. [N. T.]

20 Frase do poeta e filólogo inglês Frederic W. H. Myers (1856-1901) no livro *Human personality and its survival of bodily death* [Personalidade humana e sua sobrevivência à morte corpórea], publicado dois anos depois da sua morte. Myers fundou a Sociedade de Investigação Psíquica em 1882, em Londres. [N. T.]

21 Frederick Salomon Perls, *op. cit.*, p. 13. [N. E.]

22 Perls, Frederick Salomon; Hefferline, Ralph F.; Goodman, Paul. *Gestalt therapy – Excitement and growth in the human personality*. Londres: Souvenir Books, 1951 [1994]. Edição brasileira parcial (só uma das partes do livro original foi traduzida e publicada): *Gestalt-terapia*. São Paulo: Summus, 1997. A partir de agora, o título do livro será grafado em português. [N. E.]

23 Reps, Paul; Senzaki, Nyogen (comp.). *Zen flesh, zen bones – A collection of zen and pre-zen writings*. Tóquio: Charles E. Tuttle, 1957. [N. E.]

24 Edição brasileira: Perls, Frederick Salomon. *Escarafunchando Fritz – Dentro e fora da lata de lixo*. São Paulo: Summus, 1979. Uma nova edição revista será lançada em 2023. A partir de agora, o título do livro será grafado em português. [N. E.]

25 Copyright © 1962 by Saturday Review, Inc.

FOLHA

26 Com exceção dos bem conhecidos Jesus e Buda, todos são educadores contemporâneos. John Dewey (1859-1952), filósofo e psicólogo americano, correformador da educação nos Estados Unidos com o movimento da Nova Escola. Maria Montessori (1870-1952), italiana responsável pela filosofia da educação que leva o seu sobrenome. Alexander Sutherland

Não apresse o rio (ele corre sozinho)

Neill (1883-1973), educador e escritor escocês conhecido por sua escola e filosofia, Summerhill. [N. T.]

27 Albert Szent-Györgyi (1893-1986), bioquímico húngaro, ganhador do Prêmio Nobel de Fisiologia ou Medicina em 1937 pelo isolamento da vitamina C e pela descoberta dos ciclos dos ácidos cítricos. [N. T.]

28 Em inglês, os numerais não têm gênero. Em português têm: um, uma, dois, duas etc. Assim, ao responder *one*, o menino não revelou se tem *sister* (irmã, feminino) ou *brother* (irmão, masculino). Para responder à pergunta, ele deveria ter dito, por exemplo, *one brother* (um irmão) ou *two sisters* (duas irmãs). [N. T.]

29 Pelletier, Wilfred. *Two articles*. Toronto: Institute for Indian Studies, Rochdale College, 1969.

30 Henry John Kaiser (1882-1967), industrial americano que dominou a construção civil e naval dos Estados Unidos antes e depois da Segunda Guerra Mundial. [N. T.]

31 *Walden* (1854), livro muito famoso do escritor americano Henry David Thoreau (1817-1862), que relata sua experiência de dois anos, dois meses e dois dias num chalé que ele construiu perto do lago Walden, em Massachusetts (EUA). É um convite às pessoas para que voltem a uma vida simples na natureza. Edição brasileira: Thoreau, H. D. *Walden*. Trad. de Denise Bottmann. Porto Alegre: L&PM Pocket, 2010. [N. T.]

32 *Walden II*, romance do psicólogo behaviorista americano B. F. Skinner (1904-1990), que retoma o tema de uma nova sociedade, mas com a tese de que o comportamento dos organismos vivos, humanos inclusive, é definido por variáveis culturais. Edição brasileira: Skinner, B. F. *Walden II – Uma sociedade do futuro*. Trad. de Rachel Moreno e Nelson Raul Saraiva. São Paulo: EPU, 1987. [N. T.]

33 Os judeus chamam de gói todos os que não têm origem judaica. [N. T.]

34 Wilson M. Van Dusen (1923-2005), escritor e psicólogo americano, autor de livros de abordagem humanista, inclusive em coautoria com Fritz Perls; assina um artigo do livro *De pessoa para pessoa*, organizado por Carl Rogers e Barry Stevens. Recebeu vários títulos honoríficos mundo afora. Dizia ter tido experiências místicas a partir da infância. Atribui-se a ele a descoberta da quinta, da sexta e da sétima dimensões. [N. T.]

35 Ernest. G. Schachtel (1903-1975), psicólogo e escritor americano, autor de dezenas de obras. [N. T.]

36 Edição brasileira: Perls, Frederick S. *Gestalt-terapia explicada*. São Paulo: Summus, 1982. A partir de agora, o título do livro será grafado em português. [N. E.]

37 *What is life* é um best-seller do físico austríaco Irwin Schrödinger (1887-1961), ganhador do Prêmio Nobel de Física em 1931 pela criação da "equação de Schrödinger" e outras contribuições à mecânica quântica. Edição brasileira: Schrödinger, Irwin. *O que é vida? – O aspecto físico da célula viva*. São Paulo: Unesp, 2007. [N. T.]

38 Theodor Gomperz (1832-1912), filósofo austríaco. [N. T.]

39 No original em inglês, a autora utiliza o termo *response-ability*. Dessa divisão, resultam duas palavras inteligíveis e significativas: "resposta" e "capacidade/habilidade". A responsabilidade como habilidade para responder (existencialmente, não moralmente) pelas escolhas feitas é um dos principais paradigmas da abordagem gestáltica. [N. R. T.]

40 A *Inscription House* [Casa da Inscrição] é um dos três sítios de moradias indígenas em penhascos, criadas pelos ancestrais dos navajos. Seu nome vem de inscrições feitas nas paredes do cânion próximo. As ruínas estão preservadas no Monumento Nacional Navajo, localizado no noroeste do território da Nação Navajo, no estado do Arizona (Estados Unidos). [N. T.]

41 Franz Moritz Wilhelm Marc (1880-1916), pintor e gravador alemão, um dos grandes expoentes do expressionismo na Alemanha e em outros países europeus e criador da publi-

cação *Der blaue Reiter* [O cavaleiro azul], feita com a colaboração de artistas plásticos. [N. T.]

42 *O boi e o homem partiram* é o título da última gravura de uma série em que aparecem sempre um homem e um boi dentro de um círculo, criada pelo japonês Daisetz Teitaro Suzuki (1870-1966), artista e escritor do zen-budismo. [N. T.]

43 *Quaking* [tremor, estremecimento] era uma palavra pejorativa no século XVII para se referir aos membros da Sociedade Religiosa dos Amigos, uma vez que seu fundador, George Fox, teria afirmado que os seguidores dessa seita religiosa deviam estremecer diante da palavra do Senhor. Assim surgiu a palavra *quaker* (quacre), que passou a identificar cada membro daquela sociedade e deixou de ser pejorativa. [N. T.]

MIRAGEM

44 Laura Archera Huxley (1911-2007), instrumentista, escritora de livros de autoajuda, psicoterapeuta, palestrante, foi a segunda mulher de Aldous Huxley, com quem se casou em 1956. Também produziu documentários. [N. T.]

45 Adrian van Kaam (1920-2007), padre católico, professor universitário e psicólogo existencialista holandês radicado nos Estados Unidos. [N. T.]

46 A autora confundiu-se na relação entre países e sua língua oficial — "Índia (birmanês)". A relação apropriada é Birmânia e birmanês. O marido dela, o cirurgião Albert Mason Stevens (1884-1945), nasceu em Prome, na então Birmânia (ocupada pela Grã-Bretanha), país hoje denominado Mianmar. [N. T.]

47 Julian Huxley (1887-1975), biólogo evolucionista inglês, eugenista, primeiro diretor da Unesco, cofundador do World Wildlife Fund e primeiro presidente da Associação Humanista Britânica. Henry Luce (1898-1967), magnata sino-americano da mídia, fundou as revistas *Fortune*, *Time* e *Life*. Archibald MacLeish (1892-1982), poeta e escritor americano, vencedor de três prêmios Pulitzer. Sir Henry Maximilian Beerbohm, ou Max Beerbohm (1872-1956), escritor, parodista, caricaturista e radialista inglês. Mitsuis, membros da família japonesa que criou o poderoso Grupo Mitsui, um conglomerado de empresas nas áreas comercial, química, bancária, financeira, de papel, de navegação e de mineração, entre outras. [N. T.]

48 Frase de Fritz Perls, reproduzida também em *Turning on* (Macmillan, 1968/1969), de Rasa Gustaitis. [N. T.]

49 Não foi possível determinar a quem Barry se refere. [N. T.]

50 O anel de latão é um atrativo dos antigos carrosséis de parques de diversões nos Estados Unidos. Uma peça fixa fora do carrossel, semelhante a um braço, vai liberando anéis de ferro e um de latão. As pessoas que estão girando no carrossel se esticam para fora na tentativa de pegar o anel de latão para receber um prêmio, geralmente um passeio gratuito no carrossel. [N. T.]

51 A autora refere-se à inexistência de verbo com o mesmo radical de *anxious* (ansioso). Em português existe: ansiar. [N. T.]

52 Ao que parece, Barry quer dizer que não queria se livrar da parte boa que estaria associada a essas sensações incômodas. [N. R. T.]

53 Nesse parágrafo, a autora brinca com o som idêntico de duas palavras em inglês: *I* (eu) e *eye* (olho), ambas pronunciadas /ai/. Na última frase do parágrafo, ela escreve "*eye see*", que literalmente significa "olho vê", mas pelo som lembra "*I see*" — "entendo" ou "vejo". [N. T.]

NEVOEIRO

54 Essa letra de música faz parte da história de Sidarta Gautama, o Buda. Em certo momento da vida, ele se farta dos prazeres do palácio real e vai embora. Um dia, quando tentava

Não apresse o rio (ele corre sozinho)

ficar em pé, cai inconsciente. Ao voltar a si, escuta essa canção e inicia a sua iluminação, que o leva à descoberta do "nobre caminho óctuplo", ou "caminho do meio", do qual surgiria o budismo. [N. T.]

55 Reproduzido da revista *Fantasy and Science Fiction*, Nova York, fev. 1962.

56 A "faixa de Möbius" fez parte de um estudo realizado pelo matemático alemão August Ferdinand Möbius (1790-1868) na tentativa de configurar a teoria geométrica de poliedros. A representação mais comum dessa faixa é feita com uma tira de tecido ou outro material flexível; uma das extremidades é girada em 180°, ou meia volta, e colada à outra extremidade, de modo que as partes de dentro e de fora se confundem. [N. T.]

57 No original em inglês, a autora usa a expressão "*sell down the river*", literalmente "vender-se rio abaixo", que encerra o sentido de "dar para trás", "entregar o jogo", "abandonar o barco". Contudo, essas expressões em português não têm o sentido de ser comprado por alguém, que insinua corrupção e propina. [N. T.]

58 Num cotejo entre o antigo e o novo, o conservador e o progressista, a autora se refere a Charles Wesley Emerson (1837-1908), americano que foi ministro da Igreja Unitarista e fundou em Boston uma faculdade de oratória que leva seu nome, e a Werner Karl Heisenberg (1901-1976), físico alemão que inaugurou a teoria da mecânica quântica, premiado com o Nobel de Física de 1932 e figura destacada do programa nuclear da Alemanha nazista. [N. T.]

59 Atribuída a dona Chumley, essa frase inverte o sentido de um dito em inglês: "*If you don't grease the wheels, the cart won't go*" (Se não se passa óleo nas rodas, o carrinho não anda). [N. T.]

60 A personagem refere-se à Declaração da Independência dos Estados Unidos, assinada em 4 de julho de 1776. [N. T.]

61 Na mitologia havaiana, Pele é a deusa dos vulcões e criadora das ilhas do quinquagésimo estado dos Estados Unidos. Uma das aparições da deusa é na forma de um cachorro branco. [N. T.]

62 As regras de paciência apresentadas nesse conto diferem de outras mais conhecidas no Brasil, e parecem se assemelhar a um jogo eletrônico contemporâneo chamado *FreeCell*. [N. T.]

63 A expressão "libra de carne" está no ato I, cena III da peça teatral *O mercador de Veneza*, do dramaturgo e poeta inglês William Shakespeare (1564-1616). O personagem Bassânio, nobre cristão empobrecido, solicita um empréstimo ao judeu Shylock, que pede em garantia uma libra da carne do cristão se este não saldar sua dívida conforme combinado. Disponível em: www.dominiopublico.gov.br/pesquisa/DetalheObraForm.do?select_action&co_obra=2354. Acesso em: 24 ago. 2022. [N. T.]

64 Os livros de Liev Tolstói (1828-1910) não tinham direitos autorais, pois o próprio escritor russo, de família aristocrática, abriu mão deles para que os seus livros chegassem a mais pessoas. No final desse século, durante o regime monárquico dos czares, menos de 6% da população rural russa era alfabetizada. Porém, em seu último romance, *Ressurreição*, publicado em fascículos em 1899, Tolstói cobrou os direitos autorais para usar a renda na construção de comunidades para os cristãos fundamentalistas, perseguidos pela monarquia russa. [N. T.]

65 Kenneth Leo Patton (1911-1994), considerado um dos grandes poetas e profeta da religião contemporânea, foi ministro do credo universalista durante quinze anos. [N. T.]

66 Krishnamurti, Jiddu. *Freedom from the known*. Nova York: Harper & Row, 1969, p. 25.

67 Reproduzido com a permissão do autor. Berry, John. "The listener". *New World Writing*, n. 16, Nova York, 1960.

68 Gustave Russ Yougreen, apelidado Gry pelas iniciais do seu nome, é um profícuo ilustrador de dezenas livros, entre eles alguns de Fritz Perls, como *Escarafunchando Fritz – Den-*

tro e fora da lata de lixo. Ele é o autor desse cartum reproduzido por Barry Stevens. [N. T.]
69 Reps, Paul; Senzaki, Nyogen (comp.). *Zen flesh, Zen bones – A collection of Zen and pre-Zen writings.* Tóquio: Tuttle Publishing, 1957. [N. E.]
70 John Peabody Harrington (1884-1961), linguista e etnologista americano formado em antropologia e línguas clássicas na Universidade da Califórnia em Berkeley; estudou e documentou 51 línguas de povos indígenas nos Estados Unidos, entre eles os chumashes e os mojaves. [N. T.]

PEDRA
71 Stanley Fox (1928), cineasta e educador americano, um dos responsáveis pela divulgação do cinema amador no Canadá, dono da produtora cinematográfica Aquarius; diretor da Sociedade de Cinema de Vancouver; diretor e produtor do departamento de cinema da Canadian Broadcasting Corporation (CBC) e professor adjunto de cinema na Universidade York, em Toronto. Em 1958, criou o Festival Internacional de Cinema de Vancouver. [N. T.]

www.gruposummus.com.br